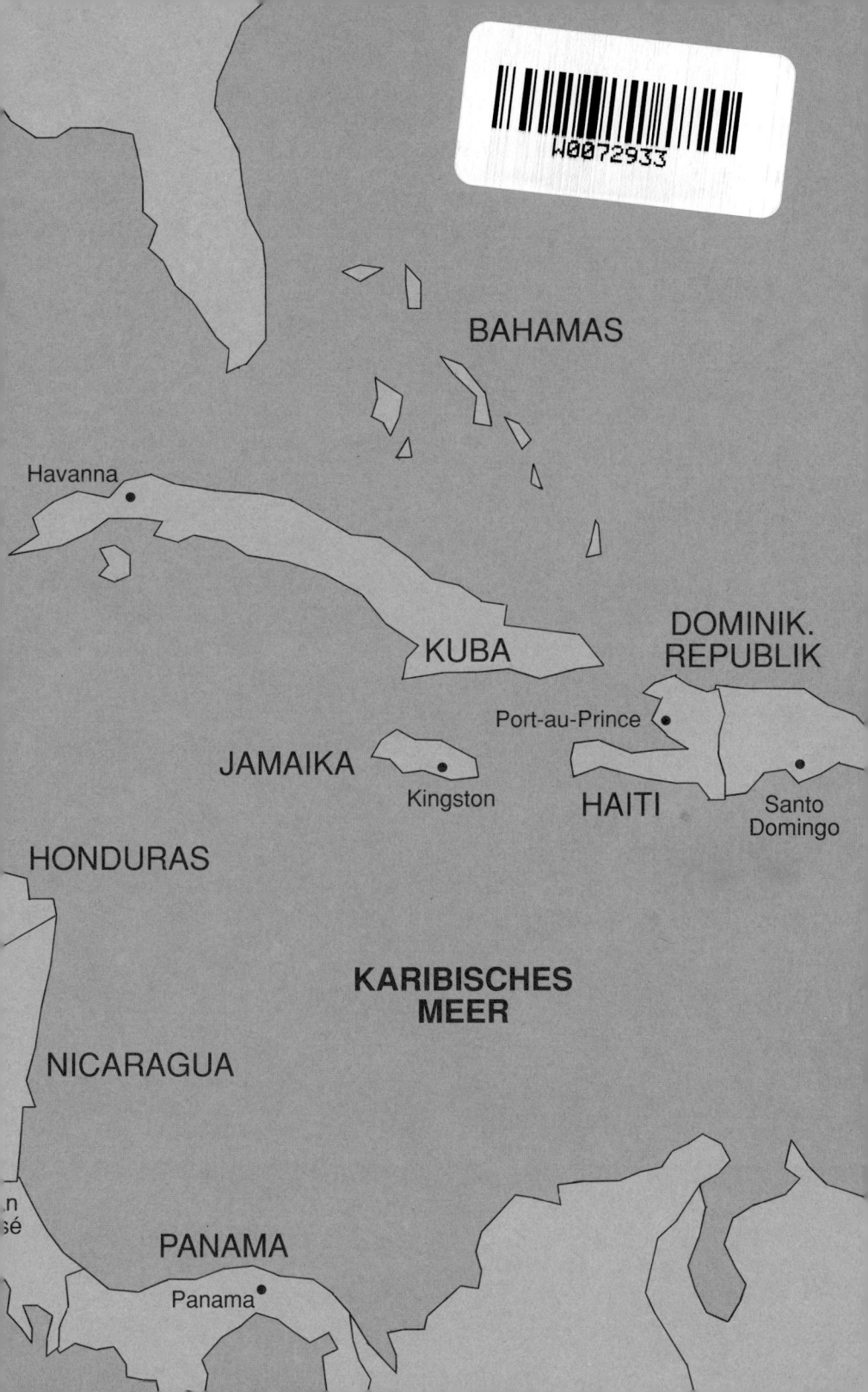

BAHAMAS

Havanna

KUBA

DOMINIK.
REPUBLIK

Port-au-Prince

JAMAIKA

Kingston

HAITI

Santo
Domingo

HONDURAS

KARIBISCHES
MEER

NICARAGUA

n
sé

PANAMA

Panama

Dieter Kronzucker

Der Tag des Kondors

Von Kuba bis Brasilien

Die politische Biographie
eines Kontinents

Rowohlt

Foto des Autors: Gerd Weiss

1. Auflage April 1991
Copyright © 1991 by Rowohlt Verlag GmbH,
Reinbek bei Hamburg
Alle Rechte vorbehalten
Satz aus der Sabon auf Linotronic 500
Gesamtherstellung Clausen & Bosse, Leck
Printed in Germany
ISBN 3 498 03478 2

Inhalt

Vorwort

Amerika war immer ein übermächtiger Bezugspunkt in meinem Leben, und zwar der Norden *und* der Süden der Neuen Welt. Die frühe Ausrichtung auf den Norden, auf die USA, hatte sowohl mit meinem Geburtsort wie mit meiner Generation zu tun. Ich war acht Jahre alt, als am Ende des Zweiten Weltkriegs die US-Soldaten in meiner Heimat Bayern einmarschierten. Mit ihnen kamen Schokolade und Kaugummi, Schulspeisung und Schülermitverwaltung, Jazz und Jeans in unser Leben; den *American way of life* trugen die GIs im Tornister.

Meine Freunde und ich wurden damals auf den «Westen» fixiert – für uns hieß das New York, Harvard und Hollywood.

Meine spätere Zuneigung zum Süden der Neuen Welt entwickelte sich während meiner Berufslaufbahn – und sie wuchs mit dem Studium der Kulturgeschichte. In den Zivilisationen der Neuen Welt spielten die Navajos und Apachen und all die anderen Indianer Nordamerikas nur eine tragische Nebenrolle, im Gegensatz zu Azteken und Inka, den großen Indiovölkern in Zentral- und Südamerika. Mexiko, Cuzco und El Dorado – das waren die Fixsterne der frühen Eroberung Amerikas. Und die wurde geplant von den Herrschern der Iberischen Halbinsel.

Während eines Sommerjobs als Reiseleiter in Spanien und auf Studienreisen in Andalusien und in der Estremadura erschlossen sich mir die Verwegenheit und die *aventura*, die Abenteuerlust der frühen Amerikafahrer: ihr Geist lebt in Spanien fort. Die spanische Erfahrung hat mich denn auch zunächst auf der Spur der Konquistadoren nach Iberoamerika gebracht, während viele meiner Studienfreunde und späteren Kollegen nach

England und Anglo-Amerika schauten und reisten (oder gar auswanderten).

Der historische Gegensatz zwischen Spanien und England spiegelt sich wider im lebendigen Gegensatz zwischen spanischen und englischen Amerikanern, wobei die kulturellen Unterschiede heute in der Neuen Welt deutlicher sind als in der Alten; «drüben» wird alte europäische Geschichte bewahrt.

Der Felsen von Gibraltar, ein britischer kolonialer Pfahl im spanischen Fleisch, geht bald im gemeinsamen Europäischen Markt, wenn nicht gar in der politischen Union Europas auf. Die 3000 Kilometer lange Grenze entlang dem gelben Rio Grande zwischen den USA und Mexiko aber trennt die Zivilisationen der Neuen Welt mit großer Unerbittlichkeit. Der schmale Fluß trennt Reiche von Armen, Sprache von Sprache, Kultur von Kultur.

Auch wenn es vorkolumbianische, nordeuropäische Amerikafahrer gab und natürlich eine vorkolumbianische Kultur, so beginnt doch mit der Landung des Christoph Kolumbus auf einer Insel der Karibik im Jahre 1492 die Kulturgeschichte der Neuzeit überhaupt. Das Recht der Erstentdeckung beanspruchen die Spanier, auch wenn Kolumbus ein Italiener jüdischer Herkunft war. Doch den Reiseauftrag hatte ihm das spanische Königshaus gegeben. Die fünfhundertste Wiederkehr seiner Entdeckungsfahrt feiern die Spanier 1992 mit einer Weltausstellung ohnegleichen in Sevilla und mit dem Hinweis darauf, daß in den ersten 300 Jahren nach Kolumbus' Landung die Aufmerksamkeit Europas vor allem der unermeßlichen Größe Lateinamerikas galt, von Mexiko bis zum Rio de la Plata, daß zudem der Norden vom Süden aus entdeckt wurde, von Arizona bis California, und daß schließlich die Ordensritter von Calatrava bis hoch nach Alaska noch im 18. Jahrhundert spanische Spuren und Namen hinterließen, von Cordova Bay bis Valdez. Ende des 18., Anfang des 19. Jahrhunderts noch kämpften Amerikaner im Süden und im Norden unter Bolívar und unter Washington ihre spanischen und britischen Kolonialherren nieder. Dann aber verfiel der Süden unter der Herrschaft einer «kleinlichen Schar von Diktatoren» zur politischen Bedeutungslosigkeit, ganz wie

Bolívar prophezeit hatte. Der Norden hingegen nahm einen langen Anlauf in das «amerikanische Jahrhundert».

Diese nordamerikanische Epoche erreichte unter der kurzen Präsidentschaft John F. Kennedys ihre größte Ausstrahlung. Für meine Generation im Nachkriegsdeutschland verband sich mit den USA das Prädikat «modern» oder «fortschrittlich», während Lateinamerika entweder mit «exotisch» oder «rückständig» gleichgesetzt wurde. Die kulturelle und politische Übermacht des Nordens über den Süden mag ein Wortspiel verdeutlichen. Der Ländername Kolumbien stammt von Kolumbus, dem Entdecker. Der Name Bolivien weist auf Simón Bolívar, den Freiheitshelden. Amerika verdankt seinen Namen Amerigo Vespucci, dem frühen Geographen aus Italien. Ein Bolivianer ist ein Einwohner Boliviens, ein Kolumbianer ist ein Einwohner Kolumbiens. Aber was ist ein Amerikaner?

Unter einem Amerikaner versteht man einen Einwohner der Vereinigten Staaten von Amerika. Sogar die Nachbarn der USA haben sich diesem Sprachgebrauch angeschlossen. Nur ersatzweise sprechen die Kanadier von «Yankees», wenn sie the Americans meinen, oder die Mexikaner von «Gringos», wenn es um los americanos geht. Wenn die einen also «die Amerikaner» sind, was sind dann die anderen alle, die auf diesem Kontinent leben? Von Kanada abgesehen, liegen die restlichen 30 Staaten alle südlich von Amerika. Das ist ihre Gemeinsamkeit. Doch daß es 30 Staaten sind, kann man nur mit schlechtem Gewissen behaupten, denn fast jährlich kommen neue hinzu. Also sind es rund 30 Staaten. Die Worte «rund», «fast», «allerdings», «ungefähr», «zum Großteil» – sie alle gehören in jeden zweiten Satz eines Journalisten, der über die Zone südlich von Nordamerika berichtet. In dieser Gegend ist nur die Ungewißheit gewiß.

Was also steckt in einem Namen? «Südamerika» klingt besser – ist aber unzureichend. Denn der Name läßt nicht nur die Karibik und Mittelamerika aus, sondern auch Mexiko, das geographisch in Nordamerika liegt. Als Unterschied zum englischen Amerika bietet sich der Begriff Spanisch-Amerika an, aber Brasilien, heute die «Vereinigten Staaten von Brasilien», wurde portugiesisch kolonialisiert.

Indo-Amerika kommt immer mehr in Mode, seit erwachender Nationalismus seine vorkolumbianischen, indianischen Wurzeln sucht. Doch nur die Hälfte der Hemisphäre kann eine indianische Bevölkerungsmehrheit behaupten. Indo-Europa hört sich ungewöhnlich an, wäre aber gar nicht so schlecht – der indianische Ursprung, verbunden mit dem europäischen Erbe. In diesem Namen wäre die «amerikanische» Verwechslung ausgeräumt. Indo-Europa hat sich indes nicht durchgesetzt, dafür Lateinamerika, obwohl dieser Name etwa die holländischen und französischen Gebiete ausläßt. Es stellt sich also die Frage, ob und warum die Zone südlich von Amerika überhaupt irgendwie zusammengehört. Dagegen sprechen ja nicht nur die unterschiedlichen kolonialen Ursprünge, sondern auch die vielen verschiedenen Sprachen: Spanisch und Portugiesisch dominieren, dann folgen die Indiosprachen, Quechua und Aymara und Guarani, Französisch in Haiti, Holländisch in Surinam, Englisch in Trinidad, schließlich die lustige Mischung aus allen dreien, das Papamiento. Wenn man jetzt noch die vielen Eingeborenendialekte hinzuzählt, die von den Sklaven aus Afrika eingebracht wurden, und das Italienische als Sprache der Haupteinwanderergruppe auf dem Subkontinent, dann ist die Frage wirklich berechtigt – was verleiht den Menschen dieses Kontinents südlich von Nordamerika das Gefühl grenz- und sprachüberschreitender Gemeinsamkeit?

Mir ist kein stärkerer Impuls aufgefallen, der stichhaltiger wäre als eben dies «südlich von Nordamerika», der territoriale, politische, der historisch gewachsene Gegensatz zu den reichen englischen Amerikanern im Norden des Kontinents. Nur eine sehr kleine Schicht von südlichen Großkaufleuten erträgt die Dominanz der USA gerne. Sie kann auch erster Klasse zum Shopping fliegen, von Buenos Aires nach Los Angeles – from B. A. to L. A. – oder von Mexico City nach Miami, wo die Konten voller Yankee-Dollar liegen.

Die große Mehrheit der Südamerikaner läßt sich Wirtschaftswesen, Handel und Wandel von den USA aufdrängen. Viele Staaten sind wirtschaftlich auf die Vereinigten Staaten ausgerichtet. Die Lateinamerikaner besuchen sich kaum, handeln wenig miteinander, weil das Interesse aneinander fehlt und die Infrastruktur ungenügend ist. Einen kontinentalen Standpunkt haben sie bislang noch nicht entwickelt. Sie alle sind sich ähnlich und bleiben sich fremd. Universitäten, Kulturinstitute, politische Parteien pflegen kaum Kontakte untereinander. Die Zeitungen beziehen ihre Nachrichten auch über die unmittelbaren Nachbarländer von nordamerikanischen Agenturen. Die Telefonverbindung von Land zu Land läuft oft über die USA.

Der technische Fortschritt lehnt sich an nordamerikanische Vorbilder an, die kulturelle Entwicklung orientierte sich lange an europäischen Modellen. Das Lateinamerikanische an Lateinamerika wird immer erst dann sichtbar, hörbar und spürbar, wenn ein Vorwurf oder ein Lob von außerhalb der Hemisphäre erteilt wird. Die Verleihung des Nobelpreises für Literatur an den chilenischen Kommunisten Pablo Neruda wurde von allen als hohe Ehre aufgefaßt, auch von den Reaktionären. Die Fußballniederlage Argentiniens gegen Deutschland bei der Weltmeisterschaft in Rom 1990 hingegen lehnten alle empört als üble Machenschaft ab. Die Reaktionen dieses bunten Subkontinents sind immer noch voraussehbar wie die eines verzogenen Kindes, das alles will, zugleich und sofort, und zutiefst verletzt ist, wenn das nicht möglich ist.

Für die offensichtlichen Unterschiede zwischen Einheimischen und Ausländern haben die Lateinamerikaner Begriffe gefunden: Gringo und Criollo oder Kreole. Der Gringo ist eigentlich der große Fremde aus Texas im Norden Mexikos, und der Kreole ist eigentlich der im neuen Land geborene Nachkomme spanischer Einwanderer. Im Zeichen der Suche nach nationaler Identität oder einem gemeinsamen lateinamerikanischen Nationalgefühl kam es aber zu einer Begriffserweiterung. Der Gringo ist heute vor allem das kulturelle und politische Widerspiel des Criollo. Diese Polarität hilft dem Lateinamerikaner über Minderwertigkeitskomplexe hinweg. Denn unter dem Schimpfwort «Gringo» läßt sich versammeln, was man nicht versteht, was man beneidet, belächelt oder haßt. Und Criollo, das verdrängt die seltsame, europäisch vererbte «Scham» über rote oder schwarze Abkunft, macht das Farbige *fashionable*, das gesell-

11

schaftlich Unzulängliche eigenartig und das wirtschaftlich Provisorische typisch. Mögen die «Gringos» tüchtig sein, die «Criollos» sind echt.

Die Politiker der Hemisphäre von Menem in Argentinien bis Gortari in Mexiko, vom Südpol bis zum Rio Grande suchen über ideologische Grenzen hinweg Gemeinsamkeiten beim Kampf um ein lateinamerikanisches Nationalgefühl. Politiker und Parteien sind sich einig, daß der steile Weg heraus aus der Bedeutungslosigkeit zu beschreiten ist. Und doch klaffen zwischen den spanisch kolonisierten Ländern und dem portugiesisch sprechenden Brasilien scheinbar unüberwindliche Gegensätze.

Daß es anders werden muß – darüber sind sich alle einig, und sie gehen auch die Grundübel an: die ungerechte Verteilung der Güter, das Analphabetentum, die Korruption, vor allem die fehlende Infrastruktur. Auch deshalb wird jeder neue Staudamm, jede neue Autobahn, jede Satellitenstation wie ein entscheidender Sieg über die Unterentwicklung gefeiert. Und deshalb entschuldigt man immer noch jede neue Auslandsverschuldung, jede neue Inflation, jede Fehlinvestition mit der Parole: «Im Namen des Fortschritts».

Diese Strategie, die eigentlich keine ist, drängt die Lateinamerikaner ins Lager der Dritten Welt. Dort finden sie Beifall und Solidarität. Solche Entwicklung aber bricht mit der europäischen Tradition Lateinamerikas. Die Politiker der Hemisphäre sind zwar immer noch stolz auf den allumfassenden Unterschied etwa zu Afrika: «Lateinamerika ist nicht unterentwickelt, sondern ungleichmäßig entwickelt», sagen sie. Aber die Annäherung zwischen Reicheren und Ärmeren, zwischen Privilegierten und Unterprivilegierten hat nicht etwa einen prosperierenden Mittelstand geschaffen. Mag sein, daß es den in Südamerika aus historischen Gründen bisher nicht gegeben hat. Das ist das koloniale Erbe. In den meisten Ländern aber ist es die spanische Tradition. «Ich kam für Gold und nicht, um den Acker zu pflügen wie ein Bauer», sagte der spanische Eroberer Cortez.

Iberoamerika wurde im Gegensatz zu Anglo-Amerika nicht von Siedlern, sondern von Ausbeutern erobert. Erst als der

Goldreichtum versiegte, haben die Eroberer sich auch in Lateinamerika niedergelassen, um es weiter auszubeuten. Das Feuer
auf den Zuckerrohrplantagen ist ein Signal der Ausrichtung auf
Europas Märkte, speziell auf der Zuckerinsel Kuba, auf den
Markt der Sowjetunion – ein Signal der Monokultur, der wirtschaftlichen Einseitigkeit und fortdauernden Abhängigkeit Lateinamerikas. Von solcher wirtschaftlichen und politischen, von
privater und staatlicher Abhängigkeit wollte sich Lateinamerika
befreien, als es vor 170 Jahren die spanischen Kolonialherren
vertrieb.

Doch im Gelingen der Freiheit zerbrach die Einheit des Subkontinents. Aus nachkolonialem Chaos wuchsen gewalttätige
Alleinherrscher heran, die bald im profitablen Verbund mit ausländischen Mächten und Konzernen standen. Auf der Suche
nach nationaler Identität ist Lateinamerika inzwischen wieder
auf die spanische Tradition gestoßen. Man kann Spanien in Mexiko oder Chile heute wieder als Traditionsstifter beschwören.
Erstens hat man es ja vor 170 Jahren besiegt, zweitens ist der
«Caudillo» Franco abgesetzt, ersetzt durch eine spanische Demokratie unter dem Visionär Felipe Gonzales.

Jetzt geht es in Südamerika um eine zweite Befreiung und um
einen Gegner, den man erst sehr spät als «Feind» begreift: die
USA. Sie kamen nicht mit Kanonen, sondern mit Kontrakten.
Nicht Sklaven und Gold, sondern Export und Import waren die
Chiffren der neuen Abhängigkeit. Es ist zu einer politisch-öko-
nomischen Verflechtung der kontinentalen Interessen gekommen, die einen Kampf auf offenem Schlachtfeld nicht erlaubt
und nicht rechtfertigt. Denn das amerikanische Wirtschafts-
und Wissenschafts-Know-how ist unumgängliche Vorausset-
zung auch des lateinamerikanischen Fortschritts. In Kuba und
Nicaragua haben ideologische Verblendung und mangelnde
Rücksicht auf den historischen Vorsprung der Gringos Wunden
ins eigene Fleisch gerissen, die Politik allein nicht mehr heilen
kann.

Die Nationen in Lateinamerika entstanden nicht aus Verbundenheit mit dem Land, sondern durch willkürliche Grenzzie-
hung. Immer noch scheitern Reformen an der mangelnden Be-

reitschaft der Besitzenden zu teilen, immer noch scheitern Revolutionen am mangelnden Nationalgefühl der Besitzlosen. Die Eskalation des Terrors hebt diese Probleme in Augennähe. Sie verleiht der politischen Landkarte Relief. Als zunächst Fidel Castro in Kuba und zwei Jahrzehnte später Salvador Allende in Chile die Macht übernahmen, schien Südamerika eine neue Achse bekommen zu haben zwischen Kuba im Norden und Chile im Süden.

Die Länder auf der direkten Linie dieser Achse drehten sich mit, Bolivien und Peru im politischen, Kolumbien und Ecuador im wirtschaftlichen Sog.

Washington hat auf die Turbulenzen im Süden des Kontinents im Laufe der Jahrhunderte sehr unterschiedlich reagiert. Mal diplomatisch, mal brutal, mal fahrlässig und mal nachlässig, vor allem aber ungeschickt. Über allem diplomatischen Tun der USA lag die Arroganz der Macht, ungewollt oft, historisch gleichsam unvermeidlich. Südamerika war das erstgeborene Kind der kolonialen Eltern in Europa. Aber Nordamerika war das tüchtigere, das bei weitem effizientere, besonders wenn man die Elle des technischen Fortschritts anlegt. Lateinamerika hat nie einen besonders großen Erfindungsreichtum gezeigt, übrigens auch schon vor Kolumbus nicht. Im Inkareich gab es zwar ein großes Wegenetz, aber das Rad war offensichtlich unbekannt. Bei derlei seltsamer Erfindungsfaulheit ist es geblieben.

Im Europäischen Patentamt in München wurden den USA im Jahr 1989 5226 Patente erteilt. Dem zweitgrößten Land der Neuen Welt, Brasilien, zwei, Argentinien ebenfalls zwei, Bolivien eins. Mexiko immerhin sieben, fünf davon an Nordamerikaner, die in Mexiko zu Hause sind.

Zählt man aber nicht die Maschinen und die Handelsketten, bewertet man nicht nach Profitkriterien, nach den goldglänzenden Maßstäben des Materialismus, sondern nach der härteren Währung des Idealismus, dann hat Lateinamerika der Welt einige Nachdenklichkeiten beschert: Da wären zum Beispiel die politische und soziale Revolution in allen ihren Spielarten, und keineswegs so doktrinär wie in Osteuropa, angefangen von Fidel Castro in Kuba über die Tupamaros in Uruguay, die Volksfront in Chile, die Anarchie des «Leuchtenden Pfades» in Peru, die Revolutionen unter der Tropensonne Mittelamerikas und der Karibik – mitsamt ihren charismatischen Heldenfiguren wie Che Guevara, César Sandino, Farabundo Marti oder Camilo Torres. Die katholische Kirche hat sich im katholischen Lateinamerika gespalten in die der Obrigkeit und die der Armen und ihrer aufregenden, urchristlichen Theologie der Befreiung. Die Literatur, so lange verstrickt in europäischen Vorbildern, machte sich selbständig und originär, stürmte mit Autoren wie Mario Vargas Llosa, Pablo Neruda, Octavio Paz und Gabriel García Márquez die Bestsellerlisten in aller Welt.

Zu den Denkanstößen dieses Landes für den Rest der Welt kommen die Sorgen. Der Wettlauf der etablierten Politiker mit den Protagonisten der Revolution, der zuletzt in ein Wettrennen gegen den Bankrott ausartet, die Unterjochung der Kreatur und die Rettung des größten Regenwaldgebietes der Erde, die drohende Auslöschung der letzten Indianerkulturen, die Bevölkerungsexplosion und die Sprengkraft, die in dem nie überbrückten Gegensatz zwischen Süd- und Nordamerika steckt – dies alles sind die großen Themen dieses Kontinents.

Ich war in den Jahren von 1967 bis 1972 Korrespondent in Lateinamerika und habe den südlichen Teil der Neuen Welt danach immer wieder besucht. 1980 wurde ich Korrespondent in Nordamerika, kenne sowohl die unbestimmte Sorge des Yankee vor dem südlichen Nachbarn wie das eigentümliche Gemisch aus Haß und Bewunderung, mit dem Lateinamerikaner den Gringos jenseits des Rio Grande begegnen. In einer zunehmend wirtschaftlich verflochtenen Welt, in der herkömmliche Strukturen – zumal diejenigen der sozialistischen Gesellschaftsexperimente – verfallen, erleben die Industrienationen auch eine Aufgabenteilung. Nordamerika, eine Supermacht, die aber Japan und Westeuropa auf Augenhöhe an sich herankommen sieht, kann nicht mehr aller Welt helfen und schaut nunmehr mit besonderem Augenmerk auf den Süden des Kontinents: «Dies ist nicht mehr der Hinterhof, sondern der Vorposten der USA», erklärte mir ein Berater des Präsidenten im Weißen Haus – und verriet mit der Metapher alte Besitzansprüche.

Gleichzeitig verändern Wellen der Einwanderung aus Lateinamerika die nordamerikanische Bevölkerungsstruktur. Der Anteil der «Latinos» in den USA wächst so explosionsartig, daß oft das Spanische neben dem Englischen als Zweitsprache gilt. Derweil verstärkt dieser Schub aus dem Süden eher die Arbeitskraft des Nordens, als daß er sie schwächt. Die Zukunft ist offen: Die Verbindung der beiden Hälften des Kontinents, deutlich sichtbar in den Migrationsbewegungen aus dem Süden in den Norden, könnte zu einem weiteren «amerikanischen Jahrhundert» führen, das dann auch tatsächlich alle Amerikaner umschließt.

Vor vier Jahren habe ich unter dem Titel «Unser Amerika» ein Buch über die USA geschrieben. Es sollte ganz bewußt in einer Zeit des Antiamerikanismus auf die Verbindung zwischen der Alten und der Neuen Welt hinweisen. Damals auch entstand der Plan, ein Buch über den Süden unter dem Titel «Das andere Amerika» zu schreiben. Aber diesen Titel hätte man sicherlich in einer typisch amerikanischen Verwechslung mißverstanden. Auf der Suche nach einem Symbol für all die Staaten südlich der USA fiel mir schließlich der Kondor ein, ein Götterbote der frühen Indianerkulturen, der in manchen Regionen noch heute als Künder einer besseren Zukunft gilt.

Der Tag des Kondors

Das bunte, folkloristische Bild zeigt einen Dorfplatz als Stier-
kampfarena. Mit dem Stier kämpft aber kein Torero, son-
dern ein Kondor. Der riesige Vogel hat, sich scheinbar auf dem
Stierrücken festgekrallt. Der wutschnaubende Bulle kann seinen
Feind nicht abschütteln. Wie der Kampf endet, geht aus dem
Prachtgemälde nicht hervor. Aber der Sinn ist klar: Der Kondor,
Göttervogel des vergangenen Indianerreiches der Inka, nimmt
Rache am Stier, dem Symbol der spanischen Eroberer. Die Her-
kunft des Brauchs ist in keinem klassischen Geschichtsbuch
nachzulesen. Doch alle Indianer Südamerikas wissen davon.
Der Kampf wird von der katholischen Kirche als heidnisch abge-
tan und findet nur noch in sehr entlegenen Gegenden statt.

Der Kondor ist in den peruanischen Anden rar geworden, und
auf den Höhen, auf denen er nistet, hat auch die Guerilla vom
«Leuchtenden Pfad» ihre Verstecke. Darum wird es jedes Jahr
mühsamer und gefährlicher, den großen Vogel für die Yawar-
Fiesta zu fangen, das Blutfest, wie es die Indianer nennen. Der
Brauch droht auszusterben. Das mag den Tierschützern gefallen. Die Ethnologen bedauern es.

Jenes Bild vom Kampf des Kondors mit dem Stier habe ich
erstmals vor zwanzig Jahren im Flughafen der Andenstadt
Cuzco gesehen. Cuzco verfügt über eine ungewöhnlich lange
Landebahn, weil Flugzeuge in dieser Höhe von 3400 Metern
einen gehörigen Anlauf zum Start brauchen. Auf dieser Roll-
bahn gehen Familien spazieren, spielen Kinder Fußball, kochen
Hausfrauen bisweilen sogar ihr Mittagessen. Nur wenn gelegentlich ein Flugzeug startet oder landet, fährt der Feuerwehr-
wagen aus und vertreibt unter Sirenengeheul die vielen Zaun-

gäste. Spätestens dann beginnt der Kampf um die Plätze an Bord. Nur Passagiere im offiziellen Auftrag und geschlossene Reisegruppen kommen mit Sicherheit mit. Die anderen müssen ihr Glück versuchen. Wer nicht tüchtig drängt und schimpft, muß unter Umständen lange auf den nächsten Flug warten.

Während einer solchen Wartezeit habe ich jenes Bild in einer eher dunklen Ecke der Flughafenbar entdeckt. Der Maler war ein gewisser Juan Bravo Vizcarra. Der Halbindianer war auch schnell aufzutreiben und erwies sich als großer Kenner der indianischen Mythologie.

Cuzco war einst die Hauptstadt eines großen Indianerreiches, in dem die Söhne der Sonne und des Mondes, die Inka, herrschten. Die Verehrung der Indianer galt neben den Gestirnen vielen anderen Göttern im Hochland, besonders aber den Geistern reiner Quellen, ewig schneebedeckter Berge, dem Puma, der Schlange und dem Kondor. Dieser hochfliegende Bergvogel, der aussieht wie ein riesiger Geier, aber zur Familie der Störche gerechnet wird, galt im Inkareich als ein Götterbote, der die Verbindung zwischen Himmel und Erde hält. Nach der Zerstörung des Reiches durch die Spanier im 16. Jahrhundert versuchten die Eroberer, den heidnischen Glauben der Indianer an die alten Götter gründlich auszumerzen. Auf die gewaltigen Fundamente der Tempel setzten sie Kirchen und Paläste. Die *apus*, die Halbgötter Puma, Schlange oder Kondor, wurden durch die *santos* ersetzt, die europäischen, fernen Heiligen des Christentums. Das Kreuz konnte jedoch bis heute den mächtigen Kondor nicht wirklich verdrängen: er fliegt durch den christlichen Dogmenhimmel, als sei er nicht zu fangen.

Die Indianer vom Stamme der Quechua glauben, daß der Kondor sie eines Tages von der Herrschaft der Fremden erlösen wird. Verborgen in einer Felsschlucht in der Nähe von Cuzco hatte einst ein Inkaprinz auf der Flucht vor den Konquistadoren zwei Zeichen in den Stein geritzt. Das eine zeigt den Kondor schlafend mit gesenktem Kopf, im anderen setzt der Göttervogel erneut zum Flug an, als habe er sich nur für eine Zeit in die Berge zurückgezogen, um eines Tages mit Macht zurückzukehren.

Einmal im Jahr aber wird der Kondor vom Himmel geholt und in den Symbolkampf mit dem Stier geschickt. Eine magische Auseinandersetzung zwischen Inka und Conquista, zwischen Indianern und Spaniern.

Soweit die Erzählung des Malers Juan Bravo Vizcarra. Und einer seiner Freunde, der Peruaner Jorge Vignati, wußte auch, wo der Kondor noch gefangen wird: in dem Dorf Cotabambas, eine Tagesreise von der früheren Inkastadt Cuzco entfernt. Allerdings liegt Cotabambas in einer Provinz, über die seit Jahren der Ausnahmezustand verhängt worden ist. Die maoistische Guerilla vom «Leuchtenden Pfad» kontrolliert die Andenhochtäler im Hinterland von Cuzco. Der Maler Bravo und sein Freund halten sowohl Kontakt zu den amtlichen Stellen wie auch zu ganz und gar obskuren Gestalten. Glaubt man ihnen, so haben die Guerilleros vom «Leuchtenden Pfad» ein Nachbardorf von Cotabambas heimgesucht, alle Dorfbewohner auf dem Markt zusammengetrieben und vor ihren Augen den Bürgermeister und den Friedensrichter umgebracht. Seitdem leben auch die Leute von Cotabambas in Angst. Zu ihrer Sicherheit wurde eine siebenköpfige Truppe der Guardia Civil abkommandiert. Das alles weiß Vignati vom Hörensagen, denn nach Cotabambas gibt es weder eine Telefon- noch eine Funkverbindung. Jedoch verkehrt zweimal wöchentlich ein Bus. Er ist auch der Nachrichtenträger zwischen dem Hochland und der Stadt.

Wir – mein Kamerateam, der Maler, sein Freund und ich – erfuhren, daß auch in diesem Terrorjahr das Yawar-Fest stattfinden soll. Also rüsteten wir uns zur Abreise und mieteten einen Bus. Der hatte es zwar schwer auf den schmalen Wegen, aber er war hochbeinig, fuhr besser durch die Furten und über das Geröll.

Am Vorabend unserer Abreise begeht Peru seinen Nationalfeiertag. Auf der Plaza von Cuzco wird neben der Fahne des Staates auch das Inkabanner hochgezogen.

Die sieben Farben des Regenbogens. Das indianische Erbe gilt wieder, und den Touristen, die sich in die Hochebene vorwagen, ist es sowieso wichtiger als das nachgeborene spanische Kolonialreich. Hunderttausend feste Häuser sollen sich einst um die Tempelstadt der Inka geschart haben. 23 Brücken führten über kanalisierte Bäche. 43 Straßen schlängelten sich von hier aus an die Küste, in den Dschungel, über die Berge bis Quito im Norden und Antofagasta im Süden. Festungen und Paläste säumten die sieben Hügel um Cuzco herum. Es war ein wahres Rom der Neuen Welt. Und die Schicksale gleichen sich. Denn Cuzco fiel nicht nur den anstürmenden Spaniern zum Opfer, sondern auch dem Bruderkrieg – und der Armut.

Am Rande der Parade zum Nationalfeiertag treiben sich emsige Taschendiebe herum. In meiner linken Hosentasche finden sie nur ein paar Tempotaschentücher. Allerdings muß ich nach dieser diebischen Visite einen Riß in der Hose nähen lassen.

Weit vor Morgengrauen brechen wir auf. Schon bald geht es von der festen Straße ab und auf Feldwege. Hinter einer Hazienda, der man die vergangene Pracht noch ansieht – die Besitzer wurden 1968 bei der Landreform enteignet –, biegen wir ab in die Berge. Den Sonnenaufgang erleben wir schon in der Pampa de Anka. Vor uns erhebt sich der Salquantay – der schneebedeckte Gipfel ist 6064 Meter hoch. Salquantay heißt: der Unbesiegbare. Und tatsächlich konnten die Spanier diesem heiligen Berg der Inka nichts anhaben: er blieb uneinnehmbarer Zufluchtsort. Dann geht es über 2000 Meter Höhenunterschied in Haarnadelkurven nach unten. Vorsichtig fährt uns der Busfahrer durch Geröll und Gewässer. Es ist auch für ihn eher ein Abstieg als eine Abfahrt. Wir erreichen den Apurimak-Fluß. Apurimak heißt in der Indianersprache: Großer Gott, der zu uns spricht. Früher pendelte hier eine Inka-Hängebrücke. Vor 20 Jahren wurde sie durch eine Stahlkonstruktion ersetzt. Im Bus herrscht Anspannung. Daß ein Gringo unterwegs ist nach Cotabambas, haben die Guerilleros mit Sicherheit erfahren.

Wenn sie etwas dagegen unternehmen wollen, so meint Jorge Vignati, dann an der Brücke. Aber da sind nur ein paar Hirten, die eine Herde von Schafen und Lamas vorbeitreiben. Wir lagern kurz und werden von besonders bösartigen Moskitoschwärmen überfallen. Sie heißen *puma wakacha*, das heißt soviel wie «bringt sogar den Puma zum Weinen».

Danach geht es in steilem Zickzack bergauf Richtung Cotabambas. Auf halbem Wege sehe ich den Schatten eines großen

Vogels auf einer Felswand. Wir steigen aus und können einen Kondor beobachten, der neugierig den Bus umkreist. Es gibt nur noch wenige seiner Art. Der einzige größere Nistplatz der Anden findet sich im Valle de Kolka, nahe der Stadt Arequipa. Drei Vollblutindianer in der Reisegesellschaft betrachten es als eine Fügung der Götter, daß uns der Kondor erschienen ist. Später oben im Dorf erzählen sie die Geschichte aufgeregt weiter, und selbst Dimas Gemarra ist erstaunt. Dimas ist der Kondorfänger von Cotabambas. Obwohl selbst Mestize, also ein Nachkomme der Spanier, verehrt er den Kondor als seinen höchsten Apu, als seinen Gott.

Bevor er jedes Jahr einmal auf die Berggipfel zieht, ruft er die anderen Apus an, die hier oben wohnen, bringt ihnen Opfer und beschwört sie, ihm zu helfen. Mit einem Sohn oder Neffen zieht er dann in ein kraterähnliches Tal auf 5200 m Höhe. Dort schlachtet er ein älteres Maultier und legt es als Köder aus. Meist gelingt es ihm so, einen hungrigen Kondor anzulocken: «Der frißt sich voll und kann sich nicht mehr in die Lüfte schwingen.»

Dann scheuchen Dimas und seine Helfer den großen Vogel, bis er müde wird und sich widerstandslos festnehmen läßt. In den 50 Jahren seines Lebens hat Dimas Gemarra 16 Kondore gefangen und sie immer heil und ohne Schaden zurück ins Dorf gebracht – so auch diesmal.

Die Nachricht vom erfolgreichen Fang versetzt Cotabambas in festliche Stimmung. Die *capiros*, die Stadtmusikanten, ziehen mit Flöte, Bergharfe und Trommel durch die Straßen. An jeder Ecke wartet auf sie *chicha*, Maisbier. Bevor sie trinken, spritzen sie ein paar Tropfen gen Himmel, den Apus geweiht, und zur Erde, für die Weltmutter *pacha mama*.

In der Nacht vor dem Yawar-Fest halten die *capiros* Wache am Käfig des Kondors, spielen ihm auf und geben ihm ebenfalls *chicha* zu trinken. Für die Zeit des Yawar-Festes bleibt die kleine koloniale Kirche von Cotabambas verwaist. Der Pfarrer, ein Italiener aus Bergamo, verdammt zwar offiziell die heidnische Verehrung des Kondors. Aber der Altar in seiner Kirche wird von einem Kondor überragt, den ein Silberschmied schon im 17. Jahrhundert gefertigt hat. Ursprünglich gab es solche Silberschmiedearbeiten in vielen Bergkirchen, doch sind sie im Laufe der Jahre Kunsträubern zum Opfer gefallen.

Heute ist der Silberkondor von Cotabambas einzigartig. Über dem Altar thront eine *Maria immaculata*. Der unbefleckten Empfängnis Mariens gilt das zweite große Fest der Indianer in den Hochanden. Auch in diese Marienverehrung spielt ein heidnischer Brauch. Im alten Inkareich wurden die Sonnenjungfrauen verehrt. Wenn sie aber ihr Keuschheitsgelübde brachen, wurden sie lebendig eingemauert. Die Sonnenjungfrauen waren nur den höchsten Göttern vorbehalten – oder dem Sohn der Sonne, dem Inkaherrscher selbst.

Die Dorfplaza wird in eine Stierkampfarena verwandelt. Die Stiere werden meist von den Notablen gestiftet. Sie tragen zum Zeichen ihrer Spende Schärpen. Es gibt auch Freibier und *chicha* – die meist landlosen Indianer der Umgebung zögern nicht lange und betrinken sich.

Später muß die Guardia Civil sie daran hindern, sich tollkühn in den Kampf mit dem Stier zu werfen und sich von ihm aufspießen zu lassen. Der von den Spaniern mitgeschleppte Brauch des Stierkampfs geht ansonsten fast immer unblutig aus. Doch das hat weniger mit Tierschützermoral zu tun als mit dem Preis der Stiere. Sie werden, weil zu teuer, geschont. Höhepunkt des Festes ist die Auseinandersetzung zwischen Kondor und Stier. Das Spektakel ist blutig und prosaisch zugleich – die Krallen des Vogels werden in den Hautfalten des Bullen festgenäht. Für zwei, drei Minuten wird dann dieses seltsame Gespann in der Arena freigelassen. Der Kondor flattert wild mit den Flügeln, und der Stier bockt wie ein Mustang. Auf mich hat das weniger wie ein archaischer Kampf gewirkt, sondern mehr wie ein künstliches Ritual, wie die artifizielle Schöpfung eines mythischen Superwesens, in dem sich die Stärke Spaniens und die Hoheit der Inka vereinigen. Nach dem Kampf läßt man den Stier laufen und den Kondor wieder fliegen. Wenn er seine Schwingen majestätisch breitet und unbeschadet davonzieht, dann ist der Apu seinem Volk gnädig gestimmt. Im Vorjahr ist der Kondor in Cotabambas allerdings elendiglich verendet. Die Aufregung war zuviel für den Vogel. Es folgte eine Trockenzeit, in der die Felder verdorrten und viel Vieh verhungerte. Es war auch das Jahr, in dem die Guerilla vom «Leuchtenden Pfad» in die Berge des Hochlandes einzog. Im kommenden Jahr, so meint Dimas Gemarra Montesinos, wird er wohl nicht auf die Jagd nach dem Kondor gehen, wird auch das Yawar-Fest eher kümmerlich verlaufen. Denn die Zahl der Spender und der Stifter und Paten wird immer kleiner. Beim letzten Kondorfest rammte ein Unbekannter dem Bürgermeister ein Messer in den Bauch. Er kehrte nach seiner Genesung nicht mehr zurück. Der Gouverneur der Provinz ist zurückgetreten, der Friedensrichter auch. Es gibt keine Kandidaten für ihre Nachfolge. Zu groß ist die Angst vor den Guerilleros des «Leuchtenden Pfades». Nur der Pfarrer hat beschlossen, in Cotabambas zu bleiben. Wenn das Blutfest und der Kampf des Kondors gegen den Stier aus der Tradition der Indianer verschwinden, weil die Angst der Bürger vor den Terroristen die Kultfeste verhindert, so ist er's zufrieden.

Es ist nicht genau feststellbar, wann der Brauch im Hochtal von Cotabambas entstanden ist, aber der Maler Juan Bravo Vizcarra meint, es müsse irgendwann in den Wirren des 18. Jahrhunderts gewesen sein. Damals stand Peru unter spanischer Kolonialherrschaft, und der spanische Vizekönig verlangte eine *diezmo*, einen Zehnten, von all dem, was die Indianer mit Feld und Vieh verdienen konnten. Dieser *diezmo* wurde zweimal im Jahr gesammelt. Eine Hälfte zur Zeit der Ernte im Juni und die andere Hälfte um Weihnachten herum. Neben diesem Tribut mußten die Indianerdörfer eine ständig wachsende Zahl arbeitsfähiger Männer für die Arbeit in den Minen zur Verfügung stellen. Und zwar entweder für die Silberminen von Potosi im heutigen Bolivien oder für die Quecksilbergruben von Huancavélica im heutigen Peru. In diesem sogenannten Mita-System erhielten die Indianersklaven keinen Lohn. Mehr noch, sie mußten sich auch für die Zeit ihrer Arbeit in den Minen – meistens ein Jahr – selbst versorgen. Aus den Minen schleppten die Indianer, oft angesteckt von den weißen Aufsehern, die Pockenepidemie in ihre Dörfer. Allein im Jahre 1719 wurden im Bezirk um Cuzco herum 60000 Opfer dieser Krankheit gezählt. Es waren die Pfarrer in den kleinen Dörfern des Hochlandes, die sich dem unmenschlichen Vizekönig und seinen Steuereintreibern schließlich entgegenstellten. Erstmals, seitdem Peru mit Kreuz und Schwert erobert worden war, kam es zum Bruch zwischen weltlicher und kirchlicher Gewalt. In Cotabambas brach die Unruhe am 13. Dezember 1730 aus. Das Datum ist genau verzeichnet im Archivo de las Indias in Sevilla in Spanien.

Es war der zweite Besuch des Steuereintreibers in diesem Jahr, das noch dazu von Dürre gekennzeichnet war. Die Indianer weigerten sich zu zahlen, vermutlich weil sie gar nicht in der Lage dazu waren. Ein gewisser Marcos Mendoza, der Neffe des Priesters, sprach zu den Indianern nach der Abendmesse. Er machte ihnen deutlich, daß der Wille des Vizekönigs nicht der Wille Gottes sei.

Und als die Steuereintreiber kamen, nahmen die Indios sie gefangen. Einer von ihnen, der Corregidor, wurde zu Tode gesteinigt. Vorher wurden ihm aber die Goldzähne gezogen. Die Bauern von Cotabambas gehörten zu den ärmsten im ganzen Vizekönigreich. Im Jahr 1730 hatten sie nicht einmal genug Essen, um sich selbst zu ernähren. Trotzdem mußten sie in diesem Jahr 55 der Ihren in die Minen von Huancavélica schicken.

Die Indios hatten auch unter den Inka schon in der Fron gelebt. Aber sie wurden nicht bis aufs Blut ausgebeutet. Deshalb wünschten sie sich den Kondor der Anden zurück, den Sohn der Inka, um sie aus ihrer Not zu befreien. Und sie wollten ein Zeichen setzen. Nach und nach schmuggelten Bergarbeiter aus Cotabambas so viel Silber aus den Minen von Potosi, daß ihnen ein Silberschmied aus Cuzco einen wunderschönen Kondor hämmern konnte, den sie in ihre Kirche stellten.

Derweil wurde woanders ihr Schicksal entschieden. Denn inzwischen hatten in Spanien, dem kolonialen Mutterland Perus, die Bourbonen die Herrschaft übernommen. Sie litten unter chronischem Geldmangel. Die Beute an Silber und Gold aus den Anden war ihnen nicht genug – sie erhöhten überall die Steuern, die sogenannte *alcaballa*. So mußten z. B. die Silberschmiede so viel Steuern zahlen, daß es sich fast nicht mehr lohnte, ihr Handwerk auszuüben. Das schlimmste für die Indios aber war, daß plötzlich auch auf Coca Steuern erhoben wurden. Das Cocablatt

24

diente den Indios traditionell gleichzeitig als Stimulans und als Betäubungsmittel bei ihrer Arbeit. Als ihnen das Cocablatt weggenommen wurde, revoltierten sie ein weiteres Mal. Diesmal überzog die Revolution das gesamte südliche Gebiet der Anden. Und diesmal fand die Revolution auch ihre Führer. Eine weitverzweigte Familie von Fuhrunternehmern, die ebenfalls unter der Steuererhöhung litt, sorgte für Kontakt und Kommunikation zwischen den aufständischen Dörfern. Diese Familie mit Namen Tupac Amaru sollte schließlich auch die Führer der Revolution stellen. Der erste historisch überlieferte Tupac Amaru war ein gewisser José Gabriel aus der Nähe von Cuzco. Nichts deutet darauf hin, daß Inkablut in seinen Adern floß. Es waren eher seine natürliche Autorität und Führungskraft, die ihn zum Idol der Armen erhoben. Im Jahr 1777 begann José Gabriel Tupac Amaru, die Bergleute, die als Zwangsarbeiter in den Minen schufteten, zu agitieren und aus ihnen den Kern seiner Revolutionstruppen zu formen. Zwei Jahre später konnte er offen gegen die spanischen Behörden rebellieren. 1781 schlossen sich auch Kreolen der Indianerrevolution an. Die Kreolen waren die Nachkommen der ersteingewanderten Spanier und stellten traditionell nach der Eroberung in Peru die Herrenschicht, die *hazendados*. Doch sie litten genauso unter der Besteuerung wie die Indianer selbst und machten schließlich mit ihnen gemeinsame Sache.

Viele dieser Großgrundbesitzer beschäftigten inzwischen neben ihren indianischen Knechten auch schwarze Sklaven aus Afrika auf ihren Feldern. Diese Sklaven, entflohen und befreit, kämpften unter dem Feldherrn José Gabriel. Ein anderes Mitglied der Familie, Francisco, nahm Verbindung auf zu den Indianern in Bolivien, das damals Oberperu hieß. Ein Cousin von José Gabriel mit Namen Diego übernahm die Planung der ganzen Erhebung. Ein Schwager und ein Neffe der Familie gehörten ebenfalls zur Führungsmannschaft – eine echte Familienrevolte.

Zu den Indios vom Stamme der Quechua, dem Staatsvolk der Inka, stießen die Aymara aus Bolivien. Sie standen unter Führung des Kaziken Tupac Catari. Auch Tupac Catari verließ sich vornehmlich auf die Unterstützung der Verwandtschaft. Erst in dieser Phase der Revolution ließ sich Tupac Amaru als ein Abkömmling der Inka ausrufen. Der «Kondor der Anden» flog wieder. Dabei gilt es als sicher, daß die Familie Tupac Amaru aus Mestizen, aus Mischlingen zwischen Indianern und Spaniern, bestand. Viele der unzufriedenen Silberschmiede im Lande versuchten, sich zu Waffenschmieden zu entwickeln. Sie gossen sogar Kanonen. Aber die Indianer hatten Angst, sie zu bedienen.

Die Kanoniere waren fast ausschließlich Schwarze und Mulatten. Auch mit dem Gewehr konnten nur die Mestizen und die Kreolen umgehen, die Indianer blieben bei Pfeil, Bogen und Lanze. Die Tupac Amaru kontrollierten die Verkehrswege. Sie blockierten Lebensmittellieferungen. So kam es zu Hungersnöten in den Städten. Sie eröffneten einen Schwarzhandel mit Coca und Silber. Dann gingen sie dazu über, jene Dorfältesten, die sich nicht der Revolution anschlossen, einfach umzubringen. Diese Strategie des Terrors wurde später von vielen anderen Guerillabewegungen in Lateinamerika übernommen – z. B. in unserer Zeit von den Rebellen des «Leuchtenden Pfades», wie auch von den Montoneros in Argentinien. Einige Untergrundbewegungen der modernen Zeit nahmen sogar den Namen der Tupac Amaru an – die Tupac Amaru in Peru und die Tupamaros, eine Stadt-Guerilla in Uruguay.

Spanien mußte sich zu einem Feldzug entschließen. Der überlegenen Feuerkraft der aus Europa herbeigeführten Truppen hatten die Rebellen am Ende nichts entgegenzusetzen. Ende des 18. Jahrhunderts saßen alle Mitglieder der Familie Tupac Amaru entweder im Gefängnis, oder sie waren gefallen oder exekutiert. In jener Zeit entstand in den entlegenen Bergdörfern der Brauch des symbolischen Kampfes zwischen Kondor und Stier – ein Memento der gescheiterten Revolution. In späteren Aufständen gegen die Spanier und schließlich im erfolgreichen Befreiungskampf Anfang des 19. Jahrhunderts nahmen immer wieder Rebellenführer den Namen Tupac Amaru an oder nannten sich «Kondor der Anden». Als Mitte des 20. Jahrhunderts die Demokratie schließlich auch in Peru Einzug hielt, identifizierten sich auch ihre Führer mit dem symbolischen Greif. Der große Sozialdemokrat und Held der Apra-Bewegung, Haya de la Torre, nannte sich «Kondor der Anden», und der 1990 siegreiche Präsidentschaftskandidat japanischer Herkunft, Alberto Fujimori, ließ sich von den Indianern in Cuzco und Cotabambas feiern als der «Samurai, der auf den Schwingen des Kondors» herbeigeeilt sei, um das Land aus höchster Not zu retten. Denn so, wie diese Not gleich blieb, so dauerhaft erwiesen sich auch die Mythen und politischen Symbole, die seit Jahrhunderten den scheinbar naheliegenden und doch immer noch verschlossenen Ausweg in die bessere Zukunft weisen.

Von Castro bis Castro

Die Politiker Lateinamerikas sind sich in einem einig – *Latino America es differente*, wobei das «differente» bedeutet, daß Lateinamerika «verschieden» sei, anders als Asien oder Afrika. Vor allem aber ist der Subkontinent in sich selbst unterschiedlich. Die Staaten der Hemisphäre haben sich zu unterschiedlichen Zeiten von den kolonialen Eltern in Europa gelöst und haben auch ein unterschiedliches Entwicklungstempo eingeschlagen.

Uruguay etwa ist trotz der großen Entfernung Europa sehr nahe geblieben, hat auch den Anschluß an die westlichen Industriestaaten wiedergefunden. Haiti hingegen gehört zu den 26 ärmsten Ländern der Welt und versinkt immer weiter im Chaos. Für fast alle Staaten Südamerikas gilt, daß der Klassengegensatz krasser ist als in Europa; doch ein Großteil der Bevölkerung wird sich in unserer Zeit bewußter denn je zuvor, wie weit ihr Abstand vom Wohlstand und Lebensstandard der postindustriellen Gesellschaft im Norden wirklich ist: ein idealer Boden für entschlossene Revolutionäre, ein gigantisches Prüffeld für Doktoranden der Machtlust, ein riesiger Sandkasten für die Spiele mit den Emotionen und ein Schauplatz für die nicht abreißende Kette von Umsturz und Aufruhr.

Die erste erfolgreiche Revolution unseres Jahrhunderts hat 1910 Mexiko erlebt. Die zweite 1952 Bolivien. Aber die kubanische Revolution vom Januar 1959 hat sich als Modell erwiesen für all die Nachfolger quer durch Südamerika.

Meine Erfahrung mit der Revolution des Fidel Castro beginnt 1956 in Wien. Mit vielen anderen Studenten zusammen arbeitete ich in der Erstversorgung der vielen Flüchtlinge aus Ungarn, die sich nach dem nationalen Aufstand vor dem brutalen Gegenschlag der Sowjets über die Grenze nach Österreich retteten.

In der Unterdrückung des ungarischen Freiheitskampfes zeigte der Stalinismus sein altes, bösartiges Gesicht, und wir Studenten betrachteten es als einen Hoffnungsschimmer im weltweiten Kampf gegen das universale Übel der Diktatur, daß die *barbudos*, die Bärtigen um Fidel Castro, nach der Landung ihres Schiffes «Granma» vor der Küste der Sierra Maestre ungebrochenen romantisch-revolutionären Kampfgeist zeigten. Ein Jahr später führte Herbert Matthews von der *New York Times* sein inzwischen berühmt gewordenes Interview mit Fidel Castro in den kubanischen Küstenbergen. Der Aufständische war überzeugt vom unvermeidlichen Sieg der Revolution, sprach von Wiedereinführung der Demokratie und von der Aufkündigung der Zusammenarbeit des neuen Kuba mit allen autoritären Regimen, vor allem mit dem der Sowjetunion. Es kam ganz anders. Als im Sommer 1989 die Ungarn ihre Grenzen öffneten für DDR-Bürger, die die Zuflucht im Westen suchten, berichtete *Granma*, wie die regierungskonforme Tageszeitung inzwischen in Kuba heißt, nicht darüber. Und als am 9. November 1989 die Mauer in Berlin fiel, kommentierte das Castro, Dauerrevolutionär seit seiner Machtübernahme, argwöhnisch als «eine Abweichung vom sozialistischen Weg».

Als Sonderkorrespondent in der DDR von Ende Dezember 1989 bis Mai 1990 interessierte mich auch das Schicksal der ausländischen Gastarbeiter, besonders der Kubaner. Es gab im wesentlichen drei Gruppen. Die erste bestand aus ideologischen Kadern, die bis ins diplomatische Corps in Ost-Berlin hinein Kontakt zum SED-Regime hielten. Verbindungsleute bis in die Winkel der Geheimdienste hinein. Die zweite Gruppe rekrutierte sich aus Intellektuellen, kubanische Dichter, die in der DDR Lesungen hielten, Studenten, die an die Rostock-Universität gingen, und aus professoralen Vertretern des Marxismus-Leninismus lateinamerikanischer Version. Sie wiederum halfen jene Kader auszubilden, die für die DDR nach Lateinamerika gingen. Wie aufwendig diese Ausbildung betrieben wurde, mö-

gen Zahlen verdeutlichen. In der Sektion Lateinamerikawissen-
schaften zu Rostock kamen 42 Lehrkräfte auf 80 Studenten.

Bei der dritten, weitaus größten Gruppe handelt es sich um
Arbeiter für Produktionsstätten, die im Austausch gegen Waren-
lieferungen für eine Zeit ihre schlechtbezahlte Arbeitskraft der
DDR zur Verfügung stellten. Als ein Sprecher dieser dritten
Gruppe wurde mir ein gewisser José Rodriguez genannt. Er soll
in der Nähe der Salvador-Allende-Allee leben, die zwischen Kö-
penick und dem Müggelsee liegt. Der Name der Allee erinnert an
den marxistischen Volksfrontpräsidenten in Chile, der im September 1973 Opfer eines Militärputsches geworden war. Die
DDR hat seinerzeit vielen Opfern und Flüchtlingen der rechten
Putschgenerale in Chile Aufenthalt in der DDR gewährt. (Einer
dieser Politflüchtlinge hat später die Tochter von Erich Honecker
kennengelernt, geheiratet und ist mit ihr im Frühjahr 1990 nach
Chile zurückgekehrt – in ein Land, das inzwischen die Putschgenerale an der Spitze der Regierung wieder abgeschüttelt hat.)

Die meisten Lohnarbeiter aus Kuba sind regime- und sozialis-
mustreu in die DDR gekommen, haben dort eher bedrückende
Arbeitsbedingungen kennengelernt und vor allem eine wachsende Fremdenfeindlichkeit. José Rodriguez wohnt nicht in
einem der besseren Quartiere, die für politische Kader vorgesehen waren, sondern in einer verfallenen Vorortstraße, hinter der
Salvador-Allende-Allee. Er mochte sich zu seinen Plänen und
Zielen nicht äußern – doch die Ängstlichkeit war Kommentar
genug. In einer dürftigen Berliner Vorstadtkneipe traf ich zwei
Kubaner, die in einem Filterwerk in Ost-Berlin arbeiteten. Der
Commandante Supremo, Fidel Castro, habe seine DDR-Gastar-
beiter zurückbeordert auf die Insel, hieß es. Sie sollten sich nicht
vom Demokratie-Virus infizieren lassen. Doch einer der beiden
Kubaner wollte lieber in der DDR bleiben und hoffte, daß seine
Aufenthaltsgenehmigung sich auch später auf Gesamtdeutsch-
land erstreckt. Zu Hause nämlich würde ihn nur eine Mangel-
wirtschaft erwarten und ein System, das wieder repressiv geworden sei. Bei Fidel Castro hat alles angefangen, sagte er, und
wegen ihm hört alles wieder auf.

In einem Schneideraum des ZDF zeigt mir die Kollegin Renate

Justig einen Film, den sie buchstäblich unter der Hand im Frühjahr 1990 in Kuba gedreht hat. Eine offizielle Einreise war ihr verweigert worden, und so war sie denn als Touristin verkleidet auf der Zuckerinsel unterwegs. Teil dieses Films ist die Einweihung eines neuen Hotels, das Spanier in Kuba gebaut haben. Und Fidel Castro hält die Eröffnungsrede. Dabei geht er mit den Kubanern ins Gericht, die offenbar nicht aus eigener Kraft Einrichtungen für den Tourismus ins Leben rufen können, und preist den Fremdenverkehr als eine wachsende Einnahmequelle für Kuba, da die anderen, herkömmlichen Quellen allmählich versiegten. Spanien war noch das einzige westliche Land, das relativ gute Beziehungen zu Kuba unterhielt und das dortige Regime mit Krediten in Höhe von insgesamt 1,3 Milliarden Mark unterstützt hat.

Dann kam die sogenannte Botschaftskrise. Mitte Juli 1990 hatten sich acht Kubaner in das im Kolonialstil erbaute Botschaftsgebäude Spaniens in Havanna geflüchtet. Am 21. Juli setzten sich noch einmal neun Kubaner ab – die sich allerdings später als Angehörige des kubanischen Geheimdienstes herausstellten. Diese neun angeblichen Flüchtlinge gehören der Sondertruppe der sogenannten «Tigres de Castro» an. Das sind 400 Spezialagenten, eine Art Prätorianergarde des Diktators.

Am Donnerstag, dem 26. Juli 1990, rief Fidel Castro zu einer Massendemonstration auf und kündigte an, daß alle Unzufriedenen Kuba verlassen könnten, wenn denn Spanien, die Europäische Gemeinschaft und die USA bereit seien, sie aufzunehmen. Alle diese Ereignisse, das Dilemma der Kubaner in der DDR, das Lob des Fremdenverkehrs, das Zerwürfnis mit dem letzten freundschaftlich gesinnten Staat, Spanien, die «Gefahr» einer weiteren Fluchtwelle fort von der Zuckerinsel zeichnen ein Bild vom untergehenden Schiff des Sozialismus in der Karibischen See.

In einem Interview mit Henry Kissinger, das ich im Sommer 1990 führte, meinte der ehemalige Außenminister jedoch: «Castro wird sich länger halten als die anderen sozialistischen Potentaten. Er ist von vornherein nicht zu jenen Kompromissen bereit, die das Ende der anderen sozialistischen Regime eingeläutet haben.» Gleich aber, ob Castro fällt oder nur ins Abseits gerät, mit ihm geht eine Entwicklung zu Ende, an die einst so große Hoffnungen und auch so viele Verheißungen geknüpft waren.

30 Jahre nach dem revolutionären Sturmwind, den er entfacht hat, ist keine nennenswerte revolutionäre Regung in Lateinamerika übriggeblieben.

Der neue Mensch, den Fidel Castro zusammen mit seinem Weggefährten Che Guevara erschaffen wollte, zeigt immer mehr antisoziale und konterrevolutionäre Züge, um in der Sprache des Sozialismus zu bleiben. Derart in die Enge getrieben, sprach Fidel Castro immer häufiger vom schlechten kubanischen Nationalcharakter. Auf den Druck von außen und innen antwortet er nicht mit Reformen und Flexibilität, sondern mit Strenge. Er zieht die sozialistischen Zügel an, wo alle anderen sie locker lassen. Im Jahre 1986 rief Castro die sogenannte *rectificación* aus – die Kurskorrektur, zurück zum marxistischen Ursprung.

Am 25. Jahrestag der fehlgeschlagenen Landung exilkubanischer Konterrevolutionäre in der Schweinebucht verdammt er in einer Rede die Apathie, die mangelnde Effizienz, die Korruption und den Materialismus, der die kubanische Gesellschaft durchziehe. Er löst die freien Bauernmärkte wieder auf, die zu einem leichten Aufschwung in der Landwirtschaft geführt hatten, und sagt jeder Art von freiem Unternehmertum den Kampf an. Besonders lange hält er sich bei einem Kubaner auf, der zwei Lastwagen erwerben und dann als Kleinfrachtbetrieb Hunderte und Tausende von Pesos verdienen konnte. Ein ruchloses Geschäft. Er beschwert sich über die Straßenmaler, die ihre Gemälde an Touristen und sogar an staatliche Institutionen verkaufen und dabei Tausende von Pesos verdienen, und er zitiert einen Händler, der an einem Stand im Leninpark Schokoladetafeln gekauft und an anderer Stelle zu einem höheren Preis wieder verschachert hatte.

Um das Gespenst des rückkehrenden Kapitalismus auszutreiben, ging Castro gegen jegliche Erscheinungsform des privaten Unternehmertums vor. Er führte die Mikrobrigaden wieder ein, das sind freiwillige Helfer, die vor allem in der Landwirtschaft eingesetzt werden. Dann ließ er das Bonussystem für besonders gut geleistete Arbeit wiederaufleben, widerrief ein Gesetz, das den direkten Verkauf von Häusern erlaubt hatte, und unternahm alle möglichen anderen Schritte, um Einzelpersonen daran zu hindern, Kapital zu bilden. Er ließ 28 Maßnahmen verabschieden, die alle gegen den sowieso schon geringen Lebensstandard der Kubaner gerichtet sind: so die Kürzung von *libretas*, von Gutscheinen für Milch, Fleisch, Benzin, Fernsehgeräte, Stromzufuhr. Sogar beim Bau von Sportstätten und der Ausbildung von Athleten wird seitdem gespart. Die Zahl der Feste und die Freizeitgestaltung wurden reduziert. Die Imbißpause in den Betrieben fällt am Nachmittag weg, die Arbeitsdisziplin soll strikter eingehalten werden. Wie Castro selbst im Juni 1986 sagte, dürfen zum Aufbau des Sozialismus nicht materielle Anreize führen, sondern es bedarf der Reinheit moralischer Antriebe. Doch statt sie rühmen zu können, beklagte er, ganz Realist, Apathie bei den Arbeitern, Korruption bei den Offiziellen, Verbrechen bei den Randgruppen der Gesellschaft und eine Abwendung der Jugend vom Sozialismus.

Am 5. Februar 1987 diskutierte Castro mit Professoren der Universität die mangelnde Lernbereitschaft der Studenten, beklagte den wachsenden Alkoholkonsum und das Entstehen einer permanent alkoholisierten Schicht von Jugendlichen. Die Folgen dieses sozialen Zerfalls seien die rapide Zunahme der Verbrechen und des Schwarzhandels. Bis 1990 wurden allein in Havanna 3000 zusätzliche Polizisten ausgebildet, um, so Castro, «...die Gesellschaft gegenüber dem Verbrechen und den Verbrechern zu verteidigen». Theoretisch dürfte es sie nach einem Vierteljahrhundert Sozialismus nicht mehr geben.

Eine zusätzliche Belastung für den Arbeitsmarkt und die Gesellschaft ist die große Zahl der rückkehrenden Veteranen von den Bürgerkriegen und Schlachtfeldern der Dritten Welt, besonders in Afrika. Dieser sozialen Unruhe versucht Castro nicht durch eine Verbesserung der Lebensbedingungen zu begegnen, sondern durch ein Bündel von Disziplinarmaßnahmen, verbunden mit dem Appell an den revolutionären Elan der frühen Jahre. Immer öfter zitiert er auch seinen frühen Weggefährten

Ernesto Che Guevara, der sich selbstlos seiner Liebe zur Revolution geopfert habe.

Am 2. Mai 1986 erschien in der Zeitschrift *Granma* ein großes Foto von Castro bei der jährlichen Maiparade. Auf der Rückseite des Blattes mit dem Foto war in scheinbar anderem Zusammenhang ein Totenkopf eingerückt worden, und wenn man das Blatt mit dem Foto nun gegen das Licht hielt, bedeckte der Totenkopf Castros Schädel. Bis heute bleibt unklar, ob es sich um ein Versehen des Metteurs handelte oder um eine bewußte Provokation, wie sie in anderen sozialistischen Ländern als heimliche Kritik üblich war. Jedenfalls feuerte der erzürnte Castro den langjährigen *Granma*-Chef Jorge Enrique Mendoza.

Fidel, der während der mehr als 30jährigen lateinamerikanischen Revolutionsgeschichte nie mit ihren Tiefs, sondern immer nur mit ihren Höhen identifiziert worden war, wird nun in Kuba selbst Ziel der Angriffe. Doch er weiß sich zu wehren. Seiner Kampagne zur *rectificación* wurden auch enge Getreue der ersten Tage geopfert, z. B. sein General Arnaldo Ochaoa Sanchez. Er war der Truppenbefehlshaber in Angola und in Äthiopien und ein «Held der Republik Kuba», eine seltene Auszeichnung. Mit drei weiteren Offizieren wurde er wegen Veruntreuung von Geldern, Korruption und Verwicklung in Rauschgifthandel verurteilt und am 13. Juli 1989 hingerichtet. Eine Säuberungswelle erfaßte auch das Innenministerium, und der ehemalige Verkehrsminister Diokles Toralva wurde am 24. Juli wegen Korruption zu zwanzig Jahren Haft verurteilt. Der Bauminister wurde entlassen, der Leiter der Abteilung Finanzen beging am 6. August 1989 unter politischem Druck in Havanna Selbstmord. Doch derlei Säuberungen sind nicht Vorboten der Reform. Im Gegenteil.

Trotz Castros leninistischer Orthodoxie unterzeichnete der sowjetische Staats- und Parteichef am 4. April 1989 noch einmal einen Vertrag über Freundschaft und Zusammenarbeit mit Kuba, mit einer Laufzeit von 25 Jahren. Schon bald zeigte sich, daß die Sowjets diesen Vertrag kaum einhalten können. Vier bis fünf Milliarden Dollar soll Moskau an Havanna nach diesem Vertrag pro Jahr zahlen. Doch die Sowjetunion kann sich Kuba nicht mehr leisten. Die Abnahme von Zucker von der Zuckerinsel zu garantiert hohen Preisen geht zurück, und die Lieferung von billigem sowjetischem Petroöl, bisher etwa 90 Millionen Faß pro Jahr, steht in Frage. Schon sieht man auf den Feldern wieder Ochsenkarren anstatt Traktoren, schon werden die Schlangen vor den Kaufhäusern immer länger, zeigen sich Bettler auf den Straßen, regen sich Menschenrechtsgruppen gegen die Unterdrückung, hat sich eine ökologische Oppositionsbewegung konstituiert, der *Sendero Verde*, der «Grüne Pfad». Wie in anderen sozialistischen Ländern glauben in Kuba viele kritische Intellektuelle, daß der Kommunismus neben seinen menschenfeindlichen Zügen auch der Natur gegenüber eine Mischung zwischen Vernachlässigung und Verachtung zeigt.

Der *Sendero Verde* auf Kuba hat den Glauben verloren an das sozialistische Paradies unter der Tropensonne. Und doch stellt sich die Frage, warum die enttäuschten Studenten auf Havannas Straßen, warum darbende Bauern nicht vor den Parteizentralen demonstrieren. Warum zeigt die kommunistische Partei keinen Reformflügel? Warum halten so viele Intellektuelle den Mund, wieso mucken die heimgekehrten Veteranen aus den Kriegen der Welt nicht gegen das Regime auf – kurzum: Warum läßt der Sturz Fidel Castros so lange auf sich warten?

Beinahe alle Antworten sind einfach. Da ist zunächst der gut funktionierende Unterdückungsapparat des Regimes. Von einem Geheimdienst, der (auch) in der DDR ausgebildet wurde, über ein Blockwartsystem, das sogenannte CDR-Komitee zur «Verteidigung der Revolution», bis zu einer sehr schnell urteilenden Gerichtsbarkeit erstreckt sich ein System lückenloser Kontrolle und schneller Bestrafung. Jedesmal, wenn der Druck aus der Bevölkerung zu groß wird und die Gefängnisse nicht mehr ausreichen, gab es in der Vergangenheit das Ventil der Arbeit im Ausland und der gelegentlichen Öffnung der Grenzen. Im Jahre 1980 zum Beispiel durften rund 120000 Kubaner nach Florida emigrieren – damals nutzte Fidel Castro diese Möglichkeit, um seine Irrenhäuser zu leeren. Enttäuschten Kubanern wurde die Rückkehr durch Schließung der Häfen für die aus den USA kommenden Boote unmöglich gemacht. Zum anderen steht fest, daß der Kommunismus den Kubanern nicht von außen aufgezwungen wurde wie in Polen, der ČSFR oder in Ungarn. Er war vielmehr das – überraschende – Ergebnis der Revolution, allerdings erst nachdem sich die USA dieser Revolution verweigert hatten. Des weiteren hat die Revolution den Menschen, vor allem den Bauern auf dem Lande, ein besseres Los beschert. Das Analphabetentum ging drastisch zurück, gleichermaßen die Kindersterblichkeit. Und viel attraktiver sind die politischen Modelle nicht, die ansonsten in Lateinamerika von den jeweils Herrschenden angeboten werden. Sie erwecken jedenfalls keinen Neid bei den Kubanern. Die Haltbarkeit des Castro-Regimes hatte aber vor allem mit der Geschichte zu tun und dem erstaunlichen Geschick von Fidel Castro, die geschichtlichen Entwicklungen mit seinen sehr persönlichen Motiven der Machtsicherung zu verflechten.

Kuba in der Klemme

Kuba wurde am 28. Oktober 1492 von Christoph Kolumbus entdeckt. Bereits unter seinem Sohn Diego Kolumbus und den Konquistadoren in seinem Gefolge begann die Versklavung und Ausrottung der eingeborenen Bevölkerung. Von den rund eine Million Indianern auf der Insel führt keine erkennbare Linie in die heutige Bevölkerungsmischung. Es scheint, als hätte kein einziger Ureinwohner den Kontakt mit den Christen aus dem Osten überlebt. Schwarze Sklaven übernahmen alsbald die Rolle der indianischen Diener und Knechte in der Eroberergesellschaft. (Obwohl die Mulatten nur 20 Prozent der Bevölkerung ausmachen, bezieht Fidel Castro aus diesem afrikanischen Erbe die Legitimation Kubas als ein «latein-afrikanisches Land». Nur so vermochte er der «Befreiungskampagne» seiner Expeditionscorps auf dem schwarzen Kontinent den Anstrich einer Legitimität zu verleihen.) Die spanische Krone baute Havanna zu einer Hafenfestung aus, die allgemein als der Schlüssel zur Neuen Welt galt. Fidel Castro gelang es, aus den historisch-kulturellen Resten dieser Tradition ein ideologisches Bollwerk gegen die USA aufzubauen.

Im Gegensatz zu fast allen anderen spanischen Besitzungen in der Neuen Welt wurde Kuba in der Kolonialzeit ökonomisch von dem bestimmt, was wir heute den tertiären Dienstleistungssektor nennen würden: Als Nachschubbasis und Verteidigungsbastion der europäischen Eroberer eingerichtet, gab es in Kuba immer mehr Spanier als Einheimische – zumeist Verwalter, Handwerker und Soldaten. Von hier aus wurde das südamerikanische Kolonialheer fast imperial verwaltet und bezahlt. Das Gold und das Geld aus dem Plündergut der Indianerreiche in

Mexiko und Peru flossen zum Teil nach Kuba zurück. Das Kapital wurde später in Manufakturbetriebe investiert. Um 1830 herum erst entstand ein Zucker- und Tabakplantagensystem, das aber alsbald in der Welt seinesgleichen suchte und dessen Produkte ein Drittel des Weltmarktes beherrschten. Zur Glanzzeit Kubas gehörten dreizehn Mitglieder dieser Offiziers- und Plantagendynastie zu den *Grandes de España*, der herrschenden Elite im iberischen Mutterland selbst.

Aufstände schwarzer Sklaven wurden blutig niedergeschlagen. Revolutionäre Gärung auf Kuba entstand im Klassenkampf und nicht so sehr wie auf dem europäischen und lateinamerikanischen Kontinent im Streben nach nationaler Unabhängigkeit. Während Simón Bolívar von Venezuela aus und San Martin von Argentinien her in den Kampf gegen die spanischen Kolonialherren zogen, um sich aus der wirtschaftlichen und politischen Unterdrückung zu lösen, war Kuba weitgehend wirtschaftlich autonom, hatte insofern keinen Grund, sich von Madrid loszusagen.

Eine politisch eigenständige Unabhängigkeitsbewegung entstand auf der großen Insel erst Mitte des 19. Jahrhunderts. Am 26. Juli 1853 wurde José Marti geboren. Er gilt als der *percursor*, als der revolutionäre Vorläufer Fidel Castros. Die Denkmäler und Bilder von José Marti beherrschen heute die Plätze und Straßen Kubas, verdrängen sogar die Konterfeis von Marx und Lenin, von Fidel Castro und Che Guevara. José Marti starb 1895, kurz bevor die US-Amerikaner dem spanischen Weltreich den Todesstoß gaben – und dabei die spanischen Überseebesitzungen Philippinen, Puerto Rico und Kuba eroberten.

José Martis politische Parole war europäischer Herkunft – zuerst die Unabhängigkeit, dann die Freiheit. Entsprechend sieht sich Fidel Castro als Erbe und Testamentsvollstrecker des Rebellen José Marti. Und es war voller Symbolkraft, daß er am 26. Juli 1953, genau 100 Jahre nach dem Geburtstag Martis, mit 200 Mann das Fort Moncada in Kuba angriff. Dieses Datum gilt seither als offizieller Beginn der kubanischen Revolution, obwohl der Angriff, von Fidel Castro und seinem jüngeren Bruder Raúl geleitet, völlig mißlang und die Rebellen erst drei Jahre später in dem kubanischen Küstengebirge der Sierra Maestra von neuem Fuß fassen konnten.

Zwischen José Marti und Fidel Castro durchlebte Kuba eine lange Geschichte unter nordamerikanischer Vormundschaft. Washington griff in den Kampf gegen Spanien erst ein, als eine Armee von Freischärlern unter José Marti den 300000 spanischen Soldaten auf der Insel bereits einen Zermürbungskrieg beschert hatte. Bilder vom Elend der Aufständischen gelangten in die USA. Clara Barton, die Gründerin des amerikanischen Roten Kreuzes, appellierte an die Nächstenliebe ihrer Landsleute mit einer Geschichte von den Kindern in Santa Maria de Rosario auf Kuba, auch sie Opfer des Freiheitskrieges. Als kurz vor der amerikanischen Intervention auf dem US-Kriegsschiff «Maine» aufgrund einer mysteriösen Explosion 238 Seeleute und 28 Marineinfanteristen starben, machten die nordamerikanischen Medien mobil, an ihrer Spitze die Verleger William Randolph Hearst und Joseph Pulitzer. Sie verkauften Sensationen auf Druckpapier, und jeder versuchte, den anderen zu übertrumpfen. Auflagen – das heißt Umsätze und Einfluß. Jedes Mittel war recht, auch Kriegshetze. Sie paßte zum imperialistischen Stil der Zeit: Die USA suchten ihren Platz unter den imperialen Großmächten, die den Globus bereits unter sich aufgeteilt hatten. Kuba war übriggeblieben.

Fast 90 Jahre später veröffentlichte der amerikanische Admiral Rickover ein Untersuchungsergebnis über die Zerstörung der «Maine». Unter Verschluß gehaltene Akten, Marineberichte, Expertengutachten, Zeugenaussagen und ein erster Geheimbericht ließen den Admiral zu dem Schluß gelangen: Das Schiff wurde nicht durch eine «feindliche» Außenbordexplosion zerstört, sondern durch interne Überhitzung, wahrscheinlich im Kohlenbunker. Doch damals stand der Sinn der US-Patrioten nach anderem – 1898 wollte die öffentliche und die veröffentlichte Meinung der USA Krieg, sonst nichts. Ein Freiwilligencorps, die *Roughriders*, brach gen Kuba auf. In ihrem Gefolge eine Schar von Kriegsberichterstattern, unter ihnen der Fotograf Burr MacIntosh. Er hat in Illustrationen und Berichten die US-Expedition nach Kuba festgehalten in einem Buch, das er ironisch «The little I saw of Cuba» nennt, «Das wenige, was ich von Kuba sah».

Bezeichnend für das, was die US-Amerikaner überhaupt sahen – nicht mehr als einen kleinen Ausschnitt. Bei Burr MacIntosh ist die kubanische aufständische Armee ein bunter Haufen von Dieben und Drückebergern. Die US-Amerikaner wirken im Kontrast wie propere Helden, allen voran Johann Jakob Astor, der millionenschwere Händler, der als Colonel am 29. Juni 1888 in Siboney einzieht. Siboney und Daiquiri sind Namen, die seitdem zur Legendenbildung herhalten – und zur Taufe von rumhaltigen Longdrinks, die Amerikaner später in den Bars von Havanna zu sich nehmen.

Die Roughriders, romantische Wildwest-Kavalleristen, sangen «There will be a hot time in the old town tonight». Und sie führten auch den Yankee-doodle in Kuba ein. Unter der überlegenen Feuerkraft der US-Amerikaner kapitulierten schließlich die Spanier. Ein echter Krieg war es nicht. Mehr Leute starben an Gelbfieber als im Hagel der Granaten. Eine der wirklich herausragenden militärischen Leistungen der US-Amerikaner auf Kuba war denn auch die Ausrottung des Gelbfiebers durch die Militärärzte Walter Reed und Carlos Finlay. Und – immerhin – die Sieger hinterließen eine verfassunggebende Versammlung und mit ihr die erste Konstitution eines freien Kuba. Sie war indes belastet vom sogenannten «Platt-Amendment». Platt war ein US-Millionär, der viele Zuckerplantagen in Kuba besaß. In dem nach ihm benannten Gesetz wird dem großen Bruder das Recht zugestanden, wenn nötig in Kuba zu intervenieren, «um die Unabhängigkeit der Insel sowie Leben und Eigentum der Bewohner in angemessener Weise zu schützen». Es war die Abdankung des souveränen Kuba, ehe es seine Souveränität überhaupt ausüben konnte. So kam die Insel vom Regen in die Traufe.

Vom Platt-Amendment haben die US-Amerikaner immer wieder Gebrauch gemacht. Unter ihrer Vormundschaft degenerierte Kuba zu einem Spieler- und Kriminellenparadies, verwaltet von kubanischen Diktatoren, die mit nordamerikanischen Wirtschaftsinteressen gemeinsame Sache machten. Kuba entwickelte sich zu einer kriminellen Freibeuterzone. Die ehrenwerte Gesellschaft, die Mafia, verlegte ihre Spitzentreffen auf die Insel. Weihnachten 1946 feierten die Herren Lucky Luciano und Meyer-Lansky und andere Mafiabosse einen italienischen Jungen aus New York, der es inzwischen zu internationalem Ansehen gebracht hatte, den Sänger Frank Sinatra. Eine goldene Zigarettendose im Nachlaß von Lucky Luciano erinnerte an dieses Fest im Hotel National in Havanna. Es war eine typisch kubanische Fete – die Unterwelt hatte ein ganzes Land in Besitz genommen, mit ihm die Prostitution, den Drogenhandel, Glücksspiel und die größeren Geschäfte der Politik und des Außenhandels.

In jenen Jahren nach 1945 regierte, mit Unterbrechungen, der berüchtigte Diktator Batista über Kuba. Unter seiner Herrschaft verdichtete sich die Geschichte der Insel zu einer Abfolge von Räuberpistolen, zu Episoden von Schmuggel und Korruption, von Protz im Ferienparadies, feuchtfröhlichen Festen und teuren Bordellen, zur Legende vom schnellen Geld, und alles wurde bewacht von der Prätorianergarde Batistas, einer gedungenen Truppe von rücksichtslosen Landsknechten. Im ebenso moralischen wie medienfreudigen Lateinamerika wurde die puritanische Räuberromantik der Guerilleros um Fidel Castro darum genauso willig angenommen wie in der US-amerikanischen Öffentlichkeit. Als der siegreiche Fidel Castro 1959 das erste Mal in die USA reiste, wurde er von 30 000 New Yorkern begeistert empfangen – viele von ihnen kubanische Exilanten –, und er selbst ließ sich von dieser Begeisterung anstecken. Richard Nixon, damals Vizepräsident Eisenhowers, hielt den exotischen Gast allerdings für einen Sozialrevolutionär, der dem Kommunismus gegenüber sehr empfänglich sei. Umgekehrt schätzte der sowjetische Premier jener Zeit, Anastas Mikojan, den Kubaner als einen Abenteurer ein, dem man nicht über den Weg trauen könne. Beide hatten recht.

Immerhin flüchteten vor seinen Säuberungen über die offene See bereits Hunderttausende von Kubanern hinüber nach Florida. Immerhin beschlagnahmte er alsbald US-Vermögen in der Größenordnung von einer Milliarde Dollar, und noch bevor die offizielle US-Politik ihn als Gegner verdammte, plante der amerikanische Geheimdienst CIA sein Ende.

Eins von vielen Attentaten auf das Leben von Fidel Castro ist mit dem Schicksal von Marita Lorenz verknüpft. Die deutsche Kapitänstochter war 19 Jahre alt, als sie dem 32jährigen Revolutionschef auf dem Schiff ihres Vaters im Februar 1959 begegnete und sich mit ihm in ein Liebesabenteuer einließ. Ein CIA-Agent «drehte sie später um», wie es in der Sprache des Geheimdienstes heißt. Ihr Versuch, den Exgeliebten durch Gift zu töten, mißlang wie so viele spätere Attentate auch. Am 3. Januar 1961 brachen die USA offiziell die diplomatischen Beziehungen zum Inselstaat ab: Castro hatte sich als Kommunist von Graden entpuppt – mitten im Kalten Krieg eine Provokation vor der verblüfften Hegemonialmacht USA. Später versuchten 1300 sogenannte Exilkubaner den Lauf der Geschichte umzudrehen.

Ausgebildet von der CIA, versuchen sie, in der kubanischen «Schweinebucht» zu landen, in der fünf Jahre zuvor Fidel Castro mit dem kleinen Schiff «Granma» auf Grund lief und sich mit seinen Getreuen dennoch in die Sierra Maestre flüchten konnte. Die 1300 Konterrevolutionäre aus Florida aber fanden keinen Anhang bei den Bergbewohnern, wurden aufgerieben oder ins Gefängnis gesteckt. Die erhoffte und versprochene amerikanische Luftunterstützung blieb aus. US-Präsident John F. Kennedy hatte es sich anders überlegt: ein Konflikt mit der anderen Supermacht, mit der UdSSR, drohte. Vielleicht hatte sich der junge Präsident getäuscht.

Ein Jahr später jedenfalls erlaubte Fidel Castro den Sowjets den Aufbau von Raketenstellungen. Es kam zur berühmten Kuba-Krise zwischen den USA und der UdSSR: näher war die Welt an einen Atomkrieg nie geraten – und sollte es auch seitdem nicht mehr. Nur unter der Androhung eines unklaren Erstschlags zeigte sich Chruschtschow bereit, seine Mittelstreckenraketen aus Kuba wieder abzuziehen.

Washington beschloß, Kuba zu einer Marionette der Sowjetunion zu machen. US-Präsident John F. Kennedy steckte viel Geld in die «Allianz für den Fortschritt» Lateinamerikas, die nach der Raketenkrise zu einer Allianz gegen den Fortschritt Kubas werden sollte. Kuba wurde zu einem Stein auf dem Schachbrett des Kalten Krieges. Fidel Castro erklärte sein Land zur ersten amerikanischen Volksdemokratie. Einer seiner Weggefährten, der kubanische Historiker Manuel Morena Fraginals, erinnert sich: «Da wir uns auf den Weg zum Sozialismus begeben hatten, übernahmen wir also die bekannten sozialistischen Schemata. Doch sie funktionierten nicht. Wir entschieden uns z. B. für das System der tschechischen Planung. Alle Lehrbücher kamen in tschechischer Sprache, aber keiner las tschechisch. Die Berater versuchten, die Bücher zu übersetzen, aber sie sprachen kein Spanisch. Kurz – wir schafften Systeme, die sich überlappten und die ständig ersetzt werden mußten, weil sie nicht funktionierten.»

Andere Beispiele politischer Willkür jener revolutionären frühen Tage schildert Fraginals so: «Plötzlich gingen 163 Zukkerzentralen in unsere Hände über. Wir mußten also 163 Verwalter ernennen, und die mußten Leute unseres Vertrauens sein. Aus der gerade angelaufenen Alphabetisierungskampagne wurden also 163 Lehrer abgezogen, die die Zuckerfabriken organisieren sollten und die nicht die geringste Idee hatten, wie man so etwas macht. Wir fanden einen hervorragenden Schuhmacher, und der wurde mit der Verwaltung einer Wurstfabrik beauftragt. Ein bekannter Kunsttischler wurde Verwalter einer Schuhfabrik.»

Die Revolutionäre um Fidel Castro waren gezwungen, unglaublich schnelle Lernprozesse durchzumachen; denn die Wirtschaftsblockade durch die USA schnitt sie von der Versorgung auf dem nahen Kontinent ab, und die Massenauswanderung qualifizierter Kräfte nach Florida zwang sie, Leerstellen so schnell wie möglich mit weniger qualifizierten Arbeitern zu besetzen. Dennoch gelang es den begeisterten Leuten um Fidel Castro innerhalb weniger Jahre, eine grandiose Alphabetisierungskampagne durchzuführen und ein Netz von Polikliniken im Lande zu errichten, das die medizinisch vernachlässigte Landbevölkerung versorgte. In den Worten des jüngst verstorbenen lateinamerikanischen Poeten Julio Cortázar: «Kuba hat das gesellschaftliche Bewußtsein so verändert, daß das ganze Volk würdig, genauer: menschenwürdig leben kann.» So auf der Frankfurter Buchmesse 1974 – und jeder wollte es damals dem enthusiasmierten Dichter gerne glauben.

Hauptausfuhrprodukt der Insel war Zucker: Kuba, der größte Zuckerproduzent der Welt. Doch die Zuckerproduktion ist verbunden im Volk mit der Erinnerung an finstere Vergangenheit, an Sklavenarbeit. Die Übermacht der Zuckerproduktion zwang Kuba auch zur ökonomisch unglücklichen Monokultur. «So war denn die erste Reaktion der Revolution gegen den Zucker gerichtet. Der Zucker sollte ausgerottet werden, denn er galt als der Schuldige aller unserer Übel.» (Fraginals)

Zuckerrohr symbolisierte in den Augen der Revolutionäre nicht mehr und nicht weniger als einen hinterhältigen Versklavungstrick der amerikanischen Imperialisten. Weg mit der Monokultur des Zuckers! folgerten die Revolutionäre. Der Plan war sinnvoll – aber nur in der Theorie. Zuckerrohr ist in Wahrheit für diese Insel wirtschaftliches Schicksal. 1965 war die Zuckerrohrernte vom vorrevolutionären Durchschnitt von 6 Millionen Tonnen auf fast die Hälfte geschrumpft. Die Bevölkerung wurde mobilisiert zur Zuckerrohrernte 1965. Weil jedoch die kompetenten Erntemannschaften aus der kapitalistischen Epoche entweder ins Ausland gegangen waren oder in Armee und Industrie versickerten, entsandten Schulen, Universitäten und Fabriken Arbeitsbrigaden in die Zuckerfelder. Deshalb auch gab Fidel Castro selbst ein Beispiel, als er mit dem gesamten Kabinett für eine Woche in die Plantagen ging – die Monokultur hatte die Regierung eingeholt.

Ein anderes frühes Stichwort der Revolution hieß «Industrialisierung». Beispielhaft das Schicksal von «Impud», einer Fabrik für Kühlschränke mit tschechischen Maschinen. Die Produktionskosten für Impud waren hoch, der Ausschuß groß, die Ware minderwertig. Ein hier fabrizierter altmodischer Kühlschrank kostete das Doppelte der Modelle, die bis 1959 aus den USA importiert wurden. Und die Facharbeiter verdienten früher unter den Amerikanern oft das Dreifache. Entsprechend viele wanderten aus. Ihren Platz nahmen ungelernte Hilfskräfte von den Plantagen ein. Weil der Idealismus die Fachkenntnis nicht ersetzen konnte, fand in Kuba der wirtschaftliche Aufschwung nicht statt. Daran änderten auch abendliche Betriebsversammlungen nichts, in denen mehr Leistung, mehr sozialistische Diszi-

44

plin gefordert wurde. Unerfüllte Wirtschaftspläne und unerreichte Produktionsziele brachten das Land in die wirtschaftliche Abhängigkeit von Rußland. Mitläufer dieser Abhängigkeit war die politische Indoktrination am Fließband. In einer Tabakfabrik erlebte ich in den späten 60er Jahren die gesamte Belegschaft, versammelt um einen amtlichen Vorleser, der die neuesten Nachrichten vom Freiheitskampf in Santo Domingo und Vietnam mit einer staatlichen Schlußfolgerung versah. Hier, in der Provinz Pinar del Rio, wurde und wird die echte «Havanna» hergestellt. Mit der Übernahme des Sozialismusmodells kam die Idee des Arbeitssolls und seiner «freiwilligen» Erfüllung und Überschreitung. Doch in Kuba fehlten den bürokratischen, propagandistischen Produktionsmeldungen die realen Fabriken und den Materialanforderungen die Ersatzteile.

Die kubanischen Techniker verstanden jahrelang nicht, mit den aus Rußland gelieferten Maschinen umzugehen, und diese Maschinen, in nördlichen Breitengraden hergestellt, verweigerten oft im subtropischen Klima ihren Dienst. Mit der Geschicklichkeit von Menschen, denen die Improvisation schon in die Kinderschuhe gesteckt wurde, bauten Monteure dann zum Beispiel neue russische Dieselmotoren in alte amerikanische Buskarosserien ein – eine Arbeitsweise, die den Beratern aus der UdSSR und der Tschechoslowakei fremd blieb. Die Experten aus Osteuropa standen dem Phänomen Kuba alsbald hilflos gegenüber. Sie konnten den Leichtsinn nicht fassen, mit dem die Opferbereitschaft der anderen sozialistischen Länder als selbstverständlich hingenommen wurde. Jahre nach meinem ersten Besuch – in Moskau waren Glasnost und Perestroika eingekehrt – begegnete ich derselben Nonchalance wie einst angesichts der Tatsache, daß inzwischen jeder Rubel, der nach Kuba rollt, den sowjetischen Bauern am Munde abgespart wird. Damals wie heute nahm das kubanische Volk gerne und unbekümmert die sowjetischen Gaben entgegen, um sich alsdann die schwerfälligen Berater aus Moskau so weit wie möglich vom Leibe zu halten.

Im Hafen von Havanna wurden im Frühjahr 1965 spanische Pegasus-Autobusse von einem spanischen Frachter entladen. Sie fahren immer noch. An den Kais stapelten sich Waren, mit denen Kuba nichts anzufangen wußte – Ersatzteile für Maschinen, die nicht geliefert wurden, komplette Laboreinrichtungen, für die es keine Wissenschaftler gibt. In dem ehemaligen, längst verstaatlichten Woolworth-Kaufhaus stellt die Revolution ihre kärglichen Waren aus: Made in China, Made in Eastern Germany, Made in Kuba. Der Eindruck setzte sich schon früh unter ausländischen Besuchern fest, daß die Menschen von Kuba zwar bereit seien, für die Revolution zu sterben, aber weniger bereit, für sie zu arbeiten.

Die Hoffnung der Revolution waren damals die Kinder. In Scharen strömten sie vor 1970 zu den Bildungsstätten, die entweder wie Militärlager aussahen oder in Prachtvillen in Havannas früherem Luxusviertel Marianao untergebracht waren. Hier lernten die *becadas*, Stipendiaten aus dem ganzen Land, das Einmaleins der Revolution. Die *becadas* waren Kinder einfacher Bauern und enteigneter Großgrundbesitzer. Der Staat zahlte über 80 000 jungen Menschen ein Studium, das sie sich selbst nie hätten leisten können. Die jungen Leute glichen freilich eher Rekruten als Studenten. Die Freiwilligen im Kampf gegen das Analphabetentum, meist Mädchen, galten als die wahren Jünger der Revolution – die sogenannten höheren Töchter von Kuba.

Drei Jahrzehnte nach der Revolution könnten die Kubaner lesen – gäbe es entsprechende Kritiken –, daß ihr Land im Zeichen des sozialistischen Fortschritts stehengeblieben ist. In Biran, dem Heimatort Castros, hat sich im Grunde nichts geändert. Am Hauptplatz werden die guten alten Zeiten diskutiert. Das Postgebäude ist immer noch baufällig, die Schule ein gebrechlicher Holzbau. Daneben ein zweistöckiges Haus, die Geburtsstätte Fidels. Die Eltern wohlhabend, Gutsbesitzer. Der Sohn durfte studieren. Er sollte etwas Besseres werden. Die Tochter Juana aber ist später vor dem geflüchtet, was aus ihrem Bruder geworden ist. Sie lebt im Exil. Auf dem kleinen Ortsfriedhof das Familiengrab der Castros. Gediegen, patrizierhaft. Der begabte Fidel Castro besuchte ein Jesuitenkolleg. Schon in der Schule galt er als überdurchschnittlich begabt und als Hitzkopf.

Er promovierte 1950 zum Doktor der Rechte. Sein kleiner Bruder Raúl Castro war ein Weggefährte der ersten Stunde: mit Fidel immer wieder verhaftet, mit ihm immer wieder unterwegs. Später wurde er der allmächtige Sicherheitschef im Lande, und heute sind die Raúlistas, die Anhänger von Raúl Castro, fast eine eigene, durchaus gefürchtete Partei. Und dann gab es noch Ramon Castro, den unpolitischen Älteren. Äußerlich ein Abbild des großen Helden; doch er folgte der Revolution nur, er hat sie nicht mit angezettelt. Ihn lernte ich 1975 in Kuba kennen. Er galt als der «oberste Bauer» der Insel. 130 Kilometer von der Hauptstadt Havanna entfernt lag sein Kolchosenreich. 65 000 Hektar hatte er zu verwalten, eine Musterfarm für Rinderaufzucht im Tal von Picadura. Sie gehörte ihm nicht, weil Kuba seit der Revolution allen gehört, aber Ramon ließ keinen Zweifel daran aufkommen, daß er Herr im Tal von Picadura sei. Als Fidel mit seinen Guerilleros in den Bergen der Sierra Maestra hauste, gab Ramon hier und da Unterschlupf, Proviant – brüderliche, nicht revolutionäre Hilfe.

Wie so viele andere Kubaner fand der Bruder zur Revolution über ihre Feinde. Nach Fidel Castros Sieg blieben in Kuba die Räder stillstehen. Die Energieversorgung unterblieb, die USA wollten mit Wirtschaftsblockade den Willen der siegreichen Guerilla brechen. Für Ramon Castro, den Bauern, blieb die Industrie ein Fremdprodukt. Man kann es eintauschen, man muß es nicht selbst haben. Ramon Castro identifizierte die Revolution mit einem Sieg der Bauern über die Städter – und so sah es die Mehrheit im Lande. Ramon lebte einfach, meist in einem Wohnwagen. Sein Alltagsfahrzeug war ein Jeep. Er chauffierte seine Gäste selbst. Wenn Fidel Castro der große Volksheld war, fast schon übermenschlich, so blieb Ramon hautnah, wurde von den Landarbeitern als einer der Ihren gefeiert. Er führte seine Besucher in Bauernwohnungen, Apartmenthäuser mit Fernsehgeräten und Eisschränken. Landarbeiter im Hochhaus. Hochhäuser als Dorfkonzept. Das Projekt Alamar sollte mit 100 000 Einheiten die Stadt Havanna entvölkern helfen. Der Lebensstandard sollte die Bauern hervorheben als die revolutionäre Klasse in der klassenlosen Gesellschaft. Mikrobrigaden, freiwillige

Bauern in Feierschichten, Schulen, Krankenhäuser, Kindergärten, Sportpaläste, Wohnungen. Kein Land habe in so kurzer Zeit so viel für seine Bauern getan, und zu ihm, sagte Ramon, kämen sie, wenn sie Rat und Hilfe bräuchten. Das war vor 15 Jahren – geblieben ist von diesen Träumen eine kolossale Staatsverschuldung und der Alptraum hochsubventionierter sozialistischer Agrarwirtschaft, längst überlagert von neuen ökonomischen Prioritäten.

1975, im Jahr des ersten Parteikongresses seit der Revolution, sollte Kuba einen neuen Plan erhalten, sollte nicht mehr die Landwirtschaft, sondern die Industrie Schwerpunkt der Entwicklung werden. Damit wurde Havanna wieder aufgewertet, jene dem Verfall preisgegebene Hauptstadt, die immer noch Symbol war für die ungerechte Verteilung der Güter, für die koloniale Abhängigkeit von den USA, für privatwirtschaftliche, moralische Sünde, für all das, was vorher war.

Die steinernen Zeugen der kubanischen Geschichte wurden renoviert, vielleicht um zu beweisen, welcherart Geschichte von der Revolution bezwungen wurde, vielleicht aber auch um zu betonen, wie sehr diese Geschichte hispanisch ist und nicht anglo-amerikanisch. Und natürlich entdeckte Castro schließlich die typische Geldquelle aller Dritte-Welt-Länder in Not – den Massentourismus.

Seit 1975 strömen die Fremden wieder ins Land. Auch die Nordamerikaner. Kuba wurde einmal mehr *fashionable*. Für viele von ihnen war nicht Kubas alte, sondern Kubas neue Geschichte eine besondere Attraktion. Dafür nahmen sie auch manche Unannehmlichkeit in Kauf. Bei meinem ersten Besuch im Hotel Capri wirkten die Zimmer vernachlässigt, aber sauber. Bei meinem zweiten Besuch fielen die Armaturen ab, bei meinem dritten Besuch war alles neu eingerichtet. Das Hotel Inglaterra ist aufgefrischtes Ambiente der spanischen Kolonialzeit. Es gilt als das schönste im ganzen Land. Und das Nacional de Cuba, in dem so viele Ränke geschmiedet, Affären gestaltet und Feste gefeiert wurden, steht wieder den Fremden offen.

Ramon Castro erklärte mir diese Politik der Anpassung: «Kühe darf man nicht töten, wenn sie trächtig sind, damit eines

Tages für alle Menschen Kühe da sind. Bauern muß man pflegen, denn die Welt lebt vom Land. Und als die Welt begann, war sie für alle da und nicht für einige wenige.» Wie in allen sozialistischen Ländern ist denn auch das Prinzip «Gleichheit» der Motor der Planung, der eigentlichen Politik. Doch der Mangel, der alle gleich bedrückt, ist keine Errungenschaft, die die Kubaner mit dem Sozialismus versöhnt. Im Gegenteil.

Ein *gusano*, ein «Wurm» (wie Castro die Konterrevolutionäre, die heimlich in Kuba und offen in Florida konspirieren, zu nennen pflegt), erklärte mir, er habe zwei Fernsehapparate, die nicht mehr funktionierten, das Essen sei schlecht, darum sei es jetzt an der Zeit, auszuwandern. In Kuba wuchs die Unzufriedenheit nicht im Herzen, sondern im Magen. Und die materielle Unzufriedenheit erwies sich von Jahr zu Jahr als gefährlicher denn die vormals ideologische. Die Lebensmittelrationierung ist straff, und Kubas Küche ist schlecht geworden, seit die Köche, scheinbar alle geborene *gusanos*, das Land verlassen haben. In Kuba hungern nur wenige, doch auch nur wenige essen gut. Es fehlt drei Jahrzehnte nach Castros Sieg über die Diktatur an Fleisch, Gemüse, Gewürzen. Zum Hunger nach westlichen Delikatessen gesellt sich der nach westlicher Lektüre. Zeitschriften, Magazine, Bücher unterliegen der Zensur. Sie sind nicht einmal in den Gassen der Altstadt zu bekommen. Dafür sorgen die «Komitees zur Verteidigung der Revolution». Es gibt Tausende dieser faschistoiden Blockwartspitzel im ganzen Land. Ihre Posten stehen vor jedem Betrieb, ihre Plakate kleben an jedem Häuserblock. Ihre Mitglieder überwachen angebliche Konterrevolutionäre und verdächtige Fremdlinge. Ihre Hetze gilt dem angeblichen Terror der US-Soldaten, sie sind die Lauscher vom Amt, eine kubanische Stasi. Und doch wirken sie anders als ideologische Fanatiker, zumeist sind es grauhaarige alte Frauen, kleine Spießbürger, einfache Leute, Vertreter des Volkes. Die Menschen Kubas bewachen sich selbst. Die Ähnlichkeit zur DDR-Sicherheitsstruktur ist offensichtlich.

Kuba ist eine Volksdemokratie. Ihre neue Klasse hat sich mit bescheidenen Privilegien gesegnet, nichts von den Palästen, die der Marschall Tito in Jugoslawien hinstellen ließ, nichts vom

Super-Mercedes, in dem die sozialistischen Funktionäre der Dritten Welt sich fahren lassen. Fidel Castro wohnte jahrelang in einem einfachen Mietshaus bei seiner alten Freundin Celia Sanchez.

Doch hinter der Volksnähe der Führer steckte die heimliche Gewalt eines totalstaatlichen Systems. Dissidenten mußten mit dem Schlimmsten rechnen, nämlich auf die Insel der Pinien, heute «Insel der Jugend» genannt, zu gelangen. Dort stand das Revolutionsgefängnis, wie schon zuvor in der Diktatur.

Nicht weit entfernt liegt jene Schweinebucht, die Bahia de Cochinos, in der die *gusanos* aus Florida 1961 landeten – und starben. Und auch nicht weit entfernt liegt «Cayo Ernest Thälman», das Korallenriff, das nach dem Helden der KPD benannt wurde. Unterwassersportler können sich dort die Korallen und Krebse und Schildkröten und Paradiesfische anschauen und in dem komfortablen Hotel Colonie wohnen, das einst reiche Amerikaner mit Steinen aus den Marmorbrüchen der Insel gebaut haben.

In diesen Marmorbrüchen arbeitete einst auch der Häftling José Marti und schufteten die Brüder Fidel und Raúl Castro nach ihrem mißlungenen Anschlag auf die Moncada-Kaserne, bevor sie amnestiert wurden. Raúl Castro hat später als Sicherheitschef die Gegner der Revolution zu Tausenden in das Gefängnis auf der Pinien-Insel geworfen. Hier auch hat die Revolution mit jungen Leuten von überall auf der Insel versucht, die kommunistische Gesellschaft von morgen zu konstruieren. Ich traf in den 70er Jahren zwei junge Leute, die in Castros Erziehungslagern waren, mit sehr unterschiedlicher Einschätzung.

Eine Philologiestudentin, offensichtlich aus gutem Haus und offensichtlich spanischer Abkunft, war voller Begeisterung. «Wir hatten kein Geld dort, kein Kino, keinen Transport, keine Eiscreme, keine Kugelschreiber, waren angewiesen auf uns selbst und lernten, was Brüderlichkeit heißt.» Ein Sportstudent brauner Hautfarbe hingegen meinte: «Ich traf dort nur unglückliche Leute. Sie waren entweder überarbeitet oder gelangweilt. Das einzige, was uns interessierte, war das Experiment mit der freien Liebe. Ich weiß von einigen Mädchen, die Selbstmord begangen haben, weil sie schwanger waren.»

Ideologische Feinde Fidel Castros bezeichnen die «Insel der Jugend» als eine Versuchsanstalt, den neuen Menschen zwangsweise zu erzeugen, vergleichbar dem Lebensborn im Dritten Reich. Castro-Freunde sprechen von unbeschwerter Lebensweise und revolutionärem Elan. Im Spannungsbogen zwischen diesen beiden Polen hat sich Kuba im Grunde genommen 30 Jahre lang bewegt.

Anfang 1968 noch feierten Jean-Paul Sartre, Hans Magnus Enzensberger und Lord Russell in der Bodeguta del Medio die Errungenschaften dieser karibischen Revolution: in jener kleinen Kneipe in der verwinkelten Altstadt von Havanna, die zwei Jahrzehnte später noch immer das Bild der sozialistischen Tristesse bricht, die schon seit langem in Kuba den Eindruck karibischer Lebenslust verdrängt hat. Die Bodeguta war einst die Lieblingskneipe von Ernest Hemingway, der in Kuba mehr als zwei Jahrzehnte geschrieben und gelebt hat. Seine damalige – dritte – Ehefrau, Martha Gellhorn, war eine Anhängerin Fidel Castros. (Daß sie es immer noch ist, beweist eine feurige Anklage, die die mittlerweile 82jährige über die Intervention der US-Amerikaner in Panama geschrieben hat.) Es gehörte zu den Ungereimtheiten der kubanischen Revolution, daß Hemingway, der Nobelpreisträger, der Glücksritter, der Frauenheld, vor allem aber der Macho, den Linken lieb und wert blieb, obwohl gerade er sich im vorrevolutionären Kuba so zu Hause fühlte. Die kleine Kneipe in der Calle Empedrado jedenfalls war auch ein Lieblingsplatz des revolutionären Vorbildes Ernesto Che Guevara, der dort seinen Cuba Libre, sein Rum-Mixgetränk, lieber mit echter, geschmuggelter amerikanischer Cola trank als mit der heimischen Imitation.

Noch 1968 aber wandte sich ein bedeutender Teil seiner revolutionsromantischen Anhängerschaft in aller Welt von Fidel Castro ab. Er hatte die brutale Niederschlagung des Prager Frühlings durch Moskau gutgeheißen und damit dem Volke der Tschechoslowakei die Freiheit versagt. Castro hatte hochfliegende Pläne, und zu ihrer Verwirklichung benötigte er Moskaus

Hilfe. Von Kuba aus, das sie das «erste freie Territorium Lateinamerikas» nannten, sollte der Samen der Revolution über den Subkontinent gesät werden. Doch die brutale Unterdrückung des Prager Frühlings 1968 hat die Begeisterung für das Modell Kuba in der Hemisphäre gedämpft. Castro konnte nicht mehr mit der bedingungslosen Gefolgschaft der Linken rechnen, sondern nur noch mit der Bruderschaft jener Gesinnungsgenossen, die bereit waren, kühlen Herzens den sozialistischen Weg leninistischer Prägung zu gehen. Diese Wende machte es auch den Vereinigten Staaten leichter, dem «Problem Kuba» und seinem revolutionären Sprengsatz zu begegnen. Washington beschloß, Kuba zu isolieren.

Um ein «zweites Kuba» zu verhindern, sind US-Fallschirmjäger in der Dominikanischen Republik gelandet, hat Ronald Reagan 1982 seine Truppen auf die kleine Insel Grenada geschickt, wurden die Contras in Nicaragua von den USA unterstützt. Aber gerade weil in der Auseinandersetzung zwischen den USA und Kuba der eine der Goliath ist und der andere der David, haben sich die Weltmeinung und die Begeisterung der Massen in vielen Ländern Lateinamerikas bei wechselnden Gelegenheiten immer wieder mit Kuba solidarisiert. Wo immer ich in Lateinamerika unterwegs war, traf ich Studenten, Arbeiter, Intellektuelle, Politiker, die entweder wegen Kuba oder trotz Fidel Castros der Insel in der Karibischen See die Treue hielten oder ihre eigene Revolution in Beziehung zu Kuba setzten.

In Britisch Guyana waren es Cheddi Jagan, ein Inder, aber besonders seine rothaarige Frau, die «rote Jeanette», die mit Castro sympathisierten. Der zwielichtige Militärführer Bouterse in Niederländisch Guyana oder Surinam erhielt Schützenhilfe von Fidel Castro; George Odlum auf St. Lucia, der in London seine Doktorarbeit über Shakespeare verfaßt hatte, hetzte die Fischer in Castries, der Hauptstadt von St. Lucia, gegen die Kapitalisten auf die Straße. In Kolumbien ging der Pfarrer Camillo Torres in den Dschungel, um mit Waffe und Bibel gegen die herrschende Oligarchie zu kämpfen. In Peru sagte mir ein anderer Pfarrer, Padre Bolo: «Wenn sich die Pforten der Legalität verschließen, öffnen sich die Tore der Gewalt», und es war gar nicht sicher,

welches Portal der fromme Mann seinen armen Schafen emp-
fahl.

Castro selbst hat seine Sympathien eher willkürlich vergeben
oder entzogen, gar nicht so liniengetreu nach dem Gesetz des
Marxismus-Leninismus. Die Kommunisten in Venezuela haben
ihn geärgert, also hat er sie verstoßen. Die Inder in Guyana hat er
nicht gemocht, also hat er Cheddi Jagan und seine rote Jeanette
in der Schmollecke sitzenlassen, und in Chile hat er sogar der
radikalen Revolutionsbewegung MIR die Schützenhilfe entzogen, weil er Kontakt suchte zu jenem ersten Marxisten in einem
Präsidentensessel, der nicht durch Gewalt, sondern durch demokratische Wahlen an die Macht kam, Salvador Allende. Auf den
Straßen von Santiago de Chile riefen sie damals: *Chile si – Cuba
no!* Das war keine Absage der Rechten an das Modell Kuba,
sondern ein Ausdruck der Richtungskämpfe zwischen modera-
ten und militanten Sozialisten. Fidel Castro hatte in den späten
60er Jahren (vorübergehend) die revolutionäre Linke enttäuscht
und suchte eine neue Stellung auf der Seite der politischen Rea-
listen; eben der Revolution in Freiheit und ohne Einsatz der Gewehre.

Ganz unabhängig vom weiteren Schicksal der Zuckerinsel und
des Commandante Fidel Castro aber blieb Kuba dreißig Jahre
lang ein diffuses Leitbild für das revolutionäre Lateinamerika.
Wirtschaftlich trat das Land auf der Stelle. Nach der Revolution
sorgte Washington bis heute dafür, daß die ökonomischen Wunden nicht verheilten. Kuba wurde mit kolonialistischem Scheren-
schnitt aus der amerikanischen Völkerfamilie gelöst. Ideologisch
aber hat die Insel in der Karibischen See, dem südamerikanischen
Subkontinent nur vorgelagert, ihn doch jahrelang unter dem be-
lehrenden Zeigefinger Fidel Castros beherrscht: er entwickelte
sich zum großen Indoktrinator des Kontinents, am Ende eine Art
zweifelhafte, rauschebärtige Institution seiner selbst.

Aus dem Jahre 1965 habe ich mir ein Plakat aufbewahrt, das
in meinem Büro hängt. Es zeigt einen gleichzeitig mahnenden
und drohenden Fidel Castro, der ganz Südamerika überschattet.
Und in der Tat blieb kein einziges Land in der Hemisphäre von
seinem Einfluß verschont, hat jeder der fast dreißig National-

staaten irgendwann mit den Sendboten der kubanischen Revolution zu tun gehabt. Dort waren ihre Gegner niemals nur die einheimische Oligarchie, sondern meist im Verbund mit ihr die US-amerikanische Intervention.

Es war in den 6oer Jahren für Washington ein leichtes, die südlichen Nachbarn zu dirigieren, zumal sie auch alle miteinander profitierten von der wirtschaftlich und auch finanziell reich gesegneten «Allianz für den Fortschritt Lateinamerikas».

Kuba wurde so sehr zum Bezugspunkt lateinamerikanischer Entwicklungen, daß selbst die Mächtigen und die Reaktionäre, die Oligarchie der Besitzenden, sich der Sprache der Revolution bedienten. In den Worten des damaligen Südamerika-Korrespondenten Klaus Eckstein: «Vielen Lateinamerikanern, und nicht nur Linken, diente die kubanische Geschichte als Lehrstück. Sie haben die kleine mutige Insel, die dem Goliath trotzte, auch in den Jahren insgeheim bewundert, in denen die Kampagne gegen die kubanische Revolution so massiv war, daß man das Wort Kuba in vielen Ländern des Subkontinents nicht laut aussprechen konnte. Wenn man über Kuba sprach, sagte man nur ‹die Insel›. Aber das alteingesessene Mißtrauen gegenüber dem imperialen Anspruch des großen Nachbarn im Norden war häufig größer als die Angst vor der kubanischen Unterwanderung.» So oder so – Fidel Castro bestimmte die politische Großwetterlage.

«Ein, zwei, drei – viele Vietnam»

Zwischen den USA und Kuba entbrannte nach der mißlungenen «Schweinebucht»-Invasion ein ideologischer, aber bisweilen auch militärischer Machtkampf um Lateinamerika, in dem sich die Bürger mal auf die eine, mal auf die andere Seite schlugen. Ein typisches Beispiel dafür war Bolivien. Das ärmste Land Südamerikas, das gleichzeitig über die reichsten Bodenschätze verfügt, war von Präsident Kennedy auserkoren zum Modellfall für die Wirksamkeit der «Allianz für den Fortschritt».

Die USA hatten dafür gesorgt, daß die bolivianische Volksmiliz durch eine trainierte Armee ersetzt wurde, die zugleich über eine Elitetruppe verfügte. Sie hieß «Boinas Verdes», Grünmützen, in Anlehnung an die Green Berets der Amerikaner, die in Vietnam kämpften. Ich habe in der Kanalzone in Panama einmal die Ausbildung solcher Boinas Verdes filmen können. Dabei wurden diese Elitetruppen ganz gezielt gegen Demonstranten eingesetzt, also praktisch zum Kampf gegen das eigene Volk ausgebildet.

Hingegen hieß die Losung der revolutionären Linken in Havanna, ausgerufen vom damaligen kubanischen Außenminister Che Guevara: «Ein, zwei, drei – viele Vietnam.»

Ernesto Che Guevara war von Geburt Argentinier und von Beruf Arzt. Er hatte im November 1955 Fidel Castro in Mexiko kennengelernt. Dorthin war Castro nach seinem mißglückten Anschlag auf die Moncada-Kaserne, nach seiner Gefängnishaft und seiner Freilassung ins Exil gegangen. In einer Villa im vornehmen Viertel Lomas de Chapultepec in Mexiko diskutierte er eine ganze Nacht hindurch mit Che Guevara, der sich damals sein Geld als Straßenfotograf verdiente. Der Argentinier ging am 25. November 1956 mit Fidel Castro an Bord der kleinen Yacht «Granma», die nach einer katastrophalen Überfahrt mit ihrer revolutionären menschlichen Fracht in Kuba landete. Che Guevara übernahm später das Kommando der zweiten Front der Revolutionäre in Kuba. Er wurde zwar Minister im ersten Kabinett Fidel Castros, aber der Dauerrevolutionär war für die graue Alltagspolitik ungeeignet. Er sagte schon in Mexiko: «Wenn wir die Befreiung Kubas erreicht haben, werden wir andere Länder befreien.»

Der erste Zielpunkt (der erste «Fokus», wie das in der theoretischen Sprache der Revolution hieß) der Linken waren die bolivianischen Anden. Che Guevara wollte sie zu einer neuen Sierra Maestra im Herzen Südamerikas machen. Noch vor Kuba hatte Bolivien eine erste soziale Revolution in Lateinamerika erlebt, mit Verstaatlichungen und Enteignungen, mit Landreform und Umverteilung des Besitzes insgesamt. Unter den armen unterdrückten Bauern, mehrheitlich indianischer Abstammung, versuchte Che Guevara ein Guerilla-Heer zu rekrutieren. In seiner Begleitung waren auch ein paar europäische Feuerköpfe, die am Kampf teilhaben wollten und vor allem an der Ausarbeitung der Fokustheorie mitarbeiteten. Unter ihnen der Franzose Régis Debray, später Berater und Ghostwriter François Mitterrands. Seine Schrift «Revolution in der Revolution» wurde zu einem Standardwerk der Gesinnungsgenossen in Lateinamerika, unter denen Debray als Danton bekannt war.

Nicht nur Literaten, auch Liedersänger waren mit von der Partie, und als Che Guevara schon zwei Monate nach seinem Revolutionsantritt im Gewahrsam der Boinas Verdes starb, begann sofort die Legendenbildung im Volkslied:

«Sie beuten den Bauern aus und den Bergmann und den Arbeiter, ihr Schicksal ist Hunger, Elend und Schmerz. Bolívar zeigte den Weg und Che Guevara ging ihn, er wird das Volk von den Ausbeutern befreien. Kuba hat er zum Ruhm geführt, eine befreite Nation. Bolivien hat ihn beweint, für die Bauern ist er schon ein Heiliger. In den Ebenen und den Bergen, ‹Heimat oder Tod› ist seine Bestimmung.»

Régis Debray war es, der das Erbe Che Guevaras hochhielt, der auch sein Tagebuch der fehlgeschlagenen Kampagne nach Kuba geschmuggelt hat und der nach kurzer Haftzeit durch Fürsprache selbst des Papstes die Freiheit wiedererlangte. Freilich bedurfte es vorher noch einer wesentlichen Änderung:

Im Oktober 1970 vollzog Bolivien selbst eine Kehrtwendung von der zweifelhaften US-Reform zurück zur bolivianischen Revolution. Die Bauern und Bergleute stellten sich auf die Seite nationalistischer Militärs. Die Offiziere, die drei Jahre zuvor Che Guevara erschossen, ließen nun seinen Freund Régis Debray frei. Der neue Machthaber, General Torres, wußte: «Das Volk erhebt sich immer dann, wenn es enttäuscht worden ist.»

Wiederum ein Jahr später erlebte ich, wie auch diese neuerliche Revolution vor der reaktionär inspirierten Disziplin der Boinas Verdes verfiel. Wie immer begann auch dieser Putsch in El Alto – ein Flughafen auf 4000 Meter Höhe über der Schlucht von La Paz. Die bolivianische Luftwaffe bestand damals aus ein paar Jägern vom Typ Mustang. Sie geht nur innenpolitisch auf Kriegspfad. Ein einsamer Mustang-Jäger wirft eine Bombe ab, wie erwartet auf die Universität von San Marcos, denn wie in allen lateinamerikanischen Städten ist die Universität auch immer ein Herd der Revolution. Auf dem Weg zur Universität hörte ich Maschinengewehrgeknatter. Ich suchte Schutz im nächsten Haus und wagte mich dann vorsichtig durch den Hinterausgang auf das Gelände der Universität. Dort errichteten Studenten mit Pflastersteinen Barrikaden. In den Gebäuden hatten sich Scharfschützen verschanzt. An einer Straßenecke trafen Studenten auf eine Kompanie der Boinas Verdes, eben der bolivianischen Eliteeinheit. Die beiden Gruppen stehen sich eine Zeitlang schweigend gegenüber, wie in einem Wildwestfilm, der die Spannung hochschraubt vor dem Ausbruch der Gewalt. Eine plötzliche MP-Salve der Soldaten kracht, ich laufe um mein Leben. Ich sehe meinen Kameramann Gerd Weiss über ein Loch in der Straße fallen und verfluche in diesem Augenblick

57

jene Studenten, die dort Pflastersteine herausgerissen haben. Die Grünmützen aber verfolgen die flüchtigen Studenten. Der Kameramann steht auf und filmt eine Gruppe von Toten und Verwundeten. Ich fliehe hinter einen Mauervorsprung und schalte das Tonbandgerät ein. Von oben, von den oberen Stockwerken der Universität, schießen die studentischen Scharfschützen. Ein Mustang-Jäger kommt und lädt seine Last über der Universität ab. Nur ein Stück Mauerwerk bricht heraus. Um eine Häuserecke hasten Soldaten – keine geschulten Elitetruppen. Diese Männer schießen aus Angst auf alles, was sich bewegt.

Die bolivianische Sicherheitspolizei wollte uns später den Film abnehmen. Wir gaben eine unbelichtete Rolle ab und verschwanden dann, so schnell es ging, mit dem belichteten Material.

Ich habe Régis Debray Ende 1970 auf dem Landsitz des Schriftstellers Pablo Neruda in Chile kennengelernt. Damals unterstützte er noch begeistert die Präsidentschaftskandidatur Pablo Nerudas auf der Liste der Kommunistischen Partei Chiles. Ich fragte ihn nach der Rechtfertigung von Gewalt in Südamerika. Debray: «In Lateinamerika gibt es keine Alternative zum bewaffneten Kampf. Aber Europa kann man damit nicht vergleichen, andere Situation, andere Methoden. In Frankreich herrscht keine revolutionäre Lage, kein Krieg, keine Wirtschaftskrise, also bleibt nur der legale Weg zum sozialen Wandel.» Ein Jahrzehnt später hält Régis Debray den Kommunismus für tot und Fidel Castro für einen Anachronismus aus einer vergangenen Zeit.

Revolution in Freiheit

Die lateinamerikanischen Staaten sind die Töchter europäischer Kolonialherrschaft. Sie haben zwar in den Befreiungskriegen im 19. Jahrhundert die Unabhängigkeit von Europa erkämpft, aber politisch nicht zu neuen Strukturen gefunden. Sie spielten sozusagen Europa noch einmal nach. Diktatoren vom Schlage großer Caudillos oder kleiner Kriegsherren wechselten ab mit Demokraten der provinziellen oder der großbürgerlichen Art. Föderalisten stellten sich in Gegensatz zu den Zentralisten, Gutsherren auf dem Lande verschworen sich gegen Kaufleute und Bürokraten in den Städten. Im Parteienspektrum hießen die einen *blancos* oder Konservative, die anderen *colorados* oder Liberale. Diese beiden gingen oft genug eine Zwangsehe ein, wenn ihnen von rechts eine Diktatur oder von links eine Volkserhebung drohte. Wenn die eine oder andere Gruppe per Putsch oder über eine Wahl an die Macht kam, zog sie ihre Klientel nach, löste eine Anhängerschaft die andere in der Regierungsbürokratie ab. Diese aber glich sich im ganzen Subkontinent: Sie ist der reichlich gefüllte Trog, aus dem die jeweils Herrschenden sich bedienen. Hier liegt ein wesentlicher Grund für die Verelendung der Hemisphäre.

Getreu dem europäischen Vorbild drangen im 20. Jahrhundert Kommunismus und Faschismus in Lateinamerika ein. Beide Ideologien verbündeten und bekämpften sich abwechselnd. Spätestens mit der Ankunft Fidel Castros auf der lateinamerikanischen Bühne übertrafen sie sich gegenseitig in Programmen von Nationalisierung, Verstaatlichung und Enteignung. «Links» wurde zur politischen Scheidemünze und «Revolution» zum Standardbegriff für alle Jahreszeiten. Hingegen ist das Programm des politischen Gegners in jedem Falle «reaktionär». Ein Schimpfwort des allgemeinen Repertoires ist «neokolonialistisch» – und damit ist immer der Einfluß Nordamerikas gemeint und die mit den USA verflochtene Oligarchie.

Einen dritten Weg zwischen Sozialismus und Kapitalismus suchten und suchen jene Reformer von Venezuela bis Chile, die an eine Überwindung des althergebrachten Systems mit friedlichen Mitteln glauben. Einige waren Sozialdemokraten, wie Haya de la Torre in Peru oder Rómulo Betancour in Venezuela. Einer war Christdemokrat, und für eine Zeit prägte seine Parole von der «Revolution in Freiheit» die politische Gemeinde in seinem Land Chile: Eduardo Frei war Sohn eines eingewanderten Schweizer Buchhalters und fand über die kleinbürgerliche Gesellschaft in Santiago de Chile zum Konservatismus. Mit anderen Jungkonservativen trennte er sich in den 30er Jahren von der Partei, weil ihm ihr Programm zu wenig soziale Reformen enthielt, und gründete die «Falange». Sowohl der Name wie das Symbol der Partei, ein roter Pfeil, entstammten dem Gedankengut von José Antonio Primo de Rivera, dem Gründer des Faschismus in Spanien: Dort war der Bürgerkrieg ausgebrochen – und in Chile hatte erstmals eine Volksfront mit den Kommunisten die Regierung übernommen.

Argentiniens selbstherrlicher Diktator Juan Domingo Perón folgte dem Vorbild des «Caudillo» Franco, während sich der Chilene Eduardo Frei mehr vom Ständestaat, dem Sozialismus und der katholischen Ausrichtung der Falange-Idee leiten ließ – gewissermaßen ein Austrofaschist in Südamerika.

Als Franco Spanien in den Bürgerkrieg führte, wählte Eduardo Frei einen anderen Weg, weil für ihn politische Gewalt einen Verrat an der christlichen Idee darstellte. Die Exzesse des Kapitalismus waren Frei genauso zuwider wie der Aufruf zum Klassenkampf. Damit setzte sich die chilenische Falange in Gegensatz sowohl zu den Großbürgern und Landeignern wie zur Volksfront. Frei wurde sozusagen auf einen «dritten Weg» gezwungen. Er entwickelte sich zum Antifaschisten unter dem Eindruck der chilenischen marodierenden Grauhemden des deutschstämmigen Nazis Jorge Gonzales von Marees. Hingegen beeinflußten ihn die sozialkatholischen Lehren des Franzosen Jacques Maritain. Frei zitierte den Religionsphilosophen in einem Gespräch, das ich im Sommer 1970 mit ihm führte: «Das Problem der Massen ist unserer Zeit definitiv gestellt. Die totalitäre Lösung, die auf das natürliche Elend der Menschen spekuliert, wird versuchen, aus ihnen perfekt gesteuerte Instrumente zu machen. Andererseits hat eine auf die Fruchtbarkeit des Geldes gegründete Wirtschaft zu einer Ausbeutung geführt, die manchmal ebenso intensiv ist wie im Kolonialzeitalter.»

Der hehre Glaube an das Gute im Menschen hat Frei aber nie daran gehindert, seine Machtbasis durch politische Kompromisse zu verbreitern. Schon 1937 ist ein Falangist Minister in einem konservativen Kabinett, 1945 tritt Eduardo Frei als Minister einer Volksfrontregierung bei, verläßt sie aber nach neun Monaten wieder, als die Regierung auf eine Demonstration in Santiago de Chile schießen ließ. 1957 erst fusionierte die Falange mit einer anderen christdemokratischen Partei und gab dabei ihren Eigennamen auf. Auf dieser breiteren Grundlage konnte Eduardo Frei dann 1964 selbst Präsident werden und bereitete viele jener Sozialreformen vor, die später von der Volksfrontpartei Salvador Allendes realisiert werden sollten: die «Chilenisierung» der Industrie, besonders der Kupfergruben, die Agrarreform, den sozialen Wohnungsbau, der das Heer der Obdachlosen reduzierte, und die eher mystische, von Maritain entlehnte Idee des «Communitarianismus», die neben sozialen die allgemein menschlichen Gegensätze zwischen den Bürgern überbrücken sollte. Insgesamt ein Programm, das unter Frei nur teilweise verwirklicht wurde, aber in den Augen der Rechten «dem Kommunismus den Weg bahnte».

Ausgerechnet junge Christdemokraten in Venezuela brandmarkten Frei als den «Kerenski Chiles» – in Anspielung auf jenen unglücklichen und hilflosen russischen Übergangspremier von 1917, der in der Schlacht zwischen den Roten und den Weißen durch schiere Unfähigkeit Lenin zur Macht verhalf. Schon bevor die Christdemokraten 1970 in Chile die Macht an die Volksfront verloren, war Eduardo Frei mit dem Marxisten Salvador Allende befreundet und hielt ihn an, die Spielregeln der

Demokratie beizubehalten. Salvador Allende hat das beherzigt. Seine Regierung allerdings sollte zu einem Fallbeispiel sozialistischer Inkompetenz werden. Während sich die Ostblockregime, Rotchina und auch Kuba nie in die Karten schauen ließen, spielte sich das Volksfrontspektakel in Chile vor aller Augen ab.

Im August 1970 und ein paar Wochen vor der Präsidentenwahl in Chile lernte ich Salvador Allende kennen. Er hatte zu einer Pressekonferenz geladen in seinem Reihenhaus im besseren Wohnviertel von Santiago de Chile. Die Journalisten sammelten sich im kleinen Garten der Villa. Salvador Allende kam pünktlich aus dem Haus. Er unterschätzte die Macht der Presse nicht. Er war selber einmal Journalist. Allende gab sich leger in Lederjacke und ohne Krawatte, ein Kumpel. Die meisten Journalisten redeten ihn denn auch mit «Genosse» an.

Dr. Salvador Allende Gossens war nicht der erste Volkspräsident seines Landes, aber der erste mit internationalem Format. Er stammt aus der Hafenstadt Valparaiso. Sein Großvater, wie er Mitglied der Freimaurerloge, erhielt schon den Beinamen «der Rote» – als Mitbegründer der Radikalen Partei. Im Jahre 1940 herrschte in Chile schon einmal für kurze Zeit eine Volksfrontregierung mit dem 32jährigen Salvador Allende als jüngstem Minister. Davor in der Schule schon Primus, später Studentenführer; als solcher zweimal im Gefängnis, mit 24 Arzt, mit 29 Abgeordneter, dann Kronprinz der Volksfront. Aber erst nach drei verlorenen Wahlschlachten stand er als Kandidat in aussichtsreicher Position. Im Interview mit uns im Garten seines Hauses im Barrio Alto sprachen wir ihn auf den Dissens zwischen den Linken des Landes an. Ob er die randalierenden Demonstranten der MIR, des extremen linken Flügels, unterstütze? Er antwortete: «Im Gegenteil. Ich glaube, daß Sie schlecht informiert sind. Ich antworte Ihnen, weil ich weiß, daß Sie ein ausländischer Journalist sind. Sie haben keine Veranlassung, so etwas zu sagen. Wann hat je ein chilenischer Kommunist oder ein Sozialist einen politischen Gegner ermordet? Wir sind grundsätzlich gegen Terror und gegen Gewalt.»

Ich fragte dazwischen: «Auch gegen die Guerilleros?» Antwort: «Nein! Die Guerilleros entsprechen der Realität ihrer

Länder. Wenn ich Kubaner wäre, hätte ich nicht eine Minute gezögert, auf der Seite Fidel Castros zu kämpfen. Wenn ich in Ländern ohne Freiheit, politische Parteien, Gewerkschaften ohne Respekt vor der Würde des Menschen lebte, trüge ich Waffen. Aber wir sind hier in Chile, das eine Tradition des Friedens und des Ausgleichs vorweisen kann.»

In jener Vorwahlzeit des Sommers von 1970 hing an den Häusern der Stadt Santiago ein Steckbrief aus. Er zeigte Raphael Hernando Ruiz, 24 Jahre alt, Untergrundkämpfer. Ruiz war einer der Führer des Movimiento Izquierdo Revolucionario MIR, der linksrevolutionären Bewegung. Über einen Kontaktmann lernte ich ihn kennen. Er lebte in der Verborgenheit einer Slum-Vorstadt. Ein paar Bücher, attraktive Mädchen, ein Gefolgsmann Che Guevaras.

Ich fragte ihn: «Würden Sie auch mit der Waffe für Ihre Ziele kämpfen?» Er sagte: «Wir glauben, daß die Auseinandersetzung zwischen den Klassen nur aufgeschoben ist. Wir werden in der Regierung Allende mitmachen; aber die endgültige Macht können wir nicht ohne Klassenkampf erringen. Das erfordert Gewalt. Wir wissen aus der Geschichte, daß die herrschenden Schichten ihre Macht nicht auf Weisung des Heiligen Geistes hin aufgeben.» Ob er Angst habe vor der Armee in Chile? «Der wesentliche Unterschied zwischen uns und der Armee ist, sie ist ihrem Wesen nach Hüter der Privilegien, wir, die Volksmiliz, sind die beste Garantie für eine Demokratie. Ein Volk kann die Revolution nur durchführen, wenn es ausreichend bewaffnet ist.»

In den Tagen, genauer in den Nächten vor der Wahl erhielt Santiago Zuzug: *toma de tierra*, also zwangsvollstreckte Landnahme. Arme Leute gingen über Nacht in ein unbewohntes Grundstück, schlugen ein paar Zelte und Hütten auf, pflanzten eine chilenische Flagge. Dies schützte sie laut Gesetz vor der Ausweisung. Jetzt aber war es gezielte Landnahme. Hier gab es keine Unordnung, nichts Zufälliges. Die Zelte standen schon in Reih und Glied, die Organisation führte die MIR. Verpflegung, Kontrolle, Tagesablauf standen fest.

In dieser gezielten Landnahme manifestierte sich der Wille der

Linksradikalen, die Macht, wenn nötig, unter Anwendung von Gewalt zu erringen.

In der Wahlnacht vom 4. September 1970 waren überall die Leute der Guerilla auf den Straßen. Wenn schon nicht Gewehr bei Fuß, so Hand am Schlagstock. Die Armee schickte Panzer auf die Straße. Ein ungewohnter Anblick in einem Land, in dem sich die Streitkräfte selbst politische Zurückhaltung auferlegt hatten. Aber der Militärputsch blieb aus – noch. Statt dessen schien der Ursprung der Demokratie noch einmal aufzuerstehen: den Präsidenten wählte man buchstäblich auf dem Marktplatz. Zu den Wahlversammlungen kamen eine halbe Million Menschen pro Kandidat und mehr. Als sich der knappe Wahlsieg Allendes abzeichnete, fuhren wir zu seinem Haus. Er hielt eine kleine Dankesrede.

In der Zeit zwischen dem 4. September 1970 und dem 4. November, dem Tag der Machtübergabe, versuchte die Rechte, die Entwicklung aufzuhalten, drängte das Militär zum Putsch. Aber der Oberbefehlshaber der Armee, General Schneider, war nicht zu bewegen, in die Politik einzugreifen. Eine rechtsradikale Gruppe beschloß, ihn zu entführen und die Entführung der MIR, der radikalen Linken, anzulasten. Doch das, was in die lateinamerikanische Geschichte als der «Schneider-Coup» eingehen wird, ging schief. Der General wehrte sich, die Entführer überfiel die Panik, sie schossen Schneider nieder – und wurde auch noch gefangengenommen. Das Komplott wurde aufgedeckt, ein konservativer, deutschstämmiger General wurde zum Märtyrer der Linken. Die Entrüstung bei Volk und Armee bescherte Allende zum legalen auch ein moralisches Fundament, das ein paar Jahre halten sollte. Die radikale Rechte vereinsamte und verschwand im Untergrund.

Nach dem Staatsbegräbnis für General Schneider ließ Salvador Allende einen Termin platzen, ein Treffen mit Vertretern der nordamerikanischen Großkonzerne in Chile. Eineinhalb Jahre nach dem Attentat auf den Oberbefehlshaber der chilenischen Armee enthüllte ein US-amerikanischer Journalist die Hintergründe. Der Konzern ITT, International Telephone and Telegraph, hatte in dem Verbund mit dem amerikanischen Geheimdienst CIA versucht, Allende an der Machtübernahme zu hindern. Er schien es zu wissen.

Bei der Beerdigung General Schneiders spielte die Militärkapelle «Ich hatt' einen Kameraden...» Beim Aufmarsch der Volksfront zur Machtübergabe trompetete die Musikbrigade der Kupferarbeiter «Auf der Heide steht ein kleines Blümelein...»

In seiner Heimatstadt bezog Salvador Allende den prächtigen Sommerpalast des Präsidenten. Seine Gesellschaft war gemischter als die seiner Vorgänger – als ob Kassenpatienten nun auch in die private Kurzone dürften. Wie sehr sich der äußerlich liebenswürdige Allende auch vom Ideologen unterschied, sollte Chile nach seinen ersten politischen Maßnahmen entdecken: Enteignung der Großgrundbesitzer, Verstaatlichung der US-amerikanischen Kupferminen, radikale Landreform. Mit der Volksfront hörte indes das System der Pfründenwirtschaft nicht auf. All die Wasserträger und Politiker, die Salvador Allende an die Macht geholfen hatten, mußten abgefunden werden. Und zwar nicht nach dem Prinzip der Eignung, sondern nach dem der gerechten Aufteilung. Nicht Experten übernahmen in Chile die Macht, sondern Apparatschiks. Und die Linksradikalen warfen dem Präsidenten Kompromißbereitschaft vor, manche sogar Verrat an der wahren Revolution. In einer Diskussion mit Studenten, die den Linksradikalen zugehörten, fragte ein Mädchen mit der Che Guevara-Mütze auf dem Kopf: «Compañero, Genosse, wo stehst du eigentlich? Links oder rechts?» Allende: «Was heißt hier links oder rechts? Ich stehe auf seiten der Unterdrückten.»

Und es kam ihm gelegen, daß Fidel Castro, der Commandante von der Zuckerinsel, ihm alsbald einen Besuch abstattete. November 1971: Auf dem Platz vor der Moneda, dem Präsidentenpalast, spielte die Polizeikapelle den «Badenweiler Marsch». Und als ob das nicht genug wäre, hinterher noch «Fridericus Rex». Kapellmeister Mario Münchmeier aus Puerto Montt im Süden Chiles, wo die deutsche Kolonie seit einem Jahrhundert zu Hause ist, schlug einen preußischen Haken. Der Wachwechsel der Garde – eine Zeremonie von einer Stunde Länge. Die Polizeigardisten waren in jener Tradition erzogen, die ein General

Körner und das Repetiergewehr des Ferdinand von Mannlicher geprägt haben. Nur – der Staatsgast war ganz woanders: Fidel Castro fuhr zunächst nicht zur Moneda, sondern zum Camp Che Guevara, eine jener Pappdeckelsiedlungen, die von der Volksfront für die Armen errichtet worden waren. Es war der Auftakt einer der denkwürdigsten Staatsvisiten jener Jahre.

Castro sollte sechs Wochen in Chile bleiben. Es gab jedoch keine Presseflugzeuge. Castros Reisen glichen Schnitzeljagden. Jeder war auf sich selbst angewiesen. Privatflieger waren rar, weil die Ersatzteile aus Amerika nicht mehr ins Land kamen. Wir kannten den Besitzer einer einmotorigen Piper. Jorge A. war erst seit kurzem Pilot. Er kannte auch den chilenischen Norden, Castros nächstes Reiseziel, nicht. Wir besorgten uns genaue Karten und flogen los: überbeladen. Kameramann, Assistent, der Pilot, ich und das Gepäck waren zuviel für die Piper, und wir mußten noch einmal runter, die Privatsachen und den Lichtkoffer ausladen. Immer noch zu schwer. Der Pilot wollte es trotzdem riskieren. Nach zwei Stunden schon zeigte sich, daß der Treibstoffverbrauch zu hoch war. Der nächstgelegene Flugplatz funkte: «Wir haben kein Benzin.»

Eine Flugstunde weiter klappte es. Auf dem Weiterflug verirrten wir uns dann über der großen Salzwüste von Atacama. Das Benzin wurde wieder knapp. Voraus ein Flugfeld. Auf Funkspruch reagierte niemand. Im Anflug erst unter der Wolkendecke sahen wir, daß die Flugbahn gerade geteert wurde. Die Arbeiter spritzten auseinander. Die Maschine kurvte durch die neue Teerdecke. Sie kam zum Stillstand, kippte etwas nach vorn, hinter uns eine Schlangenlinie im Teer. Große Aufregung am Flugplatz, hier sollte am nächsten Morgen Fidel Castro landen, wenn der Asphalt trocken ist. Wir warteten am Flughafen auf die Ankunft des Inselkommandanten. Er sollte zur größten Kupfermine des Landes fahren, nach Chuquicamata.

Vergleichsmöglichkeiten zwischen der Monokultur des Zuckers in Kuba und der Monokultur des Kupfers in Chile boten sich an. Beide befanden sich in arger Bedrängnis. Dann Castro im Kreis der Bergleute, später mit Campesino-Frauen, Frauen der Landarbeiter. Abends Bankett. Nachts große Aufregung, Castro spielte Basketball mit den Bergleuten. Was ich in Havanna auf Kuba bis dahin nicht geschafft hatte, ein Interview mit dem Commandante, ergab sich sozusagen von selbst in Chuquicamata.

«Permitta me, Commandante, una pregunta.» Erlauben Sie, Kommandant, eine Frage. Daraus wurden viele Fragen und noch viel längere Antworten. Schon nach acht Minuten konnte die Kamera nicht mehr mithalten. Es war nur eine 120-m-Kassette eingelegt – damals, als man noch «klassisch» mit Film arbeitete.

Auf der Sohle der größten offenen Kupfermine der Welt fühlte sich Fidel Castro zunächst an sein eigenes Land erinnert. Denn die riesigen Kupfertransporter, die auch während dieses Besuches weiterfuhren, sind in den Vereinigten Staaten hergestellt und die 4000 Bergleute von US-Ingenieuren geschult. «Genauso war es bei uns mit dem Zucker», sagte Castro, «diese Industrie wurde von amerikanischen Großgrundbesitzern beherrscht.» Und dann fragte der Commandante: «Können nicht die Schweden solche Laster herstellen? Oder die Russen?»

Ein Bergmann rief dazwischen: «Die Russen haben sich doch gerade bei uns erkundigt, wie die Amerikaner das Kupfer abbauen. Sie wollen von uns lernen, statt uns etwas zu geben.»

Die Arbeiter von Chuquicamata waren schon zu diesem Zeitpunkt bis zum Streik darüber aufgebracht, daß sie nicht mehr Dollar, sondern chilenische Escudos verdienten, eine Währung, die immer mehr in den Strudel der Inflation geriet. Das aber ärgerte Fidel Castro: «Die Vereinigten Staaten, die Großmacht, die unser kleines Land Kuba mit Füßen tritt – eine Großmacht, die einem kleinen unterentwickelten Land die Luft abschnürt und es im Hunger verkommen läßt. Das einzig Vernünftige wäre, wenn alle Länder Lateinamerikas ihre Beziehungen zu den USA abbrächen.» Ein Bergarbeiter warf ein: Der Abbruch der Beziehungen zu den USA habe Kuba doch von einer Abhängigkeit in die andere geführt. Von der nordamerikanischen in die sowjetrussische.

Und da lenkte Fidel Castro tatsächlich ein. Er sprach vom Verhängnis der «Zersplitterung» innerhalb der Linken, von der Vorsicht, die er in einem Land wie Chile üben müsse, und von den Fehlern, die Kuba gemacht habe. Es sprach jener Castro, der das Inseldasein Kubas sprengen wollte und dafür auch Arrangements mit anderen Formen der Revolution einging. Schließlich schimpfte Castro noch auf die Zunft der Journalisten, die ihn umgab, vor allem die amerikanischen Korrespondenten: «Es gibt schon ein paar Amerikaner, die taugen, sogar welche, die intelligent sind. Aber, meine Herren, das Durchschnittsniveau des amerikanischen Politikers liegt noch unter dem eines amerikanischen Journalisten. Das ist die Wahrheit.»

Die Befreiung vom «Yankee-Imperialismus» war aber verbunden mit der wirtschaftlichen Talfahrt Chiles. Castro wußte das, und er bereitete die Etablierten auf die Not vor und warnte die Darbenden bereits vor den Schäden der Völlerei. Dies alles bewahrte Fidel Castro aber nicht davor, von den Rechten Chiles als der «Schakal der Karibischen See» angeprangert zu werden. Die Linken allerdings feierten ihn mit Parolen wie «Chile grüßt Kuba» und «Das vereinte Volk kann nicht besiegt werden».

Dann erlebten wir Fidel Castro noch im Valle de la Luna, dem Tal des Mondes. So heißt eine Landschaft im Norden Chiles mit Indiodörfern, verlassenen Minen, Bahnhöfen wie aus dem Wilden Westen, eine Landschaft, in der Heldensagen und Abenteuerromane entstehen, eine Landschaft wie geschaffen für den lebenden Mythos Fidel Castro. So nebenbei ließ der kubanische Diktator Worte des Lobes fallen über die Enteignung der Salpeterindustrie und Mahnungen, diese Industrie nicht einer Handvoll Arbeiter zu überlassen. Salpeter, das einst Chile bekannt und reich gemacht hatte, ist heute in der Welt nicht mehr gefragt. Castro bot sich und sein Land als Abnehmer an. Das klang wie ein Handel unter Habenichtsen, denn Chile stand zum Zeitpunkt dieses Besuches schon am Rande des Bankrotts.

Am 11. September 1973 beendete ein blutiger Militärputsch das Experiment mit der Volksfront.

Salvador Allende entzieht sich dem Putsch durch Selbstmord. Dafür benutzt er den Revolver, den ihm Fidel Castro als Gastgeschenk mitgebracht hatte. In Chile sollte das Militär 17 Jahre an der Macht bleiben, und erst die Rückkehr zur Demokratie erlaubt auch ein Gedenken an Salvador Allende.

Die Überreste Allendes waren 1973 auf dem Friedhof Santa Ines in der Nähe seiner Geburtsstadt Valparaiso verscharrt worden. Während der Militärdiktatur des Generals Augusto Pinochet durfte der Grabstein nicht einmal im Register der Friedhofsverwaltung aufscheinen.

Im März 1990 übernahm wieder eine demokratisch gewählte Regierung die Macht, im September desselben Jahres erlaubt sie die Exhumierung der Überreste von Salvador Allende. Hunderttausende sind dabei, als der Sarg, von einer chilenischen Fahne bedeckt, auf den Zentralfriedhof der Hauptstadt Santiago de Chile überführt wird. «Allende lebt weiter», rufen die Leute am Straßenrand, aber das tun sie aus Nostalgie und nicht aus Überzeugung, denn den Chilenen geht es heute besser als zur Zeit der Volksfront. Nur, damals in den 70er Jahren war Salvador Allende ein Leuchtturm, der seine politischen Signale in alle Welt ausstrahlte. Damals auch sah der Realist das Ende der Volksfrontregierung in Chile voraus. Seine Aufmerksamkeit galt den linken Offizieren von Peru.

Die Zeit der Generale, Peru

Im Oktober 1968 eroberte in Peru die Armee die Staatsgeschäfte. Dieser Putsch stürzte kein reaktionäres Regime, sondern eine liberale Regierung. Der Putsch, so sahen es die Offiziere, sollte verhindern, daß geplante Sozialreformen im üblichen Triumvirat von Intrigen, Bürokratie und Korruption versandeten. So ist diese Revolution der Offiziere mit keiner anderen in der Hemisphäre zu vergleichen und blieb bis heute ein Modellfall, obwohl auch sie am Ende versagte.

Wegen der Faszination, die die präkolumbianischen Kulturen auf mich seit jeher ausgeübt haben, war Peru nicht nur das erste lateinamerikanische Land, das ich gründlich bereist hatte, sondern auch Pflichtaufenthalt bei jeder Südamerikareise, die ich in den letzten dreißig Jahren unternahm. Nirgendwo fand ich indianische Tradition besser erhalten, Landschaften gewaltiger und Menschen imposanter als in diesem früheren Inkastaat. Nirgendwo aber auch entlädt sich Aufruhr gegen den Staat gewalttätiger, setzt sich Natur vehementer gegen den Menschen zur Wehr, liegen Würde und Würdelosigkeit des Menschen so spektakulär nebeneinander wie hier.

Sowohl auf dem Höhepunkt der Macht wie auf der Talsohle der Not spielt im immer gegenwärtigen mythischen Selbstverständnis der Peruaner Paccha Cuti eine Rolle, der Mann, der die Erde bewegt, oder Tupac Amaru, der die Menschen befreit, oder der Kondor aus den Anden, der den Bogen zwischen Himmel und Erde schlägt. Als einen solchen Beweger habe ich den «Beweger» Haya de la Torre kennengelernt. Er wurde im Andenhochland verehrt wie ein Volksheiliger. Bis zum Auftritt Haya de la Torres auf der politischen Bühne hatte sich kein weißer Politi-

70

ker bemüht, den Indio aus seiner Unterdrückung zu befreien. Der Sozialdemokrat empörte sich, daß die 90 Prozent der indianischen Bevölkerung zwar an den gleichen Gott glauben dürfen wie die zehn Prozent der weißen Oberschicht, aber vor diesem Gott nicht gleichberechtigt seien. Er kämpfte für die Umverteilung der Güter, hat Peru nicht als lateinischen oder europäischen, sondern als indianischen Staat begriffen, ein Vorbote des Peruanismus: «Für mich ist Peruanismus der Versuch, das vergangene Peru mit dem heutigen in Einklang zu bringen.»

Der Respekt vor diesem Politiker war international. Als ich ihn das letzte Mal besuchte, zeigte er mir stolz Fotos aus vergangenen Tagen, mit Einstein, der von ihm sagte, er gehöre zu den wenigen, die seine Relativitätstheorie begriffen hätten, mit Trotzki und Willy Brandt. Seine «Apra», die große sozialdemokratische Bewegung, hat sich in Peru bis heute an der Macht erhalten – aber eigentlich nie etwas tiefgreifend verändert.

Eher schon waren es die jungen linken Offiziere vom Putsch von 1968, die das Zeug zu haben schienen, den Reformplänen auch tatsächlich ihre Umsetzung folgen zu lassen.

Mein Kameramann Gerd Weiss und ich filmten in den Anfangstagen der Revolution eine Kadettenweihe an der Militärschule von Chorillos, einer Kaderschmiede der Revolution. Die Kadetten stammten fast alle aus dem Kleinbürgertum oder der Arbeiterschicht. Für sie war die Armee neben der Kirche die einzige Chance für die Armen Lateinamerikas – auf einem Kontinent, auf dem Reichtum erblich und nicht erwerbbar ist. Über die Armee allein konnte man ein Mitglied der herrschenden Klasse werden. Chorillos war nicht Schule der Armee allein, sondern Schule der Nation. Krieg war nur ein Unterrichtsfach neben vielen anderen, neben Wirtschaft und Technik, neben Jugendführung und Politik. Die Aufnahmeprüfung in die Kadettenschule von Chorillos war schwer. Geprüft wurde nicht nur Intelligenz, sondern Führungseigenschaft. Nur 140 von etwa 3000 Bewerbern wurden in jenem Jahr aufgenommen.

Administrator dieser Schule war Kriegsminister Montagner. Er und seinesgleichen mußten einst in Peru einen Krieg gegen die Guerilleros im Hinterland führen, gegen ebenjene Guerilleros, die von Kuba aus organisiert gegen die Regierung eingesetzt wurden. General Montagner wurde, wie ebenfalls viele seinesgleichen, in der Schule für den subversiven Krieg von den USA im Gebiet um den Panamakanal ausgebildet. Die Offiziere hatten den Krieg im Hinterland spielend gewonnen, mit dem Handwerk, das sie in Panama lernten. Sie hatten aber auch gelernt, daß der Widerstand von innen nur dann wirksam überwunden werden kann, wenn die Regierung das Volk auf seiner Seite weiß. Also ließ Montagner in seiner Kadettenschule nicht nur Soldaten, sondern Administratoren ausbilden, ließ nicht nur neue Waffentechnik lehren, sondern als Spezialfach Sozial- und Gesellschaftslehre. Da die Armee sich keinen Bruch in den eigenen Reihen erlauben wollte, übernahm das Militär als Ganzes die Macht, und so blieb die Hierarchie erhalten.

Nach dem Putsch fungierten Obristen und Hauptleute als Staatssekretäre, die ranghöchsten Generäle wurden Minister, und der Oberbefehlshaber wurde Präsident. Er hieß Juan Velasco Alvarado, trug aber den Spitznamen El Chino, der Chinese. Er kam aus dem einfachen Volk und war ein Mischling aus den Farben Weiß, Gelb und Rot.

Verstaatlichung, Enteignung, soziale Reform, die auch Schlagworte im Regierungsprogramm des Haya de la Torre waren, wurden sofort angepackt. Und bald mußte sich Präsident Velasco gegenüber dem Vorwurf verteidigen, eine kommunistische Regierung nach dem Muster Kubas errichten zu wollen. Er sagte: «Es ist weder Kommunismus noch Extremismus, wenn man gegen die Ungerechtigkeit, den Hunger und die Ausbeutung kämpft, sondern es spiegelt die tiefsten Gefühle der Menschen dieser Erde wider. Und es ist gleichzeitig das Wesen der moralischen Botschaft des Christentums, nämlich das immer wiederkehrende Ziel Freiheit und Gerechtigkeit zu erreichen.»

Der religiöse Zungenschlag kam nicht von ungefähr. Die Soziallehren des Christentums fielen überall in Lateinamerika auf fruchtbaren Boden. Zu den Theoretikern der Guerilla im Hinterland gehörten Geistliche wie Padre Bolo. Er hatte einen großen Teil seines Lebens hinter Gittern verbracht. Mit Che Guevara persönlich befreundet, hatte er unter der Regierung Haya de la Torre Gewalt gepredigt. Wir fanden Padre Bolo nach vielen Umwegen über Deckadressen in einem kleinbürgerlichen Wohnviertel von Lima im Sommer 1968. In seinem karg eingerichteten Zimmer hingen ein Bild von Papst Johannes und von Fidel Castro. Für die Kamera zog er seine Soutane an. Sie war verstaubt und schmuddelig, er hatte sie wohl lange nicht mehr gebraucht. Ich fragte ihn, wie sich denn Kommunismus und Katholizismus auf einen Nenner bringen lassen könnten. «Hier muß man zwischen Politik und Ideologie unterscheiden. Ideologisch steht das Christentum im Gegensatz zum Kommunismus. Aber politisch gibt es viele Punkte der Übereinstimmung: der Kampf gegen die Ausbeutung des Menschen durch den Menschen, der Krieg gegen Ignoranz und Hunger.»

Zwei Jahre später und nach der Machtübernahme durch das Militär besuchten wir Padre Bolo wieder. Er wohnte immer noch in der kleinen, karg eingerichteten Kammer. Die Soutane hatte er endgültig weggelegt. Im Streit über die Pille als Mittel zur Geburtenkontrolle hatte er sich endgültig von der offiziellen Kirche gelöst. Er wurde nun nicht mehr als ein katholischer Theoretiker der Guerilla gesucht, schloß aber immer noch die Vorhänge seines Fensters vor dem Gespräch: «Es gibt noch Feinde übergenug in Peru. Ich meine damit nicht nur die Oligarchie, nein, ich meine damit vor allem die Pseudo-Linken, die Marxisten und Trotzkisten, die nicht an Peru denken, sondern an ihre weltweite Ideologie.»

Der Stolz auf die Eigentümlichkeit der peruanischen Revolution hinderte die Revolutionäre nicht, ihre Propaganda nach dem Muster von Vietnam und Kuba zu organisieren. In einer Slumvorstadt von Lima führte eine Freiwilligenbrigade ein Laienspiel vor: der Indio, der wie ein Sklave die Felder der Reichen bearbeitet, der Aufseher, der brutal mit seiner Peitsche den Indio antreibt... das Unrecht also, das den Haß der Landarbeiter schürt, der Aufruf zur Gewalt. Zum Schluß des Stückes griff das Militär auf seiten der Campesinos, der Bauern, ein. Es war die Überzeugung der peruanischen Offiziere, daß nur ihre Machtübernahme den Bürgerkrieg verhindert habe, der automatisch aus dem Klassenkampf entstehe. «So bleiben die Waffen in der Hand, die versteht, damit umzugehen», sagten sie.

Das Stück in der Slumvorstadt von Lima hatten die Geschwister Maria und Luis Hurtado geschrieben. Damals, im Februar 1970, war sie 21, er 25 Jahre alt und beide Studenten der Jurisprudenz. Sie führten die studentische Freiwilligenbrigade von Lima. Luis Hurtado sagte: «Erst wenn die Industrie vollends nationalisiert ist, erst wenn der indianische Landarbeiter mit seinem neuen Besitz umzugehen weiß, kann die Revolution gelingen.»

Und Maria Hurtado meinte im Hinblick auf die Unverwechselbarkeit der peruanischen Revolution: «Es handelt sich um einen einmaligen Fall in Lateinamerika, und der Peruanismus ist nicht zu vergleichen mit dem Castroismus auf der Insel Kuba.»

Tatsächlich aber suchte Fidel Castro sofort Kontakt zu den peruanischen Offizieren um El Chino. Er schickte seine Kinderlehrer in die Indiodörfer auf den Hochebenen und seine Ärzte in die *bariadas*, die Slumvorstädte von Lima. Sein Bruder Raúl Castro ebnete für die Sowjetunion Waffengeschäfte mit dem Militär, und die sowjetische Fluglinie Aeroflot vergrößerte ihr Streckennetz in Lateinamerika um Lima und Santiago de Chile. Gleichzeitig pfiff Fidel Castro jene Guerillagruppen zurück, die unter Kubas Einfluß standen. Es waren auch Kubaner, die als erste zur Hilfe eilten, als Peru am 16. Mai 1970 von einem verheerenden Erdbeben heimgesucht wurde. Eine riesige Geröllawine ging im Hochtal von Ancash nieder, begrub Siedlungen und Menschen unter sich und staute die Flüsse im Hochtal zu einem See an.

Mit einer amerikanischen Transportmaschine von der US-Militärbasis in Panama überflogen wir das Tal. An Fallschirmen wurde Proviant abgeworfen. Wir filmten aus der Abwurfluke die Bilder der Verwüstung: Yungay, früher eine Stadt von 20000 Einwohnern, ist jetzt ein See, aus dem noch der Bergfriedhof aufragt, darauf dicht gedrängt Menschen, dreihundert Überlebende, wie wir später erfuhren. Die Maschine konnte nicht landen. Auf dem Rückflug sahen wir eine der Straßen vom Hochtal herunter: verstopft mit Flüchtlingen. An den eingestürzten Brükken und überquellenden Flüssen sammelten sie sich zu hilflosen Knäueln. Wir beschlossen, mit dem Auto so weit wie möglich zu kommen. Die Straße endete in einem Dorf namens Cruz. Am nächsten Morgen zu Fuß über einen 3600 Meter hohen Paß bis zu dem Marktflecken Albergo. Schon hier ein Bild des Jammers. Am nächsten Tag kamen wir weiter hoch, bis nach Huaraz, das von der Katastrophe am stärksten betroffen wurde. Die Erde zitterte unter einem Nachbeben. Die wenigen Menschen, die hier oben blieben, liefen schreiend ins Freie. In Huaraz stand nur noch die Kuppel der Kathedrale. Menschen stritten um den abgeworfenen Proviant. Die Fallschirmseide wurde verschachert – bereits wieder ein Stück normales Leben.

Im Oktober 1989 verraten nur noch vier Palmwipfel, wo der Hauptplatz von Yungay, die Plaza de Armas, lag. Vereinzelt oder in Gruppen gepflanzte Kreuze kennzeichnen die ehemals dichter oder dünner besiedelten Hochgebiete, und ein Denkmal erinnert an die UdSSR, an den Absturz eines russischen Hilfsflugzeuges mit 22 Mann Besatzung. Am Rande der Piste, die damals für die Hilfsflüge eingerichtet worden war, liegen die Rümpfe geborstener Militärmaschinen sowjetischer Bauart.

Eine kleine Poliklinik, die die Kubaner gebaut hatten, steht immer noch in Yungay, die Ärzte von der Insel sind immer noch da. Anfang 1991 werden sie wiederum eingesetzt, als Peru von einer Cholera-Epidemie heimgesucht wird. Kubanische Ärzte hatten in Angola Erfahrungen gesammelt im Kampf gegen diese Krankheit. Die Straßen, die damals flugs vom Deutschen Entwicklungsdienst errichtet wurden, verkommen. Wir kämpfen uns mit einem Esel als Lasttier bis nach Yungay vor. Es ist wieder einmal Regenzeit in den Bergen von Peru, unten an der Küste, nur 100 km Luftlinie entfernt, scheint die Sonne, ist Sommer, und doch ist es die Zeit der Überschwemmungen. Denn die Flüsse laden sich in den Bergen mit Regen auf, treten über die Ufer, überfluten die Täler an der Küste oft von einem Tag auf den anderen. Die Leute sind daran gewöhnt. Sie improvisieren Holzstege, wo die Brücken einreißen, sie stellen Arbeiterkolonnen auf, um die Straßen zu räumen. Aber in diesem Jahr kommt die Flut mit solcher Gewalt, daß es Monate dauern wird, bis die Straßen in die Berge wieder befahrbar sind. Wir treffen auf Indios, die einen Fußmarsch von fünf Stunden hinter sich haben.

Sie schleppen Benzin. Manchmal nimmt ihnen ein Militärjeep die Arbeit ab. Aber sie mißtrauen den Soldaten, sie sind längst nicht mehr von dem Geist des Peruanismus beseelt, der ihnen 1968 vermittelt worden war. Sie sollen die Campesinos, die Landbevölkerung, unterstützen und sollen sie gleichzeitig verteidigen gegenüber dem Angriff der verschiedenen Guerillagruppen, die das Hinterland von Peru beherrschen. Sie decken sich selber ein mit Proviant, wo sie ihn bekommen können, und mit den täglichen Dingen des Lebens. Der Jeep kommt höchstens einmal in der Woche, und oft bleibt er dann noch auf dem Weg nach oben stecken.

Auf dem Weg vom Hochtal des Ancash hinauf zum 5000 Meter hohen Paß von Utibamba. Wir treffen einige Indios, die von der Straße die Felsbrocken wegräumen. Ohne die Straße haben sie auch keinen Anschluß an die Zivilisation, die für sie Fortschritt, vielleicht sogar Wohlstand bedeutet. Trotz unglaublicher Hindernisse ist es ihnen gelungen, einen Traktor nach oben zu bugsieren. Maschinen gibt es genug im Tal, weil es übergenug ausländische Spender gab. Die Maschinen zu warten und sinnvoll einzusetzen ist jedoch das wahre Problem. Ein Experte des Deutschen Entwicklungsdienstes, der hier oben noch tätig ist, sagt: «Das Schlimme ist, wenn die Dorfbewohner am Schluß merken, daß es nicht damit getan ist, die Straße zu bauen, dann lassen sie ohne weiteres die Straße auch wieder verfallen, denn eigentlich brauchen sie sie ja nicht. Sie besitzen ja keine Autos, nicht einmal Eselskarren. Sie gehen zu Fuß.»

Die junge Generation ist sowieso ins Tiefland abgewandert, in die Slums der Städte. Und jene, die sich an die karge Erde im Hochland gebunden fühlen, sind im Kreislauf des Elends gefangen, ein Kreislauf, der auf fürchterliche Weise alle paar Jahre auch noch durch Erdbeben beschleunigt wird. Die immer noch verschütteten Städte im Hochtal von Ancash wirken um so unheimlicher, weil zwischen den Pfeilern die Mauern bis zum Grund abgetragen sind und weil diese Pfeiler wie mahnende Zeigefinger in der düsteren Gegend stehen. Aus diesem Hochtal führt keine Straße in eine bessere Zukunft.

Die Indios haben immer in der Fron gelebt. Zuerst unter eigensüchtigen Stammesfürsten, dann im Sozialstaat der Inka, der sie versorgt, aber unterdrückt hat, dann unter den Feudalherren aus Europa, die sie ausbeuteten wie Tiere.

Seit die sozialistische Militärjunta die Großgrundbesitzer enteignet hat, gehört das Land ihnen, den Mestizen und den Indios. Aber sie wissen nicht, was sie damit anfangen sollen. Ganz anders als vor zwanzig Jahren, als der Staat sich anschickte, das Hinterland von Peru zu entwickeln.

Damals auch hatte die Bundesrepublik Deutschland Peru zum Schwerpunktland der Entwicklungshilfe in Südamerika erkoren. Ich fand seinerzeit in der Puna, einer Vegetationszone zwischen 4000 und 4500 Meter Höhe in den Anden von Peru, an die dreißig deutsche Landwirte, Vermesser, Geologen, Entwicklungshelfer allesamt. Mir hatte es damals besonders der Landwirt Fritz Vandenboom angetan. Er baute unterhalb der Puna im Mantaro-Tal eine Rinderzuchtstation auf, die modernste in Peru. Den Bau hatte die sozialistische Junta in Lima finanziert, die Maschinen und das Vieh stammten aus Deutschland. Die schönen dicken Kühe und Stiere aus dem Allgäu hatten den Transport über See gut überstanden und sich auch auf dieser Höhe eingelebt, ohne ein Zeichen von Unbehagen. Kein Tier war an der Höhenkrankheit gestorben. Die Milchleistung und das, was die Fachleute «Frohwüchsigkeit» nennen, ließen nicht zu wünschen übrig. Fritz Vandenboom meinte, daß die Allgäuer Kühe zu den besten Entwicklungshelfern gehören, die es je gab.

Der Alkalde, der Ortsbürgermeister, stimmte ihm zu. Er ist dafür, jenen Stier, der die Criollo-Kühe auf der Puna-Hochebene erfolgreich bedienen soll, «Fritz» zu taufen, nach dem deutschen Entwicklungshelfer. Diese Criollo-Kühe sind eine magere Spezies. Ihr Fleisch ist zäh, Milch geben sie so gut wie keine. Die Hochzeit zwischen der Puna und dem Allgäu erwies sich als voller Erfolg. Die Weiden stammten vom Franziskanerkloster vom Ocopa. Hier hatten die spanischen Mönche versucht, vor Jahrhunderten die Indios zu missionieren, Vorläufer der Entwicklungshilfe im kirchlichen Auftrag. Die weltliche Macht der Mönche wurde handfest durchbrochen, seit die sozialistische Militärjunta die Ländereien des Klosters enteignet hat. Fritz

Vandenboom ging gerne ins Kloster bzw. die Klosterbibliothek, denn es war die einzige Stätte genauer Aufzeichnung von Landparzellen und ehemaligen Besitzständen im Mantaro-Tal. Die Cantuta, die heilige Blume der Inkakönige, schmückte den Klosterhof. Die Blumenpracht verwilderte. Denn die früher so willigen Arbeitskräfte im Indioland sorgten lieber für sich als für die Kirche. Fritz Vandenboom hatte in zwei Jahren einen Umbruch im Mantaro-Tal erlebt, wie man ihn den Indios und ihrer sprichwörtlichen Lethargie nicht zugetraut hätte.

Die Idee von der Einheit zwischen Volk und Regierung, zwischen Armen und Reichen, zwischen Indios und Europäern schlug damals Wurzeln. Ich erinnerte mich an Mulduardo Maldonado, verheiratet, sechs Kinder, Eigentümer von siebeneinhalb Hektar Land. Als ich ihn besuchte, hat er mich zuerst mißtrauisch beäugt. Mein Team und ich packten mit an, als es galt, zunächst einmal Haus und Hof zu reinigen. Zum Dank wurden uns gebratene Meerschweinchen serviert. Das sind nicht nur Haustiere der Indios, sondern eine sehr willkommene Ergänzung des Speisezettels.

Die Bauern im Mantaro-Tal, Bauern wie Maldonado, unterscheiden sich von den anderen Hochland-Indios. Sie waren schon immer eifersüchtig auf Eigentum bedacht. Auch wenn ihr Hof dem Namen nach den Inkakönigen gehörte und später den spanischen Feudalherren, so haben sie doch immer nur einen Tribut abgeliefert, ansonsten ihre Höfe selbst verwaltet und mit starken Mauern geschützt. Sie ähneln eher den deutschen Freibauern aus dem Mittelalter, die zwar einen Zehnten abführen mußten, aber sonst unabhängig blieben. Deshalb ist auch ihr Verhältnis zum Feld, zur Scheune, zu den Tieren viel intimer als das jener Indios, die in unmittelbarer Nähe der Herrscher wohnten. Die Schwierigkeit bestand darin, diese Freibauern dazu zu bewegen, sich zu Kooperativen zusammenzuschließen.

Ich habe Fritz Vandenboom dann später noch einmal in Deutschland besucht, und er klagte: Mit dem Ende des peruanischen Modells ist auch das System der Kooperativen zusammengebrochen. In der Not wurden die Milchkühe für ein gutes

Essen, für einen vollen Bauch geschlachtet, und jeder Bauer kehrte zum urtümlichen Ackerbau auf seiner kleinen Parzelle zurück.

Und damals, vor zwei Jahrzehnten, war da noch die Sache mit Casa Grande, der größten Farm in Peru, einer Zuckerfarm. Vor etwa 120 Jahren hatte die deutschstämmige Familie Gildemeister im Norden Perus mit Zähigkeit und Strenge ein Vermögen geschaffen, das selbst in Südamerika seinesgleichen suchte. Die Gildemeisters waren eine jener fünfzehn Familien, die als erste von der Enteignung nach der Revolution betroffen wurden. Eine mönchische, franziskanische Inschrift am Tor zur Casa Grande verrät viel über die Moral der Gildemeisters: *Tace, ora et labora*: Schweige, bete und arbeite.

Nach diesem Motto hatte Ramon Abanto jahrelang gearbeitet, wie sein Vater vor ihm. Mit der Enteignung der Casa Grande wurde Ramon Abanto Mitbesitzer. Er meint: «Früher haben wir nicht soviel verdient, aber auch unser Geld pünktlich erhalten. Was besser geworden ist: Jetzt herrscht Gleichheit, egal ob einer Arbeiter ist oder Verwalter.»

Nach der Enteignung haben die Arbeiter von Casa Grande die Verantwortung über Gewinn und Verlust übernehmen müssen. Zu ihren Rechten kamen die Pflichten.

Nach der Tagesschicht kämpften sie in Versammlungen mit Paragraphen ihrer neuen genossenschaftlichen Verordnungen. Zunächst halfen ihnen dabei noch Beamtenkomitees, durch den staatlich verordneten Papierwust zu dringen. Damals war Ramon Abanto 44 Jahre alt. Ich treffe ihn wieder als Rentner von 66 Jahren. Die Erträge der genossenschaftlich bewirtschafteten Farm hatten nie wieder das Niveau der vorrevolutionären Zeit erreicht. Längst schon war Ramon Abanto in die Peripherie der Großstadt Lima gezogen, ein verarmtes Opfer des «Fortschritts».

Die Slums der südamerikanischen Großstädte weisen aufdringlich auf das größte Problem hin, das der Landreform im Wege steht: die Landflucht. Die Scharen der hungernden Arbeitslosen und unterbezahlten Landleute nagen die Städte wie Knochen ab. Sie dringen bis in die Patrizierhäuser des spanischen Erobereradels ein, können sie nicht pflegen, lassen sie verfallen. Nur im Stadtkern von Lima behaupten sich die Kolonialbauten. Die revolutionären Offiziere hatten seinerzeit versucht, die elenden Hütten am Rande des Stadtkerns durch Sozialwohnungen zu ersetzen. Aber zunächst war das Geld dafür nicht da, dann erstickte die Bevölkerungsexplosion die zaghaften Versuche der Erneuerung, zum Schluß blieb sogar der Wille aus. Nach der Machtübernahme hatten die linken Militärs den Besitz vieler ausländischer Wirtschaftskonzerne nationalisiert. Damit aber wurde eine US-amerikanische Faustregel verletzt, die Enteignung ohne Entschädigung mit Wirtschaftssperre ahndet.

Auch die sozialistische Militärjunta konnte aus Gründen der Selbsterhaltung dem Gringo, dem US-Amerikaner, nicht einfach adios sagen.

Ich erinnere mich an einen Besuch auf dem peruanischen Andenhochplateau von Toquepala vor 20 Jahren. Das ist eine Landschaft wie nach dem Weltuntergang, Salz und Sand, Schnee und Stein, dazwischen Ruinen irgendeiner vergessenen vorinkaischen Indiozivilisation, im Hintergrund der Vulkan Misti. Bei Sonnenuntergang erreichen wir das Plateau. Es ist übersät von hektisch arbeitender Maschinerie. In einer Ingenieurssiedlung finden wir Klimaanlage, Musiktruhe, reichhaltige Küche und vor allem ein Bad. Also all das, was es Amerikanern aus den USA so leicht macht, überall Yankees zu bleiben, und warum es ihnen so schwerfällt, andere Lebensart zu verstehen. Ob in Toquepala, Peru, oder in Chuquicamata, Chile, ob in Kabinda, Angola, oder in der Ölindustrie der Golfregion.

Der amerikanische Projektleiter Johnny Wagers empfing uns herzlich und war sofort bereit, uns sein Projekt zu zeigen und zu erklären. Experten wie Johnny Wagers haben in den letzten hundert Jahren die Schwerindustrie Lateinamerikas gelenkt, haben den US-Ingenieur zu einer Art Halbgott gemacht, den echten Nachfahren des spanischen Zuckerbarons. Ohne den US-Experten wäre Lateinamerika sicher noch längst nicht aus dem Stadium der Agrarstaaten heraus. Johnny Wagers, ein bärbeißiger Hüne aus Tennessee, war Veteran im «Job»: «In Ecuador habe ich einen Damm gebaut, und dann noch einen Tunnel von neuneinhalb Kilometern Länge, dann haben sie mich nach Mexiko geschickt, um da eine Sache geradezubiegen, die schiefgelaufen war, dann ging ich in den Kongo. Dort haben wir 284 Kilometer Eisenbahn gebaut. Und jetzt eben Toquepala in Peru, alles zusammen 21 Jahre, 2 Monate und ein Wochenende.» Einen Monat später sollte Johnny Wagers nach Tennessee zurückkehren, seine Firma wollte sich der Verstaatlichungspolitik der peruanischen Militärjunta nicht fügen.

In der Not kam den nationalistischen, sozialistischen Generalen im Sommer 1972 der Zufall zur Hilfe. Der deutsche Professor und Geologe Erhard Bischoff fand Öl auf der Dschungelseite von Peru, im Tiefland des Amazonas. Der Geologe nahm uns damals mit in den Dschungel. Durchnäßt vom Tropenregen, zerstochen von den Myriaden Moskitos, deprimiert von der Schwüle des Tieflandes, kamen wir in ein Gebiet, in dem nur noch die Machete, das Buschmesser der Campesinos, den Weg frei macht, die Machete und das Dynamit. Sprengungen förderte Öl zutage, und das Öl sollte Peru retten. Eine nationale Gesellschaft wurde gegründet, Petro-Peru. Gehoben aber wurde das Schwarze Gold von den US-Amerikanern. El Chino, der Präsident, meinte: «Wir müssen einsehen, daß unsere wirtschaftlichen Möglichkeiten begrenzt sind und daß wir die ungeheuren Bodenschätze unseres Landes nicht allein ausbeuten können. Wir müssen also zugeben, daß wir den ausländischen Investor brauchen.»

Im Juni 1978 besuchte ich von neuem das peruanische Ölgebiet am Amazonas. Zuerst ging es in die Dschungelstadt Iquitos. Das war um die Jahrhundertwende der Umschlagplatz für Kautschukhandel. Von hier wurde der Rohgummi über 3000 Kilometer Wasserweg zum Atlantik verschifft. Das waren abenteuerliche Fahrten, die den Stoff für viele Legenden gaben, wie sie der Dichter Mario Vargas Llosa aus Iquitos in Romanen verarbeitet hat. Vom Kautschukboom zeugen in Iquitos noch die prächtigen Häuser der englischen und portugiesischen Kaufherren. Heute sind in die alte Pracht neue Mieter eingezogen. Im Eisernen Haus, das der französische Architekt Eiffel baute, der Bruder des Erbauers des nach ihm benannten Turms in Paris, residiert ein Büro für Dschungelsafaris. Im ehemaligen Hotel Victoria hat die Armee ihr Hauptquartier, und im früheren Victoria College sitzt Petro-Peru, die peruanische Petroleumgesellschaft.

Iquitos ist die Versorgungsbasis für die Erdölindustrie am Amazonas. Mit einem Wasserflugzeug fanden wir den Weg ins Ölfeld von Trompeteros, einer von etwa dreißig Bohrstellen im Dschungel. Sie liegen zum Teil hart an der Grenze zu Ecuador, auf einem Gebiet, das vor 55 Jahren heiß umkämpft war, in einem der wenigen Kriege, bei denen die nachgeborenen Nationalstaaten des einstigen spanischen Imperiums die Grenzen, die mit dem Kolonialstift gezogen worden waren, korrigieren wollten. Jetzt ist Trompeteros wieder heiß umkämpft. Aber nicht aus territorialen und politischen Gründen, sondern wegen des Reichtums unter dem Boden. Die Förderung des Öls übersteigt nach wie vor die Möglichkeiten Perus. Deshalb hat die Militärjunta weiterhin ausländische Firmen beauftragt. 1978 waren die Sowjets dabei. Sie hatten Öltanks geliefert, die Japaner hatten eine 850 Kilometer lange Pipeline durch den Dschungel und über die Anden zur Küste gebaut. Die US-Amerikaner waren immer noch in der Vermessung und Produktion tätig. Immer noch floß das Öl, das Professor Bischoff einst gefunden hatte. Aber es floß nicht mehr reichlich genug. Zumindest nicht für den Export. Es langte gerade für den Eigenbedarf. Die «Primer Pozo», die erste Bohrstelle in Trompeteros, arbeitete zwar Tag und Nacht, aber nur jede zehnte weitere Bohrung war erfolgreich im Urwald.

Noch einmal zehn Jahre später ist der Vorrat fast erschöpft. Von den ursprünglich elf Petroleumsgesellschaften sind nur noch zwei da. Eine davon ist immer noch die staatliche Petro-Peru. Der Verwaltungsapparat steht im Mißverhältnis zur Fördermenge. Das Öl fließt nur noch wie ein Rinnsal, aber Petro-Peru hat einen Wasserkopf von Beamten. Das hat sich auch nicht geändert, seit die Militärs im Verwaltungsgebäude ausgezogen sind. Mit ihrem Auszug ist auch ein anderes Projekt, das dem Modell des Peruanismus entsprach, gescheitert: die Förderung der *pobladores del Rio*, der Leute vom Fluß. Diese armen

Tröpfe, die in verstreuten Siedlungen entlang der Nebenflüsse des Amazonas hausen, sollten Arbeit und ein Auskommen in der Ölindustrie finden. Heute ist ihr einziger Erwerb der Bananenhandel und der Schmuggel; denn von der Schattenwirtschaft ernähren sich heute mehr Peruaner als von der offiziell ausgewiesenen Volkswirtschaft.

Schmuggel und Kriminalität aber wachsen vor allem in den immer größer werdenden Slumsiedlungen am Rande der Städte. In den Jahrhunderten seit der Eroberung durch die Spanier blieb die Bevölkerungsmischung Perus ungleich verteilt. 90 Prozent Indianer, zehn Prozent Weiße, dazwischen eine große Zahl Mestizen, Mischungen aus beiden. Reich und Weiß sind fast identisch. Die Reichen hatten ihre Besitztümer schon in jenen ersten Septembertagen nach der Revolution von 1968 mit Stacheldraht umgeben. Die Villenvororte von Lima erweckten den Eindruck von goldenen Gettos. Genauso wie den Armen stadtferne Bezirke zugewiesen wurden, aus denen sie selten herauskamen, verschanzten sich nun die wohlsituierten Bürger hinter die spanisch-kolonialen Fassaden ihrer Villen. Es wäre ungerecht, die Edelkulissen zu dem verhaßten Begriff Oligarchie zusammenzufassen. Denn auch unter den Weißen gibt es die untere Mittelschicht und sogar die Armut. Aber es gab das Wort «Gemeinwohl» in ihrem Sprachschatz nicht – und das müssen sie seit Jahren büßen. Natürlich nicht alle. Die Superreichen zogen in die Nähe ihrer Bankkonten in der Schweiz, die Hinterbliebenen müssen die Sünden aller bezahlen.

Es war nach der Machtübernahme durch das nationalistische Militär vor zwanzig Jahren schwer, einige «Geschädigte» der Nationalisierung vor die Kamera zu bekommen. Genauso schwer wie vordem die «Illegalen», die Guerilleros. Wir trafen in einem säulengeschmückten Patio im Villenvorort Miraflores den Verleger Ulloa. Ihm gehörten zwei der auflagenstärksten Zeitungen im Lande. Sie wurden beschlagnahmt und den Angestellten übereignet. Der Verleger meinte dazu: «Meine Zeitungen sind in Händen von Arbeitergenossenschaften. Als Folge erscheinen in Peru Publikationen, die den gefährlichen Zielen des Kommunismus, letztendlich den Zielen Castros dienen. Zum erstenmal in der Geschichte Perus gibt es Zeitungen, deren Inhalt darauf zielt, das Land in die Anarchie zu stürzen.»

Der Journalist Marcos Bottagnolo hatte viereinhalb Jahre im Betrieb der Ulloas gearbeitet. Es ging ihm gut dabei. Nunmehr als Mitbesitzer und Aktionär der verstaatlichten, nationalisierten Zeitungen geht es ihm finanziell nicht besser. Aber, wie er sagt: «Wir sind nunmehr die ersten Journalisten in Lateinamerika, die noch nicht das schreiben müssen, was die Verleger von uns fordern. Das nenne ich Pressefreiheit.»

Einige Jahre später traf ich Marcos Bottagnolo in einem Café in der Nähe der Zeitungsredaktion. Der Journalist mußte selber gehen. Staatlich eingesetzte Kollegen hatten ihn und seinesgleichen verdrängt. Die Schar der Feinde gegen die Militärregierung wuchs. Um so mehr hatten sie sich auf das Programm der Revitalisierung indianischer Traditionen verlegt. Das Programm hieß *Formar el pueblo*, das Volk formieren. Und: *Moralisar el paes*, das Land moralisieren.

Die beiden Hauptpunkte dieses Planes waren, die Demut und die Unterwürfigkeit des Landvolkes durch Stolz und Selbstbewußtsein zu ersetzen und die Rückführung der Slumbewohner in ihre angestammten Siedlungen. Gerade diese Rücksiedlung scheiterte an einer Indiotradition, die noch aus der Zeit der Inkakönige stammt. Der Inka hatte dem Campesino bei Strafe untersagt, seinen Wohnort zu wechseln, weil die säuberliche Trennung nach Kasten das Herrschen erleichtert hatte. Das Kastensystem aber haben die Indios mit in die Städte gebracht. Je weiter oben in den Slums jemand wohnt, desto geringer ist er geachtet, desto später kam er an. Bei der Rückführung wird er ebenfalls als Fremdling, als Neuling angesehen. Es ist kein Platz für ihn mehr frei.

Die andere Säule des Programms griff besser: Die Gebräuche der Indios galten plötzlich nicht mehr als altmodisch, sondern als typisch. Die Sprache der Ureinwohner, das Quechua, war nun nicht mehr «vulgär», sondern «patriotisch», ihre Handarbeit zeugte nicht mehr von Rückstand, sondern wurde zum peruanischen Markenzeichen von folkloristischer Tradition. Eine Alphabetisierungskampagne wurde gestartet. Für die Indios war jedoch das Spanische schwer zu erlernen. Also wurde Quechua, die Eingeborenensprache, als das peruanische Idiom eingeführt, und Spanisch galt fortan als eine erste Fremdsprache.

Die Indios im Hochland bearbeiten ihre Felder in einem System, das sie *minka* nennen, das heißt, sie ernten das Feld eines Bauern gemeinsam, das nächste Mal ist dann ein anderer dran. Seit die Regierung in der Hauptstadt Lima den Sozialismus propagierte, war das Minka-System plötzlich Bestandteil des staatlichen Wirtschaftsplans geworden. Hirse, Mais und besonders die Kartoffel, die ja von Peru aus ihren Siegeszug durch die Welt angetreten hat, wurden wieder hoch geschätzt. Nur wurde von allem zuwenig angebaut. Die Landwirte brauchten neue Felder und Äcker. Da der schmale Küstenstreifen am Pazifik bereits übervölkert war, blieb nur die andere Seite des Gebirges, blieben die Dschungel, die zum Amazonas hinunterführen. Als eine letzte, fast schon verzweifelte Tat des Peruanismus leiteten die nationalistischen Offiziere eine Völkerwanderung der Indios vom Hochgebirge in die Dschungel ein. Hier in der *selva*, im Urwald, sollten sie eine neue Heimat finden. Aber die ungewohnte Feuchtigkeit und Hitze, die Krankheiten und die Schwierigkeiten der Rodung und des Anbaus ließen das Programm praktisch scheitern.

1960 schon hatte eine peruanische Regierung die sogenannte *Transamazonica* gebaut: Die Urwaldstraße sollte die grüne Wand aufbrechen, aber sie begann sich wieder zu schließen. Die Transamazonica versinkt seit Jahren im Morast.

Das Projekt «Selva» ist vergessen. Die verpflanzten Inka gingen aber nicht zurück in ihre Bergheimat. Sie wurden in den geschlossenen Dorfkommunen nicht mehr aufgenommen, sondern sie wanderten dorthin, wo alle Verzweifelten landen, in die Slums der Großstädte. Dort konnte sie der «Peruanismus» nicht mehr erreichen. Für sie bedeutete «Leben» ein Dach über dem Kopf, sauberes Wasser und Nahrung. Aber im peruanischen Küstenland, das immer weiter versandet, fällt es schwer, an Nahrung heranzukommen. Dabei liegt, besser schwimmt, die Nahrung vor der Haustür, im Humboldt-Strom, der sehr fischreich ist. Doch dem Hochlandbewohner gilt Fisch als ungenießbar, zumindest aber als unheimlich, wie das Meer selbst.

Bisher haben die Besitzer von Fischfabriken den Humboldt-Strom genutzt und das Protein zu Fischmehl verarbeitet, das wiederum dem Export dient. Jetzt werden die Fischströme sozusagen umgeleitet in die immer größer werdenden Slums der Großstädte. Gelegentlich vertreibt der *niño frio*, das «kalte Kind», eine Art Gegenströmung, den Fischreichtum aus dem Humboldt-Strom. Dann muß ganz Peru Hunger leiden. Unter dem Einfluß einer solchen Hungersnot, wachsender Auslandsverschuldung und sinkender Glaubwürdigkeit im Volk beendeten die Offiziere das sozialistische Experiment mit dem Peruanismus und zogen sich in die Kasernen zurück.

Die Reaktion

Schon vorher, nämlich im September 1973, setzte in Chile eine Militärjunta, von allen Waffengattungen bestückt, den regierenden Präsidenten Salvador Allende Gossens ab. Bei diesem Putsch kam Salvador Allende um, wurde schnell beerdigt, um zu verhindern, was nicht zu verhindern war – den Allende-Mythos. Nicht Chile, sondern das revolutionäre Lateinamerika hat seitdem einen neuen Märtyrer, hat einen zweiten Che Guevara, sogar mehr als das. Denn Che Guevara war Guerillero, ein Untergrundkämpfer, und sein Konzept war die Gewalt. Salvador Allende aber hat versucht, die soziale Revolution mit friedlichen Mitteln zu vollziehen, mit den Mitteln der parlamentarischen Demokratie. Während also in Peru die Militärdiktatur wieder der Demokratie wich, wurde der Parlamentarismus in Chile ein Opfer des Militärs.

Daß keins der beiden Länder, die doch eine so verwandte sozialistische Grundströmung hatten, dem anderen in der Not Beistand leistete, liegt an der Vergangenheit. Das gemeinsame Stichwort ist Salpeter, der in der chilenischen Wüstenprovinz Tarapacá gefunden wird. Tarapacá zählt etwa 130000 Einwohner, die Hälfte davon lebt in der Provinzhauptstadt.

Iquique, ein indianisches Fischerdorf, wurde unter den spanischen Eroberern Hafen und unter den englischen Industriellen Umschlagplatz für Salpeter. Per Bahn kam Salpeter von der Hochebene, per Schiff ging es nach Europa, Grundlage von Schießpulver für Europas Kriege. Die Verwalter der Salpeterminen bauten sich Häuser im englischen Kolonialstil. Die chilenischen Arbeiter lebten hinter Wellblech und Pappe. Die Stadt ist nach spanischem Muster streng symmetrisch angelegt.

Im Zentrum die Plaza Prat, genannt nach dem chilenischen Admiral zur See Arturo Prat, der im Krieg gegen Peru mit seinem Schiff «Esmeralda» unterging. Die Schlacht von Iquique von 1879 brachte die entscheidende Wende für den späteren Sieg Chiles über Peru. In diesem «Salpeterkrieg» starben mehr Menschen, als die Provinz Tarapacá Einwohner hatte, es starben keine Engländer, sondern Peruaner und Chilenen, obwohl der Krieg wegen der Geschäfte geführt wurde, die das viktorianische England mit dem Salpeter machen wollte.

Der Salpeterboom endete schon nach 40 Jahren abrupt mit der Erfindung des chemischen Salpeters im Ersten Weltkrieg. Einst hatten 40000 Chilenen in den 218 Fabriken gearbeitet. Die Arbeitswoche hatte sieben Tage, der Tag zwölf Stunden. Die Bezahlung erfolgte in *fichas*, in Fabrikgeld, das nur in der *pulperia*, dem fabrikeigenen Kaufladen, eingelöst werden konnte. Verletzung der Fabrikordnung wurde mit dem Pranger bestraft. Da die Salpetererde so kostbar war, wurden die Toten so dicht gedrängt beerdigt, wie die Lebenden wohnten.

Als ich im Jahre 1980 Hektor Carnavarro kennenlernte, muß er schon an die 100 Jahre alt gewesen sein. Hektor arbeitete noch «im Salpeter» und kann sich erinnern, daß vor der Reede bis zu 50 Großsegler aus Europa auf Fracht warteten und von dort Maschinen, Ersatzteile, Lebensmittel brachten. Manchmal auch einen der Minenbesitzer aus England. Der Gast reiste in einem extra Salonwagen mit der Aufschrift «Durch Vernunft oder Gewalt». Die Verwalter waren eingerichtet auf hohen Besuch. Im Herrenhaus ein Park und Springbrunnen, Whisky aus England, Mineralwasser aus Italien. Sogar ein eigenes Theater wurde in Iquique gebaut, als die berühmte Aktrice Sarah Bernhardt sich ankündigte.

Im Jahr 1907 versammelten sich 20000 Salpeterarbeiter zu einem Protestzug gegen die Ausbeutung durch die britischen Herren. Sie wollten Geld und keine Lebensmittelgutscheine, und sie drohten mit Streik. Auf Betreiben Englands und der Salpeterherren schickte die chilenische Regierung im Jahre 1907 das Militär in den Kampf gegen die aufständischen Arbeiter. 3600 starben unter den Gewehrsalven. Das Ereignis von 1907 diente den

Sozialisten und Kommunisten der Volksfront unter Salvador Allende immer noch als mahnendes Beispiel, wurde in Liedern besungen und in Schauspielen stets neu dargestellt.

Eine Kantate der berühmten Musikgruppe Quillapayun, die der Geschichte von Iquique gewidmet ist, wurde im September 1990 noch einmal aufgeführt: als nach 17 Jahren Militärdiktatur die Reste des schnell verscharrten Leichnams von Salvador Allende wieder ausgegraben und in allen Ehren beigesetzt wurden.

Heute hat der Marxist Salvador Allende einen herausgehobenen Platz in der chilenischen Geschichte erobert. Mit seinem blutigen Ende damals und auch mit dem Ende des peruanischen Militärsozialismus hatte Fidel Castro seine wichtigsten Verbündeten auf dem südamerikanischen Subkontinent verloren. Überall begann das Pendel wieder von links nach rechts zu schwingen, begann eine Zeit der Generale.

In den Worten des Südamerika-Experten Klaus Eckstein: «Kuba hat die historische Wirklichkeit Lateinamerikas nicht unmittelbar verändert. Im Gegenteil, seine bloße Existenz hat wohl mehr Revolutionen verhindert als angezettelt. Die kubanische Revolution hat vor allem zur Perfektion der konterrevolutionären Abwehrmaßnahmen in Lateinamerika geführt und sich damit ironischerweise ins Gegenteil dessen verkehrt, was den bärtigen Guerilleros der karibischen Insel vorgeschwebt hatte.»

Nicht nur der General Pinochet in Chile, sondern alle Militärregime im Süden des Subkontinents leiteten eine Verfolgungskampagne der Linken ein, die von der Folter bis zur offenen Feldschlacht reichte. Wobei in einigen Ländern die radikale Linke selbst den Anlaß für diesen Eingriff lieferte. Diese Linke entdeckte in ihrem Kampf für sich das Mittel der Geiselnahme.

Bereits am 22. Februar 1957 wurde in Kuba der Rennfahrer Juan Manuel Fangio entführt. Am 8. August 1963 in Venezuela der Fußballspieler Alfredo di Stefano. Im Jahr 1970 wurde der deutsche Botschafter in Guatemala, von Spreti, zur Geisel genommen und ermordet. Einige Monate später wird der deutsche Botschafter in Brasilien, von Holleben, entführt und gegen 40 politische Häftlinge wieder ausgetauscht.

Schon vorher hatte die Entführung des amerikanischen Botschafters in Rio 15 Häftlingen der Guerilla die Freiheit gebracht. Aber nur scheinbar konnte die Guerilla durch diese Geiselnahmen Erfolge erringen und Freiraum gewinnen. Der politische Mord, das Attentat, der Überfall und vor allem die Entführung haben als Methoden die Bevölkerung in Brasilien, Argentinien, Uruguay und teilweise auch Paraguay eher gegen die Untergrundkämpfer aufgebracht, also zu einer Isolierung der Guerilleros geführt. Es hat dem Ruf dieser Guerilla sehr geschadet, daß sie die Entführung des deutschen Botschafters in Brasilien in die Endphase der Fußballweltmeisterschaft gelegt haben.

Marighuela war einer der führenden Kämpfer des politischen Untergrundes in Brasilien. Es gehörte zur neuen Politik der Militärregierung, diese «subversiven Elemente» allesamt als Marionetten des «Auslands» zu brandmarken – als Sendboten des Castroismus. Auf sie angesetzt hatte die Regierung dubiose Polizisten wie «Dr. Raoul», den ich in Rio kennenlernte: er holte mich in einem kleinen Wagen deutschen Fabrikates ab. Neben ihm lag eine silber- und elfenbeinbeschlagene Pistole mit ein paar Kerben im Holz. Er nahm mich in eine Pianobar mit, ließ sich amerikanische Evergreens vorspielen, ein romantisches Gemüt. Dr. Raoul war der bestgehaßte Mann unter den Guerilleros. Ich lernte später einen Brasilianer kennen, der behauptete, im Gefängnis von ihm gequält worden zu sein. Ihm seien die Augen verbunden und dann sei er «behandelt worden». Mit Elektroschocks, vielleicht auch deshalb der zynische «Dr.» als Spitznamen von Raoul. Amnesty International jedenfalls ließ keine Zweifel an der Folter in brasilianischen Kerkern aufkommen. Um uns zu beweisen, daß im «Dops», dem Gebäude des berüchtigtsten Staatssicherheitsdienstes in São Paulo, nicht gefoltert werde, wurden uns einige Häftlinge vorgestellt.

Einer von ihnen, Marcos Venicio, sagte: «Ich möchte klarstellen, daß wir keine Terroristen sind. Das Wort hat einen stark verallgemeinernden Charakter und deformiert das Problem. Wir sind keine politischen Verbrecher, wir sind Kämpfer gegen die bestehende und für eine neue politische Ordnung. Deshalb wurden wir verhaftet.»

Eine freimütige Aussage angesichts der allgegenwärtigen Sicherheitsbeamten, und später behauptete General José Canvarro Pereira, der Oberbefehlshaber der Zweiten Armee: «Ist es nicht ein Beweis dafür, daß die Behandlung Strafgefangener so gerecht und human wie möglich ist? Im Gegensatz zu der Hetzkampagne, die vor allen Dingen in Europa gegen die brasilianische Regierung geführt wird. Eine Kampagne, die absolut ungerecht und unwahr ist.»

Der General verwies natürlich nicht darauf, daß in Brasilien Pressezensur und Gewerkschaftsverbote herrschten, Parteien vom Regime geschaffen wurden und nicht vom Volk, das Parlament entmündigt war und die radikalen Gegner gejagt wurden mit Methoden der Konquistadoren.

Im selben Maße, in dem 1967 Che Guevara im kubanischen Auftrag erfolglos eine Untergrundorganisation auf dem Lande aufbauen wollte, scheiterten Anfang der 70er Jahre nacheinander auch die Stadtguerilleros Südamerikas. Zwischen beiden Bevölkerungsschichten – Campesinos und Städtern – gab es zudem tiefe ideologische Unterschiede, sie konnten kein Verbindungsnetz aufbauen. Den entscheidenden Schlag versetzte der brasilianischen Stadtguerilla aber nicht das Militär, sondern ein Überläufer: «El Japones», wie der japanischstämmige Massafumi Joshinaga genannt wurde. Er wurde zusammen mit den Guerilleros Romulo Romeiro und Marcos Vinicio gefangengenommen und eine Woche lang im Staatssicherheitsdienst «verhört». Anschließend wurde El Japones freigesprochen. Er mußte aber weiter im «Gewahrsam» des Sicherheitsdienstes bleiben – zu seinem eigenen Schutz. Wir haben ein Pfeifkonzert miterlebt, das die Mithäftlinge veranstalteten, als er aus dem Gefängnis entlassen und an einen unbekannten Ort verfrachtet wurde.

Massafumi Joshinaga war ein «Leutnant» unter dem Rebellenführer Lamarca. Dieses letzte «subversive Element» wurde bald darauf in einem Villenvorort von São Paulo gefaßt. Was von Brasiliens Guerilla übrigblieb, flüchtete entweder in die Anonymität oder Kriminalität oder setzte sich ins Ausland ab.

Für viele Guerilleros aus Brasilien bedeutete das, den Weg

über die ehemalige Sklavenroute, nur diesmal in umgekehrter Richtung – von Brasilien hinüber nach Afrika zu suchen. Dort standen schwarze Rebellen in Mosambiks Befreiungskampf gegen die koloniale Diktatur Portugals. Dort glichen sich die Ziele, und vor allem sprach man dort ebenfalls Portugiesisch.

In Mosambik auch trafen die Überreste der brasilianischen Guerilla auf die ersten Sendboten der Zuckerinsel. Nach dem Zusammenbruch einer ersten ideologischen Eroberung Lateinamerikas hatte sich Fidel Castro auf die afrikanische Wurzel Kubas besonnen und behauptet, seine karibische Insel sei auch ein lateinafrikanisches Land. Und man müsse an den Lateinafrikanern gutmachen, was die portugiesischen und spanischen Kolonialherren einst dort angerichtet hätten. Kein Zweifel, daß hier Moskau «antiimperialistischen» Nachhilfeunterricht gab und den gelehrigen Schüler mit Millionen Rubel unterstützte.

Bereits Ende der 70er Jahre hatte Kuba 40 000 Soldaten in Afrika stationiert. Die Kontakte zu den sogenannten progressiven Regierungen der neugebildeten Staaten Afrikas und auch zu gleichgesinnten Untergrundbewegungen hatte Ernesto Che Guevara schon geknüpft, längst bevor er in den Dschungeln von Bolivien den Tod fand. Bereits 1960 kamen südamerikanische Ärzte und Militärberater der FLN, der Befreiungsfront in Algerien, zu Hilfe. 1963 trat ein erstes kubanisches Kampfkontingent an der Seite Algeriens im Grenzkrieg mit Marokko an. Auch im sozialistischen Ghana unterhielt Castro eine Militärmission. Insgesamt hatte sich das kleine Kuba in dreizehn verschiedenen afrikanischen Staaten engagiert, doch der Schwerpunkt der Hilfe und des militanten Einsatzes erfolgte auf der Seite der Befreiungsbewegungen gegen die portugiesische Kolonialmacht. Die Zeit der heißen Stellvertreterkriege mitten im Kalten Krieg der Supermächte hatte begonnen.

Portugiesisches Zwischenspiel

Am Tejo-Fluß in Lissabon erinnert ein riesiges Denkmal an Heinrich den Seefahrer, der von Entdeckern, Wissenschaftlern und Gelehrten die halbe Welt systematisch erforschen und erobern ließ.

Unter der Herrschaft von Heinrich dem Seefahrer entdeckte Vasco da Gama den Seeweg nach Indien und nahm auf der Route Stück für Stück von der afrikanischen Westküste im Namen Portugals Besitz. Nicht weit vom Denkmal liegt der sogenannte «Kai der Tränen». Von dort fuhren die portugiesischen Soldaten nach Übersee, um in den 50er Jahren das Kolonialreich gegen die wachsenden Unabhängigkeitsbewegungen zu verteidigen. Viele dieser Soldaten kamen nie zurück. Um dem Vorwurf unzeitgemäßer «kolonialer Herrschaft» vorzubeugen, wurden die Kolonien 1951 in Provinzen umgetauft und dem Mutterland eingegliedert. Es war der Überseeminister Marcello Caetano, der die Grundlagen schuf für diese neue Afrika-Politik des portugiesischen Diktators António Oliveira Salazar. Nach dem Tode des Diktators übernahm Caetano die Regierung und besuchte im Jahre 1969 seine afrikanischen Besitzungen. Sein Credo lautete: «Alle Teile Portugals sind im Wesen gleich. Wir kennen keine Barrieren in Hautfarben, wir machen keine Rassenunterschiede, wir sind alle Portugiesen, alle in der gleichen Heimat und alle gleich vor dem Gesetz.»

Aber die Präsenz in Afrika mußte Portugal mit Waffengewalt verteidigen. Das kleine Neunmillionenvolk stellte 130000 Soldaten für den ruinösen Kolonialkrieg.

Vor der Reise Caetanos hatte ich die portugiesischen Überseeprovinzen besucht und einige der Unabhängigkeitskämpfer gegen die portugiesische Herrschaft kennengelernt. Meine erste Station war damals Portugiesisch Guinea, jener Teil der malariaverseuchten Westküste Afrikas, der von den Portugiesen das «Grab des weißen Mannes» genannt wurde.

Ich lernte dabei nicht nur Louis Hamilcar Cabral kennen, sondern auch seine Berater aus der DDR und – aus Kuba. Seine «Afrikanische Partei für die Unabhängigkeit Guineas und der Kapverdischen Inseln» war von Rotchina und der Sowjetunion ausgerüstet worden – die Fahrräder stammten aus der DDR. Die Wurzel des Erfolgs von Hamilcar Cabral war seine Popularität bei den Bauern. Sie liefen ihm scharenweise zu und lernten mit Flinte und Munition umzugehen. Jedes Dorf im Rebellengebiet erhielt eine Bürgermiliz, konnte sich selbst verteidigen. Schon im Jahre 1969 kontrollierte sie zwei Drittel des Landes. Ich fragte Cabral nach den Vorbildern seiner Revolution. Er sagte: «Natürlich sind die Erfahrungen der Chinesen nützlich für alle Völker, die um ihre Unabhängigkeit kämpfen. Aber wir in Afrika haben zwei andere Beispiele. Algerien, in seinem Unabhängigkeitskampf gegen Frankreich, und Kuba, in seiner tapferen Gegenwehr gegen die US-Amerikaner.»

Cabral starb früh im Unabhängigkeitskrieg gegen die Portugiesen. Aber Portugiesisch Guinea erkämpfte doch als erste «Provinz» seine Unabhängigkeit von Lissabon. Mit dazu beigetragen hat eben jener General, dessen Aufgabe es eigentlich war, Guinea für Portugal zu halten, der konservative Offizier Spinola. Später sollte er sogar die Diktatur in seinem Heimatland selbst stürzen. Spinola sagte mir damals: «Unser kleines Volk kann seinen Besitzstand in Afrika ganz sicherlich nicht verteidigen, zumal wir keine Unterstützung aus dem Westen erhalten. Ganz bestimmt ist der Kommunismus der eigentliche Feind. Das russische Interesse an Portugiesisch Guinea ist ganz offensichtlich. Die Flugbasis auf den vorgelagerten Kapverdischen Inseln beherrscht den Zugang zum Südatlantik. Der chinesische Einfluß in Tansania unterstützt die Guerilla im Norden von Mosambik. Schließlich schickt Castro seine Legionen nach Afrika. Wir können unser Kolonialreich nicht mehr halten.»

Tausend Kilometer weiter südlich, an der Westküste Afrikas, lag Portugals zweite Provinz in Übersee: Angola. Hier begann der Aufstand gegen die Weißen im März 1961 mit einem Massenmord an weißen Siedlern. Die Rebellion konnte mit dem Einsatz von 45 000 Mann zunächst unterdrückt werden. Aber dann kamen die Kubaner. Zuerst unterstützten sie alle drei miteinander konkurrierenden Befreiungsbewegungen in Angola.

Doch als es vor der Unabhängigkeit der portugiesischen Kolonie im November 1975 um den Machtkampf unter diesen drei Befreiungsbewegungen ging, schlug sich Kuba auf seiten der MPLA. Sie war schon 1956 aus der verbotenen Kommunistischen Partei des Landes hervorgegangen, genoß deshalb auch das Wohlwollen der Sowjetunion und des Ostblocks. Entsprechend unterstützte der Westen die beiden anderen Befreiungsbewegungen. Zunächst die FNLA unter Roberto Holden und dann die UNITA unter Jonas Savimbi. Im Oktober 1975 schließlich überschritten 5000 afrikanische Soldaten von Namibia kommend, also auch von Südafrika unterstützt, die Grenze und konnten nur mit Hilfe der kubanischen Truppen aufgehalten werden.

In Guinea und auf den Kapverdischen Inseln, in Angola und in Mosambik, in Cabinda und auf São Tomé – überall, wo die Portugiesen in Afrika Fuß gefaßt hatten, leisteten die Kubaner «antikolonialistische», sozialistische Bruderschaftshilfe. Der portugiesische Präsident Caetano versuchte seinerseits, lateinamerikanische Bundesgenossen zu gewinnen, und zwar eben bei den Generalen von Brasilien, die ja doch in ihrem eigenen Land ebenfalls gegen die linke Guerilla Krieg führten und ihre Verbundenheit gegenüber der kolonialen Mutter Portugal nie aufgekündigt hatten. Entsprechend buhlte der frischgebackene Ministerpräsident Portugals Marcelo Caetano um die Sympathie Brasiliens auf zunächst symbolische Art und Weise.

Zur 150-Jahr-Feier von Brasilien am 13. Mai 1972 brachte er die Überreste des «Kaisers» Dom Pedro aus Lissabon mit. Es war

Dom Pedro I., der Brasiliens Unabhängigkeit ausgerufen hatte – ehe er neun Jahre später einer Militärrevolte weichen mußte und die Regierung seinem fünf Jahre alten Sohn Dom Pedro II. übergab, um sich nach Portugal zurückzuziehen, wo er auch starb. Aber immerhin war Dom Pedro I. der Gründer der Nation Brasilien – und so wurde die Rückkehr seines Leichnams im ganzen großen Land gefeiert. Tausende von Kilometern legte ein Sonderzug mit seinem Sarg zurück, auf daß den Brasilianern bewußt werde, wo sie den Ursprung ihrer Geschichte zu suchen haben: nicht unter gewöhnlichen Revolutionären wie im umliegenden spanischen Amerika, sondern bei einer europäischen Hoheit von Gottes Gnaden.

Weil das portugiesische Reich Napoleon zum Opfer gefallen war, mußte einst der portugiesische König in der Überseekolonie Zuflucht nehmen. Im Jahre 1808 hatte er auf dem Rio de Janeiro, dem Januarfluß, Einzug auf einem englischen Kriegsschiff gehalten. Englands Seemacht hatte auch ein Napoleon nicht brechen können. Dom Pedro brachte damals Europa mit: den Generalstab, die Höflingswirtschaft, den Salon. Unter Dom Pedro I. erlebte Brasilien im Mai 1822 seine Unabhängigkeit, unter Dom Pedro II. im Mai 1888 die Sklavenbefreiung. Dies Ereignis bescherte Brasilien auch einen frühen Abbau des Vorurteils gegenüber den Farben Schwarz und Braun. Der hohe Anteil Schwarzer an der brasilianischen Bevölkerungsmischung hat es später den Generalen verboten, 1970 an der Seite Portugals zur Verteidigung der Kolonialherrschaft in Afrika in den Krieg zu ziehen.

Es blieb Fidel Castro vorbehalten, sich die Sympathien der radikalen Befreiungsbewegungen in Afrika zu sichern, und es waren seine Soldaten, die für den Kommunismus afrikanisches Territorium reklamierten. Damals klagte Caetano: «Selbst wenn die westlichen Mächte Deutschland, Amerika und England keine Interessen zu wahren hätten in den portugiesischen Überseeprovinzen, sollte es im Interesse der westlichen Welt liegen, auf seiten Portugals in Afrika zu stehen.» Aber auch die anderen westlichen Länder verweigern sich dem Hilfeersuchen der Portugiesen.

Ich war mit einem Filmteam 1969 dabei, als Caetano auf der Reise durch seine «Provinzen» in Afrika in Maputo, der Hauptstadt von Mosambik, gegen die Intervention des Kommunismus und seiner Legionen wetterte. Und er meinte damit ganz besonders Kuba. Maputo war damals eine blühende Handelsmetropole an der afrikanischen Ostküste, ein Schlüssel zum Indischen Ozean, eine kosmopolitische Stadt, lebendig, aufgeräumt, fleißig, ein portugiesisches Kleinod. Englische und australische Touristen lobten die *continental atmosphere*, ein Ferienparadies auch für die Südafrikaner. Wie anders heute; die Stadt hat sich radikal geändert, und einiges aus der Ansprache Caetanos vor zwanzig Jahren erscheint im nachhinein als prophetisch: «Angola und Mosambik können nur sein, was sie sind, solange sie portugiesisch bleiben. Denn in Mosambik und Angola gibt es viele verschiedene ethnische Gruppen. Ihr Kristallisierungspunkt ist die portugiesische Präsenz in Afrika, sind die portugiesische Flagge, die portugiesische Sprache und die portugiesische Kultur. Wenn die Portugiesen Afrika verlassen würden oder eine dieser Provinzen unabhängig würde, dann wäre weder Angola, was es jetzt ist, noch Mosambik.»

Nach der Befreiung der portugiesischen Überseeprovinzen erlebten Mosambik und Angola Bürgerkriege zwischen den ethnischen Gruppen der Schwarzen. Die Länder sind darüber verfallen – bodenlose Armut, primordiale Grausamkeiten, Hungerkatastrophen prägen das soziale Bild. Die Revolution hat Kinder und Kindeskinder gefressen. Der Sozialismus Castros hat gesiegt. Im Jahre 1979 wurde er zum Führer der «Blockfreien» bestellt, eine Rolle, die er sich lange gewünscht hatte, um seine Position zu Hause und seine Unternehmungen draußen in besserem Licht erscheinen zu lassen. Viele Führer der Dritten Welt schenkten seiner Theorie Glauben, er müsse an den Lateinafrikanern gutmachen, was die portugiesischen und spanischen Kolonialherren dort angerichtet hätten. Nicht ganz zu dieser Theorie paßt, daß man die Kubaner jahrelang auch in Algerien und in Kongo-Brazzaville fand, in Libyen und auf Madagaskar, im Südjemen und im Tschad. Es paßte auch nicht dazu, daß die

Afrikatruppe Kubas an der Seite des sozialistischen Äthiopien die somalischen Truppen besiegte.

Die USA reagierten auf die kubanische Afrika-Politik mit einem ähnlichen Trauma wie 1962 auf die Raketenkrise.

Während Washington unter Carter von diesem Trauma anscheinend gelähmt wurde, zog die Regierung Reagan daraus drastische Konsequenzen. Die Contras in Nicaragua, die Mujahiddin in Afghanistan und die Soldaten der Befreiungsbewegung von Jonas Savimbi in Angola wurden alle miteinander zu «Freiheitskämpfern» ernannt und mit Waffen und Militärberatern versehen. Gleichzeitig öffneten die USA eine neue diplomatische Front. Washingtons beharrlicher und geschickter Afrika-Unterhändler Crockett erreichte einen Abzug der Südafrikaner aus Angola – unter der Bedingung, daß auch die Kubaner gehen würden. Das Arrangement trat 1989 in Kraft. Fidel Castro mußte auch seine zweite Front in der Dritten Welt aufgeben und seine Afrika-Abenteuer beenden. Seine imperialen Revolutionsträume starben mit Moskaus Breschnew-Ära. Seine eigene Insel haben sie in die Armut getrieben.

Ohne Zweifel hat er jedoch dazu beigetragen, daß das kleine Portugal sein großes Überseedominium in Afrika aufgeben mußte. Es liegt nur in der Folgerichtigkeit der Geschichte, daß sowohl der Portugiese Marcello Caetano nach seinem Sturz ein Exil in Brasilien fand, wie sein Nachfolger, General Spinola, der seinerseits noch radikaleren Kräften in Portugal Platz machen mußte.

Der Zusammenhalt des portugiesischen Weltreiches und der portugiesischen Kulturidee von der *lusidanidad*, die Afrika und Brasilien und auch die kleinen Überseebesitzungen Macao und Timor in Asien mit dem Mutterland einte, ging verloren. Wie mir der heutige Präsident von Portugal, Mário Soares, Ende der 60er Jahre (damals war er noch im Exil) einmal sagte: «Der Kolonialismus ist zum Mühlstein um den Hals des armen portugiesischen Volkes geworden. Wir müssen den Kolonien die Unabhängigkeit schenken und uns auf uns selber konzentrieren, damit das portugiesische Volk einen Dialog mit sich selbst beginnen kann.»

In dieses neue demokratische Portugal fliehen heute jene Brasilianer zurück, die in der europäischen Gemeinschaft mehr Zukunftsperspektiven sehen als in ihrem eigenen Land.

Andere wenden sich der kleinen Nachbarnation Uruguay zu, die als *banda oriental* einst zu Brasilien gehörte und sich heute durch mehr als die spanische Sprache vom ehemaligen portugiesischen Amerika unterscheidet.

Die Revolutionsromantiker

Eine kühle Wintersonne steht hinter dem Cerro, dem die schöne Stadt Montevideo den Namen verdankt. Auf der Plaza Constitución, dem Verfassungsplatz, sammeln sich die Honoratioren zu einer kleinen Feier, in Erinnerung an den 18. Juli 1830, als Uruguay seine Verfassung erhielt. Vor der Universität auf der Avenida 18 de Julio sammelt sich eine andere, sehr jugendliche Menschenmenge. Es sind Studenten, die nach der Vorlesung vor der Universität ein wenig demonstrieren. Sie rufen: *Patria o muerte*, Vaterland oder Tod. *El pueblo unido jamas sera vencido*, Das vereinigte Volk kann nicht besiegt werden, und *Viva Che Guevara*! Es lebe Che Guevara. Und dies im Juli des Jahres 1990. Sind die linken Stadtguerilleros wiederauferstanden?

Sie nennen sich die «Tupamaros» und berufen sich auf eine revolutionäre, blutige Geschichte, die zwanzig Jahre zurückliegt.

Im Sommer 1970 machten die Tupamaros in Uruguay von sich reden mit dem Mord an dem amerikanischen Sicherheitsoffizier Dan Mitrione. Im Unterschied zu den Terroristen in den Nachbarländern kämpften die Tupamaros für politische und nicht für soziale Ziele. Uruguay kennt das Problem bäuerlicher Armut kaum, denn das kleine Land mit 180000 km² ist ein Stadtstaat. Fast die Hälfte der drei Millionen Einwohner drängt sich in Montevideo. Das Hinterland beherrschen die Viehbarone. Kühe waren einst der Reichtum Uruguays. Fleisch und Fellexport hatten in den 30er Jahren den Pufferstaat zwischen den Riesen Argentinien und Brasilien wirtschaftlich und damit politisch unabhängig gemacht. Uruguay verdankt seine Eigenstaatlichkeit dem Umstand, daß sich seine beiden größeren Nachbarn dies kleine Land gegenseitig nicht gegönnt haben. Kühe blieben auch das Problem Uruguays. Eine kleine Zahl von Großviehzüchtern hatte erfolgreich das Wachstum anderer Erwerbszweige unterdrückt. Die Gefahr eines so einseitigen Wirtschaftssystems wurde offensichtlich, als eine Viehseuche in den 5oer Jahren die Wirtschaft ruinierte, die Abnehmer verschreckte. Die eigentliche Wirtschaftsmisere aber, die Uruguay in immer größere Nöte treibt, wurde vom Staat verschuldet. Bis in die 7oer Jahre wurde, ungewöhnlich genug für Lateinamerika, das Schicksal des Landes an der Wahlurne und nicht von selbstherrlichen Caudillos entschieden.

Die Schönheit und Stabilität des fußballverrückten Zwergstaates hat Uruguay einst den Namen «Schweiz Südamerikas» eingetragen. Und doch hat diese Demokratie, die nicht nur in Südamerika ihresgleichen suchte, dem einstigen Wohlstand das Grab geschaufelt. Von Wahl zu Wahl stiegen die sozialen Errungenschaften und damit die Schulden und Ausgaben für die Wohlfahrt. Weil um jede Einzelstimme gekämpft wurde, zwang ein hoher Bildungs- und Lebensstandard die Politiker zu immer neuen Versprechungen, die sie dann nicht einhalten konnten. Um der staatlichen Besteuerung zu entweichen, verschoben Großgrundbesitzer ihr Vieh über die Grenze nach Brasilien oder gaben ganz auf. Viele der Mammutschlachthöfe standen leer. Die Aushöhlung des Bankgeheimnisses tat ein übriges, um auch das Auslandskapital zu vertreiben. Nicht politische Willkür und Eigennutz, sondern immer höheres Kindergeld, endlose Lohnerhöhungen und Sozialversicherung hatten das einst blühende Musterland der Demokratie spätestens in den 6oer Jahren ruiniert.

Die Colorados und die Blancos, die traditionellen Parteien im Lande, versprachen Abhilfe. Eine neu gebildete *frente amplio*, eine «Breite Front» unter dem Exgeneral Liber Seregni, schob die Schuld an der Wirtschaftsmisere den traditionellen Parteien zu, schürte den Haß gegen die Großgrundbesitzer und gegen das fremdländische Joch der Bankiers von der Schweiz bis in die USA.

An den Nähten zwischen den Parteien keimten die Tupamaros, eine Stadtguerilla, die sich vornehmlich aus den Universitäten rekrutierte. Angeblich um das Wohl des Volkes besorgt, inszenierten sie Banküberfälle, Entführungen und Attentate.

Im Jahr 1970 fuhr ich im Auftrag der Tagesschau in die Hauptstadt Uruguays – auf der Suche nach den Guerilleros. Ankunft in Montevideo, das wie keine andere Stadt in Südamerika mitteleuropäisch ist: Jugendstil, Esplanade, Gesichter ohne jeden Farbschatten, Kleider, die wieder modern wirkten, weil sie aus Großmutters Zeit stammten. Die lateinamerikanische Farbenpracht fehlte. Die Tupamaros versteckten sich nicht in Slums oder im Hinterland. Ihre «Lager» fanden sich vornehmlich im Villenviertel, in den Wohnungen der Eltern.

Auf der Suche nach dem ersten Kontakt ließen wir uns von anderen Ereignissen ablenken: ein Banküberfall – wir hörten davon im Autoradio. Wir sind zehn Minuten später da: Eine Geisel wird freigelassen. Wir suchen sie sofort auf. Es war der brasilianische Konsul in Montevideo. Dann ein Gefängnisausbruch der Tupamaros, sorgfältig vorgeplant und ausgeführt. Augenzeugen schildern, aber sie wollen nicht gefilmt werden – sie haben Angst vor Repressalien.

Ein brasilianischer Journalist gab den ersten brauchbaren Hinweis auf einen 45jährigen Mann, der unter einem Decknamen und einer Deckadresse lebte. Über ihn ging es weiter zu einem angeblichen Geistlichen, der sich in Punta del Este aufhalten sollte, dem ehemals internationalen Seebad, das unter dem Schrecken der Tupamaros immer mehr Gäste verlor. Punta del Este hatte schon oft die Politiker Lateinamerikas zu Kongressen empfangen, darunter Che Guevara, als er noch der Außenminister Kubas war. In Punta del Este auch wurde 1961 die «Allianz für den Fortschritt» unter John F. Kennedy beschlossen, eine Allianz, die sich später gegen den Fortschritt Kubas richtete. Die Stadt ist neun Jahre später wie ausgestorben. Die Spielbank geschlossen, der Strand verödet, einzelne Spaziergänger unter Möwengekreisch, ein aufgelaufener Frachter vor dem Jachthafen.

S., der sich als Padre ausgab, war bereit, unser TV-Team weiterzuempfehlen. Bei Nacht ging es in die Dependance eines vornehmen Hotels. Erst wieder das Übliche: Nationalität, Geburtsdatum, Hoteladresse, wie beim Amt. Die Tupamaros sind gut organisiert. Wir sollen am nächsten Tag die Filmausrüstung mitbringen.

Zuerst – ein Interview mit Abraham Guillen. Er galt als geistiger Führer der «Front zur nationalen Befreiung», wie die Bewegung der Tupamaros offiziell heißt. Guillen gewährte das Interview unter der Zusage, daß es nur in Deutschland veröffentlicht werde. Er war ein Mann mit Vergangenheit – in den 30er Jahren Anarchist im spanischen Bürgerkrieg. Nach der Flucht aus Francos Gefängnis Berater der Regierung Frondizi in Argentinien. Von dort ausgewiesen als Guerillero-Freund nach Uruguay. Guillen: «Ich habe mir vorgenommen, der Mann zu werden, der einen Teil seines Jahrhunderts erklärt. Hier teile ich die Meinung von Karl Marx, der alles ablehnte, was die Philosophen aus dem 18. Jahrhundert ihm zur Erklärung des 19. Jahrhunderts aufzwingen wollten. So lehne ich auch jeden ab, der, im Namen von Karl Marx oder wem auch immer, uns das 19. Jahrhundert für das 20. verkaufen will. Zur Zeit von Karl Marx hattet ihr in Deutschland 75 Prozent Landbevölkerung, heute sind es vielleicht 10 Prozent. Zur Zeit der Dampfmaschine gab es ein schwitzendes Proletariat. Heute gibt es eigentlich nur noch ein Universitätsproletariat. Hier entstehen die Soldaten der Revolution von heute. Unsere Bevölkerung wächst um drei Prozent im Jahr, die der Nordamerikaner um 1,7 Prozent. Das heißt, selbst wenn man uns die Pille andreht, werden das ‹verschwenderische Bett› und der ärmliche Tisch mehr Revolution entfachen, als der Kommunismus es kann. Überbevölkerung und Unterentwicklung werden bis 1980 unweigerlich zur großen Revolution in Lateinamerika führen.»

Abraham Guillen sollte sich irren. Noch am Tag dieses Interviews wurde von der Polizei ein Lager der Tupamaros ausgehoben unter einer Villa im Reichenviertel. Ein Garten, in dem Gewehre herumliegen, dann eine Art Hobbyraum: Tischtennis, Drehbank, Spielzeug; unter einer Bastdecke eine Falltür. Zwei Stockwerke darunter das Versteck: fünf Pritschen, eine halbgeleerte Cognacflasche, ein Minilabor. Es riecht schlecht. Die Tupamaros hatten sich schon wochenlang nicht mehr nach oben getraut, nicht mal zur Toilette. Der Villenbesitzer, ein Architekt, hat angeblich von nichts gewußt. Ein Sicherheitsbeamter droht: «Den kriegen wir schon hin.»

Am nächsten Tag filmten wir die ersten Tupamaros – als Gefangene, die einem Richter vorgeführt werden. Am Abend erhalte ich im Hotel einen Anruf: Die Tupamaros seien bereit, ein Interview zu geben: «Die Bewegung zur nationalen Befreiung macht eine Bestandsaufnahme der heutigen Lage. Aufgrund dieser Analyse kam sie zu dem Schluß, daß die Lösung der Probleme nur durch einen bewaffneten Aufstand möglich ist. Auf dem Lande ist der Kampf wegen der geographischen Lage Uruguays nicht möglich. Es gibt keine Gebirge. Der Erfolg einer Guerilla hängt von der Unterstützung des Volkes ab. Die Bevölkerung aber konzentriert sich in Uruguay auf Montevideo.»

Ich frage den Vertreter der Tupamaros, der anonym bleiben will: «Werden Sie von der Bevölkerung unterstützt?»

Er sagt: «Die Frage ist schwer zu beantworten. Die Lage ist sehr undurchsichtig. Nicht das ganze Volk unterstützt die Tupamaros.»

Zwei Jahre später schlug die Welle der Konterrevolution in Südamerika auch über Uruguay zusammen. Bei einem «letzten Gefecht» am 31. August 1972 wird der Rädelsführer Raul Sendic gefaßt. Ein Schuß durch seine beiden Backen nimmt auch ein Stück Zunge mit. Dennoch, in Uruguay wurde dieser Kampf noch am sanftesten geführt. 1986 führte der Generalleutnant Hugo Medina die Soldaten zurück in die Baracken. Ich traf einen Gesprächspartner der 70er Jahre wieder, den Jesuitenpater Sousa Diaz. Er meinte: «Das Traurige war, daß die Tupamaros kein konkretes Ziel hatten. Was sie wollten, war die Zerstörung der Struktur. Sie wollten nicht einen Präsidenten stürzen, sondern jeden. Ich glaube, daß die Tupamaros sich schließlich in gewöhnliche Mörder verwandelt hatten. Ich bedaure das, denn sie sind von einem vornehmen Ideal ausgegangen. Sie hatten ihre Popularität eingebüßt und die Unterstützung des Volkes verloren.»

Am 22. Dezember 1986 beschloß das inzwischen wieder frei gewählte Parlament von Uruguay eine Amnestie für die Täter jener Verbrechen, die vom Militär in den Jahren 1973 bis 1985 verübt worden waren. Eine allgemeine Amnestie im März 1985 hatte bereits zur Freilassung aller politischen Gefangenen – die meisten von ihnen Tupamaro-Sympathisanten – geführt. Es waren in den vergangenen elf Jahren zwar «nur» 26 Personen als vermißt gemeldet worden, aber Amnesty International schätzt, daß Uruguay in den 70er Jahren im Vergleich zur Bevölkerung die höchste Zahl von Gefangenen in ganz Südamerika hatte.

Eher unfreiwillig hatten die Nachbarländer Argentinien und Brasilien zum Heilungsprozeß in Uruguay beigetragen. Weil die Wirtschaft in beiden großen Nachbarländern stagnierte, waren sie auf Importe aus Uruguay angewiesen. Die «Schweiz in Südamerika» erlebte einen kleinen Wirtschaftsboom. Zusätzlich machte die Regierungsführung unter Julio Maria Sanguinetti aus dem kleinen Land am Uruguay-Fluß auch politisch wieder eine Art Schweiz. 1986 und 1987 war der alte Badeort Punta del Este Konferenzort der GATT, der Internationalen Konferenz für Tarife und Handel, im April 1987 wurde Montevideo als Platz der Unterzeichnung eines chilenisch-argentinischen Vertrages über die territoriale Zugehörigkeit des Beagle-Kanals gewählt, und 1988 plante der sowjetische Führer Michail Gorbatschow eine Reise nach Montevideo, die dann aber internen Dringlichkeiten zum Opfer fiel. Und wenn sich die Führer von Argentinien, Uruguay und Brasilien treffen, tun sie das ebenfalls meist auf dem eher neutralen Grund von Montevideo. Die «Schweiz» Südamerikas ist unempfindlicher geworden für Coups von rechts oder von links. Denn das politische Klima für Unruhe in der Bevölkerung, Parteienzwist, die Drohung wirtschaftlichen Bankrotts und revolutionäres Potential sind nicht mehr vorhanden. Der Chefredakteur der unabhängigen Zeitschrift *Revista Busqueda* in Montevideo meinte im Juli 1990: «Die uruguayische Linke ist immer noch auf dem Weg in die Mitte, und die politischen Parteien erscheinen handlungsfähig und vital. Allerdings besteht kein Zweifel, daß die Tupamaros von neuem eine große Zahl von jungen Leuten in ihren Bann ziehen.»

Diese jungen Leute, die ich da am 18. Juli 1990, dem Verfassungstag Uruguays, erlebe, haben die Tragödie der späten 6oer und frühen 7oer Jahre nur aus Erzählungen kennengelernt, nicht persönlich erfahren. Mir erscheint es so, als ob sie mehr zu Unfug als zum Umsturz aufgelegt wären.

Die Graffiti, die sie malen, sind künstlerisch, die Parolen, die sie rufen, klingen eher nach Legende als nach Wirklichkeit. Ihr Kultfilm ist der «Belagerungszustand» von Constantin Costa-Gavras, der sich mit der Entführung und Ermordung von Dan Mitrione 1970 befaßt. Ihr Held ist nach wie vor Raul Sendic, der sich einen Bart hat wachsen lassen über die Backennarben. Sendic hat sich nach seiner Entlassung aus dem Gefängnis in Kuba nachbehandeln lassen und hielt sich in den letzten Jahren bei den Brüdern im revolutionären Geist, Daniel und Umberto Ortega, in Nicaragua auf.

Das letzte, was ich von ihm hörte, war ein in der Schweiz aufgenommenes Interview, in dem er die Niederlage der Tupamaros als vorübergehenden Rückschlag interpretierte – ähnlich dem erfolglosen Sturm Fidel Castros auf die Moncada-Kaserne im Jahre 1953. Vergangene Zeiten. Andere Veteranen des Guerillakampfes bekennen sich heute zur politischen Auseinandersetzung und rechtfertigen die Gewaltanwendung der 7oer Jahre allenfalls mit dem Hinweis, daß gegen den «Faschismus» Widerstand moralisch unanfechtbar gewesen sei.

Uruguays Präsident der Befriedungsjahre, Julio Maria Sanguinetti, hält die Guerilla für einen «Unfall in der Geschichte Uruguays». Andere Kenner Uruguays interpretieren das Wiederaufleben der Tupamaros als eine pseudointellektuelle Romanze. «Man darf aus meinem Land aber keine Rückschlüsse ziehen auf den ganzen Kontinent», sagt der Journalist Federico Knoblauch, «Montevideo ist eher eine europäische Wohnung im lateinamerikanischen Haus.»

Jenseits des Rio de la Plata, des Silberflusses, in der Stadt der guten Winde, in Buenos Aires, war der Kampf gegen die Guerilla hingegen zu einem veritablen Bürgerkrieg ausgeartet.

Tango der Sehnsucht

Ich kam im Journalistentroß von Salvador Allende Anfang der 70er Jahre in die argentinische Provinzstadt Salta, also vor dem Militärputsch in Chile und auch noch vor der Rückkehr des exilierten Diktators Juan Perón aus Spanien nach Argentinien. Der chilenische Volksfrontpräsident wollte mit dem damaligen argentinischen Generalspräsidenten über ideologische Grenzen hinweg gutnachbarliche Beziehungen einleiten. Salta wurde dabei zum Treffpunkt, weil es zu einer Kette von Siedlungen hoch in den Bergen gehört, in denen die Menschen diesseits und jenseits der Grenze sich gleichen – der indianische Ursprung ist unübersehbar.

Im Schutz des Treffens und unter den Augen der Journalisten wagten rebellische Studenten einen Protestmarsch gegen die regierende Militärjunta in Argentinien. Sie riefen: «Das vereinigte Volk kann nicht besiegt werden» und entrollten eine Fahne mit dem Porträt Che Guevaras.

Außer unter den Journalisten fanden die Demonstranten wenig Aufmerksamkeit in Salta. Der gebürtige Argentinier Che Guevara ist in der argentinischen Geschichte nur eine Fußnote. Die Bühne der Geschichte beherrschten und beherrschen dort immer noch die Erinnerung an Juan Perón und seine zweite Ehefrau, Evita.

Die Provinzstadt Salta liegt in den Ausläufern der Anden, und die örtlichen Coya-Indianer stehen in dem Ruf, einst den Ansturm der Inkatruppen aus Peru aufgehalten zu haben. «Der Kondor kam nicht bis Argentinien», sagte mir der Direktor des Museo Arceologico von Salta. «Aber den Eingeborenen erscheint er einmal im Jahr. Er läßt sich dann auf der Spitze des

Kirchturms von San Francisco nieder.» Die nachkoloniale Kirche von San Francisco hat den höchsten Glockenturm in Lateinamerika, und einmal im Jahr feiern die Leute von Salta die Errettung vor einem Erdbeben, das vor 300 Jahren stattgefunden hat. Die Virgen de milagro, die Maria der Wunder, gilt den einen als die Erretterin. Der Kondor der Anden, der von der *pacha mama*, der Mutter der Erde, gesandt wurde, ist den anderen heilig. «Vielleicht haben sie sich zusammengetan», meinte der Museumsdirektor ohne jede Spur von Ironie. Weder der Kondor noch die Indianertradition aus den Anden haben ins Herzland Argentiniens gefunden. Aber die *pacha mama*, die Mutter der Erde, ist hier genauso zu Hause wie die Maria der Wunder. Im Lande der Gauchos, der Steppenreiter, werden die Frauen gerne als leidende oder mitleidige Engel gesehen: die Mutter der Erde, *pacha mama*, die Muttergottes, Virgen de milagro, Evita Perón, der Engel der Hemdlosen, der *descamisados*, der Armen in den Großstädten, und die Señora, die sich im Wiegeschritt des Tangos dem Manne anschmiegt. Dauerhafte Mythen – und eine Musik, die seit 60 Jahren die Charts der argentinischen Rundfunksender beherrscht.

Auch Argentinien war einmal ein Indianerland. Aber es ist heute weißer in der Grundfarbe als alle anderen südamerikanischen Staaten, Uruguay ausgenommen.

Das wird sehr deutlich in dem kleinen Wallfahrtsort Itati, am großen Fluß Paraná. Schon 1598 kam das Gnadenbild der Muttergottes nach Itati – es wurde damals als Indianermadonna verehrt. In Itati steht bereits der elfte Kirchenneubau seit 1600, und diese immerwährenden Erneuerungen wirken auf mich wie Häutungen, die am Ende aus der roten eine weiße Seele gemacht haben.

Im Süden Südamerikas hatten die Indianer keine großen Kulturen hervorgebracht, deshalb gab es auch nichts zu plündern für die Konquistadoren im Gefolge des Christoph Kolumbus. Der Rio de la Plata, der Silberfluß, war eine optische Täuschung. Aber die Winde waren günstig, so nannten die Spanier ihren Landeplatz «Nuestra Señora Maria del buen aire», Unsere Mutter Maria der günstigen Winde.

Noch Mitte des 18. Jahrhunderts war Buenos Aires ein trostloser und schmutziger Hafen mit zehntausend Einwohnern. Doch das Land hinter Buenos Aires war nicht nur trostlos, sondern weit und eben. Wie nirgendwo sonst in der Neuen Welt vermehrten sich Pferde und Kühe in dieser Pampa über die Maßen. Fleisch wurde zum Reichtum Argentiniens, und diesen Reichtum teilten sich die Viehzüchter im Hinterland und die Händler in Buenos Aires. Weil sie von diesem Reichtum an das Mutterland Spanien nichts abgeben wollten, schlossen sich die Händler und die Viehzüchter zusammen: Sechs Jahre vor dem allgemeinen Unabhängigkeitskampf in Südamerika sagte sich die Handelskammer von Buenos Aires von der kolonialen Mutter los. Diese Junta General de Commercio fand in den Gauchos, den wilden Reitern der Steppe, jenes Heer, das die Unabhängigkeit verteidigen konnte.

Nach der Unabhängigkeitserklärung im Jahre 1816 führte der argentinische General José de San Martin die Gauchosoldaten weiter über die Anden, um auch Chile zu befreien. Er folgte der Route des Kondors sogar bis Lima, wo er im Verein mit Simón Bolívar, dem Befreier der anderen Hälfte Südamerikas, den spanischen Kolonialherren den Laufpaß gab. Der beiden Feldherren Traum von einem Großamerika zerbrach unter dem kleinlichen Gezänk der Händler, der Latifundienherren und kleineren Cowboyführern. Einer der letzteren machte sich zum Herrn über Argentinien. Der Caudillo Juan Manuel de Rosas ritt sein Land mit den Sporen der Gauchosoldateska zurück in das Mittelalter. Wissen und Bildung waren ihm ein Greuel und eine Gefahr zugleich. Deshalb ließ er die wenigen Schulen schließen und trieb die Intellektuellen ins Exil. Einer von ihnen konnte von Chile aus Kräfte gegen den Diktator organisieren und schließlich im Triumph heimkehren. Dieser Domingo Faustino Sarmiento leitete in Argentinien ein Zeitalter der Aufklärung ein, mit einem Netz neuerbauter Schulen und mit der Nachahmung der US-amerikanischen Gesellschaftsentwicklung. Auf den Fundamenten der Regierung Sarmiento entstand eine Art argentinisches Wirtschaftswunder.

Die Kombination von Überseehafen und Hinterland sowie die

ideologiefreie Konzentration auf das Geschäft lockte die Auswandererströme aus der Alten Welt an. Buenos Aires wurde zum Aufnahmebecken der Völker wie sonst nur New York im Norden der Neuen Welt. Und wie in New York schufen sich die Einwanderer Gettos streng nach Völkerschaften getrennt. So leben heute in Buenos Aires im Stadtviertel Belgrano die Deutschen, im La Boca die Italiener, im Congresso die Spanier und im Barrio Norte die Juden. Zur Jahrhundertwende war Buenos Aires die größte Stadt Lateinamerikas – eine weiße Stadt. Nicht nur Mestizen und Indianer, auch Schwarze und Mulatten, die noch vor 200 Jahren ein Sechstel der argentinischen Bevölkerung ausmachten, gingen unter im europäischen Ansturm. Der Reichtum an Fleisch und Leder am Rio de la Plata wurde versilbert. Und weil es nichts Indianisches und auch wenig Koloniales zu erhalten galt, bauten sich die Bewohner von Buenos Aires ein zweites Europa auf: Denkmäler und Statuen wie in Paris, Plätze wie in Mailand, Banken wie in London. Besonders nach der Distanz einer langen Seereise wirkt die Ankunft in Buenos Aires auf den Europäer wie eine Heimkehr. Argentinien setzte sich sozusagen über Südamerika hinweg.

Die erfolgreichen Geschäftsleute von Buenos Aires sprechen Englisch wie Spanisch. London und Washington liegen dem Herzen und dem Bankkonto näher als Lima in Peru oder Caracas in Venezuela. Das Parlamentsgebäude ist dem Kongreß in Washington nachempfunden, und der Regierungssitz heißt Casa Rosada, das «Rosa Haus», nur im Anstrich vom Weißen Haus in Washington unterscheidbar.

Und dann enden ganz plötzlich die Parallelen. Hinter den Fassaden ist Argentinien keineswegs europäisch. Unter der Tünche der Geschäftigkeit verbirgt sich politische Ratlosigkeit, neben den Diskotheken blühen die Tangokneipen. Die sentimentalen Klänge des Tangos künden von unerfüllter Sehnsucht und tiefer, schier grundloser Trauer. Von Carlos Gardel bis Astor Piazzola füttern große Tango-Komponisten diese Sehnsucht wieder zurück nach Europa und hinüber an die Ostküste der USA.

Wie die Musette in den Arbeitervorstädten von Paris entstand der Tango in Buenos Aires im Milieu der Kutscher, Ganoven und Zuhälter. Er fand erst später seine Veredelung in der besseren Gesellschaft. Als nach dem Ersten Weltkrieg auch Argentinien in die Weltwirtschaftskrise schlitterte, wurde der Tango zum universalen Klagelied. In diesen Zeiten des Elends, der Korruption, der Vetternwirtschaft verfaßte der Tangotexter Enrique Santos Discepolo Lieder der Revolution. Sein Tango «Cambalache», das heißt soviel wie Trödelladen, vermittelte den Herrschenden ein so schlechtes Gewissen, daß er immer wieder verboten wurde. Die Geschichtslosigkeit Argentiniens, die mangelnde politische Reife, das gering ausgebildete Identitätsbewußtsein und schließlich der wirtschaftliche Bankrott waren der Nährboden für die argentinische Spielart des Faschismus. Er wurde in den Hirnen junger Offiziere geboren, die aus dem Kleinbürgertum und aus dem Mittelstand kamen und die glaubten, mit militarisiertem «Volks»gerede eine Nation gleichsam erfinden zu können, die immer noch nicht zu sich selbst finden wollte. Einer der Offiziere hieß Juan Domingo Perón. Unter den Militärregierungen der 30er Jahre gewannen diese faschistischen Jungoffiziere an Bedeutung. Juan Domingo Perón ging als Militärattaché nach Berlin und ließ sich dort von Adolf Hitler faszinieren. Für sein Heimatland, das stark von den Italienern geprägt ist, erschien ihm aber das Mussolini-Modell als geeigneter. Nach dem Krieg und zurück in Argentinien sagte er über Mussolini: «Er war der größte Mann unseres Jahrhunderts. Aber er hat gewisse unheilvolle Irrtümer begangen. Ich, der ich den Vorteil habe, diesen Vorgänger zu haben, werde in seine Fußstapfen treten, seine Irrtümer jedoch vermeiden.»

Zunächst fand der junge Offizier bei den reichen Viehzüchtern und den großen Handelsherren keinen Halt, zumal sich Argentinien auf die Seite der Alliierten im Krieg geschlagen hatte. Immerhin schaffte es Juan Perón zum Arbeits- und Sozialminister in der Militärregierung.

Auf einem Wohltätigkeitsfest im Luna-Park von Buenos Aires lernt Perón 1944 Maria Eva Duarte kennen, nimmt sie mit in die Tango-Kneipe Vida y Muerto – Leben und Tod –, und damit beginnt eine fast okkultische Verbindung zwischen Faschismus und Sozialismus, die Argentinien für den Rest des Jahrhun-

111

derts prägen sollte. Evita Duarte war damals Rundfunksprecherin im Sender Belgrano und gehörte als eine der ganz wenigen Frauen der Gewerkschaft an. In ihrem Haß gegenüber den Privilegierten und ihrer entsprechenden Popularität bei den Armen nahm Eva Duarte Einfluß auf Perón und diente ihm wiederum zur Instrumentalisierung seiner Ideen von einem neuen Argentinien. Die Hochzeit zwischen dem Faschisten und der sozialen Revolutionärin wurde von der besseren Gesellschaft als Skandal aufgefaßt. Gegen die ungeschriebenen Anstandsregeln machte Perón seine Freundin zur Frau. Die verarmte Kleinbürgerschicht jedoch und die Armen und Elenden in den Vorstädten von Buenos Aires nahmen diese Verbindung als ein Symbol für das neue Argentinien. Am 17. Oktober 1945 übernahmen die Armen mit einem gewaltigen Demonstrationsmarsch die Macht in Argentinien. Diese *descamisados*, die Hemdlosen, erkoren Eva Perón zu ihrem Engel und ließen Juan Perón als Diktator gewähren.

Der Mutterkult der *pacha mama* der Indios und die Virgen de milagro der Katholiken flossen zusammen in einem säkularen Eva-Kult, den Juan Perón mit einer sehr sonderbaren militärischen Urkunde auch noch krönte. Er ernannte die argentinische Nationalheilige, die Nuestra Señora de Lujan, zur Generalissima der Armee. Jeder Argentinier sah dies als eine symbolische Handlung an, die eigentlich Evita Perón galt. Diese Geste versöhnte aber auch die Kirche. So konnten die Peróns ein Sozialpaket schnüren, das auf den Säulen Gewerkschaften, Kleinbürgertum, Kirche und dem Landarbeitertum der Gauchos ruhte. Zwischen Faschismus und Marxismus entstand eine Doktrin, die endlich der Sehnsucht der Argentinier nach einer eigenen Identität entsprach. Der eklektische Peronismus füllte sozusagen das geschichtslose Vakuum des Landes auf.

Mit Hilfe der jetzt nicht mehr so jungen Offiziere, die mit ihm an die Macht kamen, unterdrückte Perón jede Opposition im Lande. Sie war sowieso gering genug, denn der Faschismus deckte das politische Spektrum rechts ab, und seine seltsame Sozialismusvariante schaffte Ruhe auf dem linken Flügel. Frauenstimmrecht, Mindestlöhne, Altersversorgung, die Kosten des Wohlfahrtsstaates also, zehrten an den Staatsreserven. Mit der Wirtschaft ging es unter den Peróns bergab. Als Evita, der Engel der Hemdlosen, 1952 an einer Unterleibskrankheit starb, konnte sich auch Juan nicht mehr lange halten. Er ging nach Spanien ins Exil. Mit ihm flohen seine getreuesten Anhänger. In den 70er Jahren besuchte ich Juan Perón in der Puerta de Hierro, einer Madrider Vorstadt. Er lebte dort wie in einem kleinen Königreich, dem Land, Königin und Volk irgendwie abhanden gekommen waren.

Weil auch die nachfolgenden Militärregierungen in Argentinien keine wirtschaftliche Besserung brachten, zumal sie die Bevölkerung nicht für sich gewinnen konnten, blieb der Peronismus eine treibende ideologische Kraft in Argentinien, dauerhaft wie der Tango. Sozialrevolutionäre wie Che Guevara und seine Ideologie fanden keinen Zulauf, sondern der militante Untergrund des Peronismus, die Guerilla-Bewegung der Montoneros. Für sie war Perón «ein Kondor, der in der Nähe Gottes seine Kreise zieht», und seine Frau Evita war «der Regenbogen zwischen dem Volk und Perón». Die Montoneros waren allerdings keine reinen Nostalgiker. Ihre Terroraktionen legten in Argentinien den Samen zu einem blutigen Bürgerkrieg.

Eines der ersten Opfer war General Pedro Aramburu, der bald nach Perón die Macht im Staate übernommen hatte.

Im Mai 1970 wurde seine Leiche im Keller einer verlassenen Hazienda im Hinterland von Buenos Aires gefunden. Kein Zweifel, daß Aramburu zu Tode gefoltert worden war. Ein argentinischer Journalist: «Die Montoneros wollten ihm das Geheimnis der Evita entreißen.» Aramburu nämlich hatte im November 1955 die in der Gewerkschaftszentrale aufgebahrte Leiche Evitas entführen und — wie man noch 1970 glaubte — verschwinden lassen. Die Montoneros ließen denn auch den Zeitungen eine Notiz zugehen, Aramburu sei wegen seines Eifers, jede Spur der Evita zu tilgen, hingerichtet worden. Eineinhalb Jahre später tauchte Evitas Sarg mit unversehrtem Inhalt in Madrid wieder auf. Dominikanermönche hatten ihn auf dem Umweg über Italien in Peróns Villa im spanischen Exil gebracht. Nach dieser «Wiedervereinigung» konnte Juan Perón über 5000

Kilometer Distanz wieder machtvoll in die Geschicke seines Landes eingreifen... auch wenn dort nach wie vor die Militärs regierten.

Eine Art nationaler Versöhnung versuchte später der Generalleutnant Alejandro Lanusse. Alsbald eröffneten die Rechten ein Sperrfeuer auf ihn. Ich war im Oktober 1971 Zeuge, als aus einigen argentinischen Garnisonen das Militär ausrückte, um Generalleutnant Lanusse zu stürzen.

Der Putschversuch mißlang – Alejandro Lanusse rückte im politischen Weichbild Argentiniens nach links. Er wagte es, mit seinem Nachbarn Salvador Allende, dem Volksfrontpräsidenten in Chile, Kontakt aufzunehmen. Er schrieb für Mai 1973 Wahlen aus und erlaubte dem Exdiktator Juan Perón die Rückkehr, obwohl er selbst unter Juan Perón vier Jahre im Kerker gesessen hatte. In einem Gespräch sagte mir Lanusse: «Für das große Spiel um den nationalen Ausgleich braucht Argentinien 24 Millionen Mitspieler» – die Gesamtbevölkerungszahl. Dieser Appell an politische Eintracht und wirtschaftlichen Fortschritt war verbunden mit der Absicht der Militärdiktatur, sich selbst ein Ende zu setzen. Sie konnte auch gar nicht anders, denn die wirtschaftlichen Probleme hatten sie überwältigt. Im Fleischland Argentinien gab es 1971 nur noch 14 Tage im Monat Steaks. Der Fleischexport sollte die immens hohen Schulden abbauen helfen. Die Reichen im Lande zogen ihren Bankkonten nach gen New York, Los Angeles und Zürich. Die Gewerkschaften heizten mit immer neuen Lohnforderungen die Inflation weiter an, mit wehmütigen Melodien und bitterbösen Texten machten die Tangokneipen Stimmung, politische Graffiti-Maler und Demonstranten eroberten die Vororte, und die denkmalgeschmückte Stadt Buenos Aires verwandelte sich in ein Pulverfaß. Aber kein Putschversuch und kein politisches Manifest brachte das Publikum so auf die Beine wie ein Unglücksfall. Bei einem Flugzeugabsturz kamen neun Mitglieder des Stadtballetts ums Leben, darunter eine Ballerina von Weltruf. Mehr als 24 Stunden alt war die Schlange von Menschen, die sich vor dem Kolumbus-Theater zu einem letzten Abschied drängte. Der Trauerzug wurde zu einer Art Staatsbegräbnis –

nur daß kein in Argentinien lebender Politiker eine solche Menschenmasse zu dieser Zeit auf die Beine bringen würde, mit einer Ausnahme: Exdiktator Juan Perón, der sich in seinem spanischen Exil auf eine Rückkehr vorbereitete. An seiner Seite eine dritte Frau. Maria Estela Martinez de Perón, eine ehemalige Nachtclubtänzerin.

Im Oktober 1973 und kurz nach dem Tode des Volksfrontpräsidenten Salvador Allende in Chile wurde Juan Domingo Perón in Argentinien von neuem an die Macht gewählt. Seine Anhänger sprachen von einer nationalen Wiedergeburt. Die Hemdlosen, die *descamisados*, jubeln, die Gewerkschaften feiern, die Montoneros kommen aus dem Untergrund wieder hervor. Aber am 1. Juli 1974 stirbt Juan Perón. Er wird einbalsamiert wie auch schon Evita, seine zweite Frau, gleich Pharaonen in Ägypten. Es soll auf ewig sein.

Der Trauerzug für Perón nahm Ausmaße an wie die Demonstration am 17. Oktober 1945, als ihn die Armen und Unterdrückten an die Macht getragen hatten. Seiner Witwe fiel die Präsidentschaft wie ein ererbter Privatbesitz in den Schoß – und sie führte das Land in ein Chaos wie noch nie zuvor, wurde zur Geisel der Militärs, die Ende 1976 intervenierten. Offiziere usurpierten die Macht, nicht von der Sympathie des Volkes getragen wie Juan Perón oder auf Ausgleich bedacht wie Alejandro Lanusse. Diesmal versuchten sie, das Chaos mit großer Brutalität zu beenden. Der schmutzige Krieg begann.

1978 richtete Argentinien die Fußballweltmeisterschaft aus. Neben dem River-Plate-Stadion liegt die «Escuela Mecanica de la Armada», die sich nach dem schmutzigen Krieg als Folterkammer des Regimes entpuppt. Wir Journalisten, die von der Weltmeisterschaft berichteten, fuhren oft an der Escuela vorbei, aber erfuhren nichts von ihrer wahren Funktion. Dafür erlebten wir auf der Plaza de Mayo die mutigen Mütter jener Söhne, die auf Nimmerwiedersehen im schmutzigen Krieg verschwanden: zweifellos von Junta-Killern ermordete Regimegegner.

Die erste Organisatorin dieser «Mütter der Verschwundenen», Azucena Villaflor, wurde selbst entführt und ermordet. Ihre Stelle übernahm Hebe de Bonafini, eine Bäuerin aus den

Pampas, die zwei ihrer Söhne im Bürgerkrieg verloren hatte. Schon 1978 munkelte man von 6000 «Verschwundenen». Viele von ihnen waren Montoneros, Angehörige des militanten Arms des Peronismus. Der «Cambalache», der Tango der Sozialkritik, war wieder einmal verboten, der Zugang zum Recoletta-Friedhof in Buenos Aires, auf dem Evita Perón unter ihrem Mädchennamen Duarte beigesetzt liegt, wurde versperrt. Hunderttausende von Argentiniern zogen ins Ausland. Wie mein Journalistenfreund Carlos Widmann, ebenfalls ein Exilargentinier, schreibt: «Es ist eine unauffällige Diaspora, obwohl einige ihrer Mitglieder mittlerweile Weltruhm erlangten. Viele haben längst zwei Reisepässe und eine doppelte Identität.

Die Mehrheit dieser Emigranten besteht aus Leuten, die schon seit den 50er Jahren, seit der Endzeit des Peronismus, vom allmählichen, sich immer wieder beschleunigenden Verfall der wirtschaftlichen und sozialen Verhältnisse vertrieben worden waren, von der Proletarisierung des Kleinbürgertums und dem allgemeinen Mangel an Zukunftshoffnung. Untereinander verband diese Diaspora herzlich wenig, ja wir waren uns in den Jahren der Militärdiktatur geradezu unwirsch aus dem Weg gegangen, um nicht an Argentinien erinnert zu werden. Über die dortigen politischen Zustände zu reden galt als Geschmacklosigkeit. Wie konnte man sich noch zu einem Land bekennen, in dem der Staatsterrorismus die Herrschaft ergriffen hatte, von breiten Schichten im Mittelstand und dem Kleinbürgertum unterstützt?»

Der 2. April 1982 änderte die Situation. Da machten nämlich die argentinischen Militärs wahr, was schon Juan Perón einst gefordert hatte: die *reconquista*, die Rückeroberung der Falklandinseln, der Malwinen, wie sie in Argentinien heißen. Dies wurde von beinahe allen Argentiniern als ein Akt des Patriotismus aufgefaßt, ein Patriotismus, der sich auch auf die Diaspora erstreckte. Die Malwinen sollten hundert Jahre nach ihrer Besetzung durch Großbritannien wieder zu Argentinien gehören. Die allgemeine Begeisterung konnte sogar den Bürgerkrieg und den Klassengegensatz kurzfristig vergessen machen. Und die Militärdiktaturen rechneten damit, daß sie mit dieser scheinbaren Heldentat ihre Untaten aus dem Gedächtnis des Volkes würden löschen können. Ein herber Irrtum: Die Generale, erfolgreich bei der Unterdrückung der eigenen Opposition, erwiesen sich als strategische Stümper von hohen Graden. Der erfolgreiche britische Gegenschlag bereitete der Militärdiktatur in Argentinien den Garaus.

Es folgten Jahre der Demokratie, aber auch der grenzenlosen Scham. Argentinien saß über sich selbst zu Gericht. Viele Intellektuelle kehrten aus der Diaspora heim, wie der Dichter Julio Cortázar, der seine Heimat 1951 aus Protest gegen den Peronismus verlassen hatte und der mir auf einer Buchmesse in Frankfurt einmal sagte: «Die Melancholie Argentiniens läßt mein Blut gerinnen.»

Mit der Führung der Nationalen Kommission zur Klärung des Schicksals vermißter Personen wurde ein Schriftsteller beauftragt. «Nunca mas», Nie wieder, nennt er die Zusammenfassung von 52000 Greueltaten während der Militärdiktatur, von der Folter über die Verfolgung bis zum bestialischen Mord: ein Dokument unglaublicher Grausamkeit. Jorge Louis Borges, der vielleicht größte argentinische Dichter des 20. Jahrhunderts, nahm als fast Achtzigjähriger an einer Sitzung des Prozesses gegen die Militärdiktatoren teil. Weil Borges blind war, konnte er nur zuhören. Aber allein der Ton in den Stimmen der Zeugenaussagen ließ ihn zusammenbrechen. Borges meinte danach: «Dennoch, ich glaube, nur die Ethik kann uns retten. Denn wir sind alle Komplizen oder Opfer oder beides.»

Sieben Jahre Selbstkritik sind aber den Argentiniern genug. Sie suchen einen Weg aus der Schwermut und verfallen von neuem dem Peronismus. Sein Vertreter Carlos Menem ließ kürzlich Juan Peróns alten Chevrolet Baujahr 1954 neu lackieren und forderte seine Wähler auf: *Siega me*, folgt mir. Aber wohin, weiß er auch nicht zu sagen. Argentinien, so scheint es, hat sich wieder einmal in seinen eigenen Trübsalslabyrinthen verirrt.

Paraguay: Diktatoren und Jesuiten

Von allen Diktatoren in der Zeit der Generale wirkte der deutschstämmige Alfredo Stroessner in Paraguay auf mich am unangenehmsten. Stroessner hat 35 Jahre über Paraguay geherrscht. Länger als jeder andere Diktator in seinem Land und genauso lange wie Fidel Castro in Kuba. Die beiden verbindet ihre Kompromißlosigkeit gegenüber der Opposition. Beide waren sie Kerkerherren, die gelegentlich den Oppositionsüberdruck durch Ventil ins Ausland ablassen. Sie unterschieden sich darin, daß der eine, nämlich Castro, sich auf eine Ideologie stützt, während der andere einzig auf Angst und Polizeigewalt setzte.

Alfredo Stroessners Vater stammt aus dem Frankenland, dem Herzland der Deutschen, dem Land Karl Martells und Karls des Großen, der Burgen und Weinberge. Hätte Asunción, die Hauptstadt Paraguays, eine Stadtmauer besessen, so hätte sie wie das Zentrum eines absolutistischen Fürstentums aus dem 17. Jahrhundert wirken können.

Die Deutschen kamen nach Lateinamerika, als sie zusammen mit den Spaniern Untertanen von Karl V. waren. Das Bankhaus der Walser bekam sogar Venezuela zum Lehen und schickte schwäbische Konquistadoren in die Neue Welt. Um den See Maracaibo hatte die Hanse ihre Niederlassungen gebaut, im Süden Chiles herrschte ein deutscher König von Araukanien. Alexander von Humboldt erforschte den Regenwald, und die Walzer von Richard Strauss gingen in die Musik von Paraguay ein. Die erste Fluggesellschaft Lateinamerikas und die zweite in der Welt überhaupt gründeten deutsche Ingenieure in Kolumbien. Das Raiffeisensystem funktionierte im Süden Brasiliens von der Ortschaft Blumenau bis nach Porto Alegre. Tausend deutsche Firmen verhalfen São Paulo zum Ruf der größten Industriestadt des Kontinents, und unter Kaiser Wilhelm II. entstand sogar die Idee, aus dem Cono Sur, dem südlichen Keil Lateinamerikas, eine deutsche Kolonie zu machen. Von Hugo Banzer in Bolivien bis Ernesto Geisel in Brasilien haben deutsche Einwanderer Politik gemacht. Mit Alfredo Stroessner allerdings konnten sich die Deutschen wenig Ansehen verschaffen.

Sicher hat sich das Land in all den Jahren nicht mit Don Alfredo Stroessner identifiziert, dazu war der Caudillo zu linkisch und auch zu zurückhaltend. Aber er hat Paraguay seinen Stempel aufgedrückt. Zunächst einmal begegnete man überall seinem Namen: auf dem Flughafen, auf einer neu gebauten Brücke, an einer neuen Schule, an einem wiederhergerichteten Krankenhaus. Sodann war an ihm nichts zu spüren von der Nervosität, die anderen uniformierten Präsidenten Lateinamerikas eigen ist. Systematisch und fast emotionslos hat er das demokratische Chaos in die Windstille einer Diktatur verwandelt. Die Kommunisten im Lande verschwanden hinter Gittern oder unter der Erde. Es gab keine Guerilleros, nicht einmal einen Untergrund, denn auch den hatte das Militär aufgespürt. Stroessner, der nur selten aus Südamerika hinauskam, hielt sich bis zum Schluß für einen Demokraten.

Schon 1956, zwei Jahre nach der Machtübernahme, vereinbarte der Präsident mit dem Brasilianer Kubicek den Bau einer Brücke, die Paraguay ans brasilianische Straßennetz anschließen sollte. Und mit seinem argentinischen Freund Juan Perón handelte Stroessner ein Wirtschaftsabkommen aus, das Paraguay den Zugang zu Argentiniens Häfen erlaubte. Solange die großen Nachbarn des kleinen Landes von Militärregierungen in Zucht gehalten wurden, befand sich Stroessner in adäquater Gesellschaft. Der Präsident brauchte die Grenzen nicht argwöhnisch bewachen zu lassen. Flüchtlingen aus den Nachbarländern hat er, sofern sie ihm paßten, Asyl gewährt. Dabei machte es keinen Unterschied, ob sie nun aus dem Argentinien Peróns kamen oder ob sich Nazis der Verfolgung ihrer Verbrechen entziehen wollten. Die Juden in Paraguay sind wohlgelitten, die Rotarier geschätzt, die Indianer gleichberechtigt. Paraguay besitzt kein Indiotrauma wie Peru oder einst Mexiko. Die Ureinwohner, die Guaraní, sind Staatsvolk. Ihre Sprache ist nicht nur salonfähig, sondern neben Spanisch auch Staatssprache. Ihre Armut schlug nie ins Elend um, wie in den Slums anderer lateinamerikanischer Städte. Rassenvorurteile sind in der Mischbevölkerung fast untergegangen. Allerdings hat Don Alfredo Stroessner unbeugsam jedes Aufbegehren gegen seine Art der Regierung und seine Partei, die Colorados, verfolgt und bestraft.

Als ich 1969 das erste Mal nach Paraguay kam, war die Periode der «inneren Säuberung» vorbei, gab Paraguay nach außen ein Bild der Stabilität und Ruhe ab. Der damalige Botschafter der USA meinte.dazu: «Die Leute mögen uns wirklich. Auf meine Botschaft wurde noch nie ein Attentat ausgeübt. Demonstrationen fehlen. Wo immer man hingeht, scheint das Volk glücklich über unsere Gegenwart zu sein.»

Diese etwas naive Darstellung hat offensichtlich auf die Investoren aus den USA gewirkt. Und nicht nur auf sie. Gut verdienende Ärzte von New York bis Frankfurt haben Ländereien in Paraguay gekauft. Anleger aus aller Welt können zu steuergünstigen Bedingungen in die heimische Industrie einsteigen. Fremde sind seit der Zerschlagung der Opposition herzlich willkommen – wenn sie ordentlich gekleidet sind: gegen lange Haare und lange Bärte, Hippies und Alternative hegte Don Alfredo die Vorurteile der Reaktion. Zigaretten und Whisky und alles, was in den Anliegerstaaten verboten oder teuer ist, findet im Hafen von Asunción einen idealen Umschlagplatz. Was nicht auf legale Weise weiterverkauft wird, gilt als Transitware, eine Umschreibung für ein einträgliches Gewerbe, den Schmuggel. So beruht denn auch der eigentliche Reichtum einer Minderheit im Lande vor allem auf Schmuggel und Vetternwirtschaft.

Der amerikanische Journalist John Gunter nannte Paraguay ein Ruritanien, eine Phantasierepublik. Graham Greene schien es ein Land, wo alles gleich bleibt, und Voltaire hat wohl recht gehabt, seinen Candide, freilich schon 1759, hierherzuschicken, um das wahre Arkadien zu erleben. Das einzige Problem, das Don Alfredo in seinem zu über 90 Prozent von Katholiken bewohnten Land dauerhaft zu schaffen machte, war die Kirche, genauer die Jesuiten. Wann immer sie scharfe Kritik an dem Regime übten, wurde einer der Ihren ausgewiesen, meistens der Prior. Ganz offen warnte der Präsident: «Die Regierung kann es nicht zulassen, daß sich ihre Gegner hinter Soutanen verbergen.» Die Krise zwischen dem Staat und der Gesellschaft Jesu führte Ende der 60er Jahre zur Gewaltanwendung, als die Studenten der Jesuitenschule gegen diese Ausweisungen demonstrierten. Stroessner bezichtigte den Orden des Kommunismus und setzte Polizei ein. Padre Melia erzählte mir davon: Ein Polizist in Zivil sei auf ihn zugekommen und habe auf ihn eingeschlagen. Auf einer Treppe sei er gestolpert und gestürzt. Da schlugen noch mehr Schergen auf ihn ein, als er schon am Boden lag. Aus Protest gegen diesen Gewaltakt und gegen die Ausweisungen wurde am Sonntag darauf in keiner Kirche des Landes die heilige Messe gelesen. Die Kirche Paraguays erklärte sich mit den Jesuiten solidarisch. Der Erzbischof exkommunizierte den Innenminister und den Polizeichef. Präsident Stroessner blieb vom Bannstrahl verschont. Um die Weihnachtszeit 1969 erlebte ich einen Abendgottesdienst in einer Jesuitenkirche, in dem eine sehr weltliche Predigt und revolutionäres Liedgut vorherrschten: «Gemeinsam proklamieren wir die Freiheit. Wenn wir zusammenhalten, können wir eine neue Welt, eine Welt der Brüderlichkeit begründen.»

Der Orden Jesu verbreitete fromm, wenn auch nicht ungehemmt, sozialistisches Gedankengut. Stroessner wollte verhindern, daß sich die aus dem Parlament verdrängte Opposition unter dem Schutz der Kirche sammelte. Er war indessen selbst gläubiger Katholik und mußte sich mit dem Protest der Jesuiten abfinden, wollte er es nicht mit der Kirche insgesamt verderben. Die Jesuiten in Paraguay haben freilich eine Tradition des Widerstandes, der ins 18. Jahrhundert zurückreicht. Im Jahre 1608 hatte der spanische Generalkapitän Hernandes Arias de Saavedra die ersten Jesuiten ins Landesinnere Südamerikas geholt. Damals waren die Indianervölker der Guaraní und der Tupi schon von den vordringenden Weißen unterjocht und dezimiert worden. Besonders die Abenteurer im Gebiet des späteren Staates São Paulo in Brasilien machten es sich zur Gewohnheit, die indianischen Männer abzuschlachten und ihre Witwen zu Frauen zu nehmen. Ein gewisser Joao Ramalho soll auf diese Art und Weise einige hundert Indianerfrauen in einer Art Harem gefangengehalten haben. Mit ihnen zeugte er Söhne und Soldaten zugleich. Seine Mischlingskinder wurden von den Indianern gefürchtet und Mamarucca genannt, Menschen gemischten Ursprungs. Die Jesuiten machten daraus «Mamelucken», in Anlehnung an die Krieger des Islam am Mittelmeer. Vor dem Terror dieser Banden aus São Paulo wichen die Jesuiten zum Paraguay-Strom aus. Es gelang ihnen dort, innerhalb von zwei Jahrzehnten rund 200 000 Indianer zu missionieren und in sogenannten Reduktionen anzusiedeln. Dabei übernahmen die Jesuiten die altindianische Tradition der gemeinschaftlichen Arbeit und des gemeinsamen Besitzes. Sie versuchten auch, die weißen Einwanderer aus Europa von den Reduktionen fernzuhalten und vor allem jenes Gesindel abzuwehren, das nicht an Niederlassungen, sondern nur an Beutezügen interessiert war.

Zunächst taten die Jesuiten das mit dem Segen der spanischen Monarchie. Später aber, als die europäische Macht über die südamerikanischen Kolonien nachließ, gerieten sie in den Strudel der machtpolitischen Veränderungen und der Souveränitätsansprüche der portugiesischen und spanischen Kolonialherren. Von Brasilien aus drangen die Paolistas in immer neuen Raubzügen in die Gebiete der Missionen vor, und eine bewußt betriebene Grenzbereinigung zwischen den Kolonialreichen sollte die Jesuiten zur Umsiedlung der Reduktionen zwingen. Bis heute streiten sich die Wissenschaftler und Geschichtsforscher darüber, ob die Padres ihre indianischen Schützlinge zu bewaffnetem Widerstand aufriefen oder ob diese unter ihren Kaziken und Häuptlingen zur Selbstverteidigung schritten. 1756 fand in Europa eine Geschichte von einem «König Nikolaus I. von Paraguay», dem angeblichen Imperator der Mamelucken, Glauben, die mit der Wahrheit nicht das geringste zu tun hatte und nur der Aushöhlung der Macht der Jesuiten diente. Nach einer anderen Version täuschten die Jesuiten nur einen König Nikolaus in Paraguay vor, um das europäische Publikum von den tatsächlichen

Vorgängen in Paraguay abzulenken. Tatsächlich scharten sich die Indianer um den Kaziken Nikolaus Neenguiru, der aber mit seinen schlechtbewaffneten Soldaten gegen die vereinten Heere der Portugiesen und Spanier, die auch noch durch Hilfstruppen der Paulistas verstärkt wurden, keine Chance hatte.

Noch ein knappes Jahrhundert nach der Vertreibung der Jesuiten aus Paraguay und der Auflösung der Reduktionen erschien in der katholischen Zeitung *Agrama* ein Artikel, der dieses Geschehnis als Resultat einer verschwörerischen Kampagne revolutionärer Freigeister, allen voran Voltaire, beschreibt. Sicher ist, daß die großartigen Jesuitenreduktionen das Opfer europäischer Machenschaften geworden sind.

Und ihre Geschichte ist lebendig geblieben: 1969 stellte mir der Jesuitenpater Melia im Innenhof eines Klosters in Paraguay einen Guaraní-Häuptling vor. Pater Melia erklärte: «Man kann behaupten, daß die Indianer der Jesuiten-Missionen nicht mehr existieren. Ihre Erziehung ist verschwunden, der Häuptling, den Sie neben mir sehen, gehört zu einem Stamm, um den sich niemand kümmert. In Wirklichkeit ist das Regime von Paraguay ein Kolonialregime geblieben.» Ich fragte, ob die Jesuiten in ihrer Handlungsfreiheit immer noch eingeschränkt seien. Die Antwort: «Heute arbeiten die Jesuiten hauptsächlich in der Universität, aber sie haben immer die Missionierung als ihre Hauptaufgabe betrachtet, die Arbeit mit indianischen Campesinos. Leider ist sie uns untersagt. So leben die Indios faktisch unter den gleichen unerträglichen sozialen und kulturellen Bedingungen wie zur Zeit der spanischen Kolonialherrschaft.»

Mit den Jahren wurde das Verhältnis von Kirche und Staat in Paraguay immer gespannter. Besonders der angriffslustige, langjährige Erzbischof Rolón legte sich mit Alfredo Stroessner immer öfter an. Stroessner habe ein großes Radikalisierungspotential in Paraguay geschaffen, in dem er 150000 landsuchende Guaraní-Indianer zu einer Art Lumpenproletariat verkommen lasse, lautete einer der wichtigsten Vorwürfe.

In einem Militärputsch, der über 300 Menschenleben kostete, setzte schließlich General Andrés Rodríguez, Befehlshaber des Ersten Armeecorps, den dienstältesten Diktator Südamerikas am 3. Februar 1989 ab. Alfredo Stroessner ging ins Exil nach Brasilien. Bis März desselben Jahres ließen die Behörden insgesamt elf Parteien zu freien Wahlen zu. Am 1. Mai 1989 gewann General Rodríguez diese Wahl mit 75 Prozent der Stimmen. Der Verdacht lag immer nahe, daß bei diesem Wechsel im Präsidentenamt der Teufel mit dem Beelzebub ausgetrieben wurde. Immerhin hat die Kirche den neuen Machthaber durch ein Tedeum zur Amtseinführung von Präsident Rodríguez am 15. Mai 1989 aufgewertet. Zum Zeichen der Verbundenheit waren die Präsidenten der Nachbarländer Brasilien und Argentinien dabei.

Mitte des 19. Jahrhunderts waren diese drei Länder noch Todfeinde. In einem fürchterlichen Krieg verloren etwa 70 Prozent der Männer Paraguays ihr Leben. Paraguay gilt seitdem als ein Land der Frauen. Wenn man in die kleinen Indianerstädte im Hügelland hinter Asunción, auf die Märkte und in die Kirchen geht, zeigt sich dieser Frauenüberschuß bis heute. In Piribebuy und Paraguary, beides Gründungen der Jesuiten, haben die Guaraní-Frauen ihren Kummer in Devotionalien sichtbar gemacht, rührende Klagen vor der Muttergottes und den Santos, den Heiligen. Die zum Gottesdienst immer prall gefüllten Indianerkirchen in Paraguay zeugen von der Frömmigkeit der Guaraní. Eben diese hat Alfredo Stroessner und haben auch seine diktatorischen Vorgänger immer als Gefahr angesehen. Für ihn waren die Jesuiten eine Art Speerspitze des Sozialismus, Boten des Unheils, die ihre Kontakte bis zur Zuckerinsel Kuba geknüpft hätten. Um die Gläubigen zu spalten, ließ Alfredo Stroessner z. B. eine Mennoniten-Siedlung zu, die in der Wildnis des Gran Chaco ebenfalls wie ein Staat im Staate existiert. Die deutschstämmigen Mennoniten, Angehörige jener Sekte, die alle weltliche Macht als Übel ansieht, für die der gerichtliche Eid und der Soldatendienst, der Alkohol und die Zigarette verpönt sind, sollten ein Gegengewicht bilden zu den Jesuiten. Aber beide, der Orden und die Sekte, verstehen sich als Hirten der Armen und Entrechteten, als Stimme derer, die keine Stimme haben.

Geschichtlich verwurzelt in der Erfahrung der Jesuiten-Reduktionen, versuchen die Kirchen schon seit Anfang der 60er

Jahre über die Seelsorge hinaus Sozialarbeit zu leisten. Diese Strömung ist bekanntgeworden als die Theologie der Befreiung, hat sich oft in den Gegensatz begeben zur herkömmlichen Kirchenstruktur und hat immer wieder die Berührung gesucht mit den Grundsätzen der kubanischen Revolution.

Die Theologie der Befreiung

Bei ihren Landnahmen in der Neuen Welt kratzten die Conquistadores, die spanischen Eroberer, ein Stück Erde vom Boden, hoben es gen Himmel und sagten: «Im Namen des Königs nehme ich Besitz von diesem Ort...»

Das zweite Häuflein Erde gehörte immer der Kirche. Schwert und Kreuz kamen zusammen in die Neue Welt. Ein koloniales Beispiel dieses Miteinanders ist der Marktplatz von Tunja in Kolumbien: der Gouverneurspalast, schneeweiß mit rotem Ziegeldach, daneben die sandsteinfarbene Kathedrale mit barockem Portal, gegenüber die Polizeistation, auf einer Längsseite die Büros der Stadtschreiber und Notare, auf der anderen die Kontore der Kaufleute und das Café-Restaurant und dann noch Markt auf dem Platz: bunte Indiogewänder, Garküchen, Pferdebörse, Fruchtstände; es ist der Tag der Fronleichnamsprozession.

Die Indios tragen schwer an ihren europäischen Heiligen. Das Kreuz war meist mehr Joch als Erlösung, obwohl es immer wieder auch Priester gab, die ihre Seelsorge als Abwehr gegenüber den Missetaten der weltlichen Herren sahen. Es soll der Eindruck des Marktplatzes von Tunja gewesen sein, das schwer lastende Bild der kolonialen Unterdrückung, das den Priester Camillo Torres in die Arme der Guerilla trieb, ihn schließlich zu einem gewalttätigen Anführer von Revolverhelden machte. Und doch wird bei den Armen von Kolumbien das Lied von Camillo Torres gesungen.

Die heilige römisch-katholische und apostolische Kirche verstand sich immer in einer Doppelfunktion: einmal missionarisch als Vermittlerin des Glaubens wie bei den Indios, zum anderen erzieherisch, als Zentrum der Aufklärung in kolonialer Zeit. Die

Kirchen und Klöster waren die Bastionen des Glaubens und des Wissens. Sie wurden zu Horten enormen Reichtums, Altare prunkvoll mit Gold verziert, Studienstätten mit wertvollen Werken. Man pflegte die Tradition und gedachte vorausgegangener Priestergenerationen. Dieser enorme Reichtum in der Kirche der Brüderlichkeit und der Nächstenliebe wirkte und wirkt als grotesker Kontrast zur Armut der Gläubigen. Der reiche Hirt, die elenden Schafe – irgend etwas war faul im südamerikanischen Christentum und ist es geblieben.

Der brasilianische Kardinal Aloisio Lorscheider zeichnet ein düsteres Zukunftsbild: «Zum gegenwärtigen Zeitpunkt leben circa 100 Millionen Menschen in einer Situation extremer Armut. Das bedeutet Nahrungsmangel, schlechte Wohnverhältnisse, keinerlei Vorsorge für den Krankheitsfall, Arbeitslosigkeit, fehlende kulturelle Einrichtungen, Hoffnungslosigkeit. Diese extreme Armut bedeutet eine vollständige und allgemeine Zerstörung des menschlichen Seins und ist ein Angriff auf den physischen, psychischen, geistigen und moralischen Zustand der Menschen.»

Auf die Frage, was die Theologie der Befreiung dagegensetzt, antwortete Aloisio Lorscheider: «Im wesentlichen bedeutet es das Angebot realer Möglichkeiten an den Menschen, zu seiner vollen Entfaltung zu kommen. Jedes menschliche Geschöpf besitzt bestimmte Fähigkeiten, einen bestimmten Reichtum an menschlichem Leistungsvermögen. Jeder Mensch ist einmalig und unwiederholbar. Deshalb hat sich die Befreiungstheologie die freie und verantwortungsbewußte Teilnahme jedes menschlichen Wesens am Gemeinschaftsleben, am Leben der Gesellschaft zum Ziel gesetzt.»

Damit die Kirche die sozialen Mißstände und Ungerechtigkeiten glaubhaft lösen helfen kann, müsse sie ihr Erscheinungsbild ändern. Aloisio Lorscheider nennt große Gebäude, Pfarr- und Ordenshäuser von einem Ausmaß und mit einer Ausstattung, die oft von anderen Häusern in der Umgebung abstechen, Fahrzeuge, die an Luxus grenzen, eine Art sich zu kleiden, die einer anderen Epoche anzugehören scheint, das bestehende System von Vergütungen und Sondervergütungen, die Geheimnistuerei um den Betrieb von Pfarreien und die vereinzelten Fälle von verwerflicher Bereicherung. All dies ist ungeeignet, Vertrauen in die Fähigkeit der Kirche zu gewinnen, die sozialen Probleme erfolgreich anzugehen. Die Theologie der Befreiung plädiert für die arme Kirche. Und zwar als äußeres Zeichen und als innere Verpflichtung, Zeichen dafür, daß der Arme in den Augen Gottes einen unschätzbaren Wert besitzt, Verpflichtung zur Solidarität mit denen, die leiden müssen.

Überall in Lateinamerika hat inzwischen diese Theologie der Befreiung ihre Anhänger gefunden, wird der Weg zu einer neuen Gesellschaftsordnung in sogenannten kirchlichen Basisgemeinden gesucht. Die Auseinandersetzung über diese Basisgemeinden wird innerhalb wie außerhalb der Kirche geführt. Die autoritären Regime, vor allem die vom Militär geführten, sehen in diesen Kongregationen des christlichen Zorns revolutionären Sprengstoff. Die kirchliche Hierarchie bis hin zum Papst in Rom glaubt sich dadurch mit einer Spaltungsgefahr konfrontiert. Vor allem die Pfarrer, die in ländlicher Armut und im Lumpenproletariat der Vorstädte leben, zogen aus alldem ihre eigene Konsequenz.

Ein Beispiel dafür ist Andres Godin. Er war Pater des Oblatenordens und ging in den Dschungel von Peru, um christliche Soziallehre auch wirklich umzusetzen. Andres Godin hat sich Entwicklungshilfe aus der Bundesrepublik und Kanada besorgt, um das Huallaga-Tal tief im Dschungel zum Hauptreisproduzenten Perus zu machen. Zunächst hat er eine Siedlung erbauen lassen, Aucajacu, und dann eine Kirche ins Zentrum hineingestellt. Rings um sie ducken sich ein paar Holzhütten, einige Kneipen. Mich hat Aucajacu an jene Frontstädte erinnert, die in Wildwestfilmen als Kulissen dienen. Aucajacu wird aus dem Dschungel verpflegt. Bananen wachsen von selbst, Maniok gedeiht ohne große Hilfe, Kartoffeln, Mais und Reis werden jetzt erst angebaut. Andres Godin wurde zum Feind jener Kirche, die Marmoraltäre baut und Kunstschätze sammelt, und er hat seinem Bischof in Lima vorgerechnet, was man statt jener teuren Monstranzen und goldenen Kreuze alles kaufen kann, wie man dafür das Los der Campesinos bessern könnte. Die Siedler im

Huallaga-Tal nennen ihn immer noch «Padre». Dabei hat die Kirche ihn entlassen.

Mit ihm im Dschungel lebt Schwester Monique. Aber sie ist heute genausowenig Schwester wie Andres ein Padre. Die Ordensschwester hatte den kanadischen Geistlichen bei der Zusammenarbeit in einem Entwicklungsprojekt in Lima kennengelernt. Sie haben 1965 gemeinsam eine technische Schule für geistig behinderte peruanische Jugendliche aufgebaut. Als Andres Godin die Schule in der Hauptstadt verließ, nahm er Monique mit in den Dschungel. Sie ist heute seine Ehefrau und seine engste Mitarbeiterin im Projekt. Sie beide haben Aucajacu zu einem Erfolg gemacht.

Andres Godin hält sich vorsichtig heraus aus dem Streit um Ideologien. Schon manches Entwicklungshilfeprojekt scheiterte, weil die Leiter der Basisgemeinden nicht säuberlich trennten zwischen wirtschaftlichen und politischen Aspekten. 100 Kilometer von der Projektzone entfernt liegt eine Landebahn für Transportflugzeuge. Wir waren bei einem historischen Augenblick für Andres Godin dabei: eine Maschine flog Rinder aus Nicaragua ein. Zweitausend Kühe und Stiere, gekauft zu günstigen Bedingungen, sollten den Anfang machen im Versuch, neben der Landwirtschaft auch die Viehzucht im Huallaga-Tal einzuführen. Andres Godin glaubte, daß erst mit der Viehzucht das Tal attraktiv wird für umsiedlungswillige Indios aus dem kargen Hochland von Peru und aus den Slumsiedlungen am Rande der Großstädte.

Die Umwandlung der tropischen Landschaft in landwirtschaftliches Nutzgebiet fordert von den Siedlern viele Voraussetzungen, darunter die Ausdauer und der Glaube an den Erfolg. Denn dieser Umwandlungsprozeß kann nicht in Tagen oder Wochen erfolgen. Er ist eine Arbeit von vielen Jahren. Andres Godin, der nun kein Pfarrer mehr ist, sammelt am Sonntag die Gemeinde in seiner Kirche. Er predigt ihnen von der Gleichberechtigung und von der Einzigartigkeit jedes Menschengeschöpfes. Die Campesinos glauben ihm, auch wenn sie wissen, daß er kein Vertreter der offiziellen Kirche ist. Andres Godin sagt: «Die Kirche hat in Lateinamerika nur einmal den Standort gewechselt.

Von der Interessenvertretung der spanischen Krone in der Kolonialzeit zur Allianz auf politischer und sozialer Ebene mit den konservativen Kreisen – ein Bündnis mit der Reaktion. In den zwanzig Jahrhunderten ihres Bestehens konnte die Kirche sich nicht zu der Erkenntnis durchringen, daß sie ein moralisches Reich und keine irdische Macht vertritt. Daß ihre Utensilien nicht Gold und Schwert sind, sondern die Nächstenliebe und die soziale Gerechtigkeit.»

Während seiner zweiten Reise nach Mexiko im Jahre 1990 forderte Papst Johannes Paul II. immer wieder eine solidarische Gesellschaft, die «wirtschaftliche Notwendigkeiten mit dem Respekt vor der Würde des Menschen vereint». Doch gleichzeitig erteilte er der «Theologie der Befreiung» eine klare (und nicht die erste) Absage. Sie sei ein «Risiko für den Glauben». Elf Jahre vorher noch, bei seinem ersten Mexikobesuch, hatte ich den Papst vor dem frommen Heer der meist indianischen Gläubigen von der «berechtigten Vielfalt» der Kirche sprechen hören. Vielleicht hat der Zusammenbruch des politischen Systems, des Sozialismus in Osteuropa, den der polnische Papst mitbewirkt hat, auch seine eigene Lehre von der Vielfalt reduziert. Vor der mexikanischen Bischofskonferenz jedenfalls sagte Johannes Paul II. jüngst: «Man darf sich nicht durch die trügerische Theorie des Klassenkampfes als Motor des geschichtlichen Wandels täuschen lassen.»

Aber in Südamerika studiert kaum jemand die alten Theorien von Karl Marx. Die Praxis der Armut und des ewigen Elends ist die reale Schule der Unzufriedenen, und der «geschichtliche Wandel», den diese Menschen ersehnen, ist nicht mehr als die Hoffnung auf ein wenig mehr zum Essen, eine Spur von Menschenwürde in einem ansonsten elenden Leben.

Millionen Südamerikaner leben am «Rande der Gesellschaft». Ein Beispiel habe ich im Nordosten Brasiliens erlebt. Das Elend hat von der südamerikanischen Literatur einen Namen bekommen, Sertão, die große Steppe. Sertão, wo der Hunger wie eine Jahreszeit kommt, wo der Regen heilig ist, wo die Zeit bei der portugiesischen Landnahme stehenblieb, Hunger, Dürre, Krankheit, Unterdrückung – nirgendwo in Lateiname-

130

rika ist das Leben des Landarbeiters so grausam vorbestimmt wie im Nordosten Brasiliens. Ich traf hier einen José – hier heißt wohl jeder dritte Mann José – Josef, der Zimmermann, der einzige Unheilige in der heiligen Familie. José, der ein marginales Leben führt, der Arbeit sucht, mein José also klagt: «Mein Leben ist beschissen, ich bin traurig geboren. Der Hunger fällt mich an, ich hab nicht mal ein Dach über dem Kopf. Es gibt nicht genug zu essen, noch nicht einmal Scheiße, verzeihen Sie das Wort.»

Der Nordosten Brasiliens ist eine Steppenlandschaft ähnlich den Pampas von Argentinien, die dort indessen zu Weideland veredelt wurden. Das Gebiet ist mit knapp einer Million Quadratkilometer fast dreimal so groß wie das wiedervereinigte Deutschland, gehört aber nur einigen wenigen Großgrundbesitzern. Auf 15 Millionen Einwohner kommen gerade einmal 15000 Landherren. José wohnt im Städtchen Joazeiro. Hier sind im dürren Sommer des Jahres 1971 besonders die Kinder dem Tod näher als dem Leben. Alle zehn Minuten wird in diesem Sommer auf dem Friedhof von Joazeiro ein Kind bestattet. Auch José verlor sein dreijähriges Töchterchen. Es wurde ohne Aufhebens und ohne Pfarrer beerdigt. 93 Prozent aller Brasilianer sind römisch-katholisch. Im Nordosten warten die Menschen dringender auf den Erlöser als anderswo, glauben ihn beschwören zu können mit Geschenken und Fetischen.

Zum Glauben an Gott kommt der Glaube an Wunder, vor allem wunderbare Heilungen. Die Propheten sterben nicht aus im abergläubischen Nordosten. Jedes Jahrzehnt bringt einen anderen Prediger, der sich zum Messias berufen fühlt. So wird der sagenumwobene Pater Cicero mehr verehrt als der Bischof des Nordens, Don Helder Camara, von dem damals die Welt sprach, der aber Reformen predigte und nicht Wunder. Die Kirche entwickelte angesichts der Elendsregionen in Lateinamerika wesentlich diesseits bezogenere und gesellschaftszugewandtere Vorstellungen von Erlösung als zuvor und anderswo üblich – eben die Theologie der Befreiung. Geistliche wie Don Helder Camara oder Aloisio Lorscheider bauten im Nordosten ihre Basisgemeinden auf. Padre José Irigoyen ging in die Armut des

Nordostens von Brasilien, um selbst ein Armer unter Armen zu sein. Er unterrichtete seine Gemeinde nicht so sehr über die Feinheiten der Bibelauslegung, sondern vielmehr im Genossenschaftswesen. Er sagte mir: «Als ich hier anfing, stand ich vor fast unüberwindlichen Schwierigkeiten. Die Menschen waren nicht vorbereitet. Und erst mit der Zeit habe ich ihre Art zu denken begriffen und habe sie mein Denken gelehrt. Sie haben mich angenommen. Heute weiß ich, daß nicht nur für mich, sondern auch für diese Leute der wichtigste Gedanke ist: Den Armen muß geholfen werden.» Padre Irigoyen hat mit José und vielen anderen Gemeinschaftsfelder angelegt, die Leute von Joazeiro aus ihrer Lethargie, aus ihrer Hoffnungslosigkeit geweckt, sie zum Bau eines Gemeinschaftshauses angeregt, eine kleine Gemeinschaftsapotheke eingerichtet. Er hat sogar erreicht, daß José nach zehn Jahren wilder Ehe die Frau, die ihm sieben Kinder geboren hat, auch heiratete.

Bei der Bischofssynode von 1974 haben sich die europäischen Bischöfe sehr energisch gegen diese kirchlichen Basisgruppen ausgesprochen. Und Papst Paul VI. ging sogar so weit zu sagen, «daß sich die Basisgemeinschaften in ihrer beißend kritischen Einstellung der Kirche gegenüber diese leichtfertig als institutional brandmarken und sich, frei von Strukturen und allein vom Evangelium inspiriert, ihr als charismatische Gemeinschaft gegenüberstellen. Sie stehen in radikalem Widerspruch zur Kirche. Auf dieser Linie wird ihre ursprüngliche Intensität überraschend zu einer Ideologie, und nur selten wird sie nicht bald auch das Opfer einer politischen Option.»

Die damals in Brasilien regierenden Militärs betrachteten die Arbeit der Basisgemeinschaften als einen Angriff auf die bürgerliche Gesellschaft. Kardinal Aloisio Lorscheider antwortete darauf im Mai 1978: «Woher die Kritik kommt, ist an sich uninteressant, ja sie kann sogar schon deshalb sehr konstruktiv sein, weil ja niemand, der die Wahrheit sucht, gegen einen Irrtum gefeit ist. Aber wir dürfen die Glaubwürdigkeit der kirchlichen Basisgemeinschaften nicht aus den Augen verlieren.»

Es war dann der polnische Papst Wojtyla, der sich strikt gegen die Theologie der Befreiung gestellt hat. Ich habe ihn auf seinen verschiedenen Südamerikareisen begleitet. In Mexiko rühmte er die Muttergottesgläubigkeit des Volkes in der Indianerkirche Nuestra Maria de Guadelupe und rügte scharf Befreiungsprediger wie den hochtalentierten Theologen Leonardo Boff. Im März 1983 beim Besuch in Nicaragua verweigerte er dem Geistlichen Ernesto Cardenal die brüderliche Umarmung – nachdem dieser beim Gottesdienst im Dom der Hauptstadt des damals sozialistischen Landes mit hochgereckter Faust *Viva la Revolución* gerufen hatte. Damals, 1983, war Ernesto Cardenal Kultusminister in der Regierung der Sandinisten. Und sein Bruder Fernando gehörte ihr als Erziehungsminister an. Beide sind Jesuitenschüler. Während Fernando früh dem Orden Jesu beitrat, machte sich Ernesto zunächst einen Namen als Schriftsteller. 1956, im Alter von 30 Jahren, trat er dem Orden der Trappisten bei und lebte im Kloster Gethsemane in Kentucky in den USA. Dort traf er auf einen anderen Dichtermönch, den Abt des Klosters, Thomas Merton. In der Stille des Klosters von Gethsemane in den USA erlebten die beiden den Kampf und den Sieg von Fidel Castro auf Kuba. Der Novize Cardenal verließ noch 1959 das Kloster, studierte in Mexiko Theologie, unter anderem bei Ivan Illich, dem berühmten Soziologen und Ökonomen, der heute noch als Vorreiter des waffenlosen Klassenkampfes in Lateinamerika gilt. Danach setzte er sein Studium in der späteren Drogenhauptstadt Medellín in Kolumbien fort. Dort schrieb er «Die Psalmen». In diesem Buch wird die Verbindung zwischen Christentum und Marxismus zur Notwendigkeit erhoben. Im August 1965 wurde Cardenal in Managua zum Priester geweiht und gründete auf den Solentinameinseln im großen See von Nicaragua eine Bauern- und Künstlerkommune, die nach urchristlichen Vorstellungen leben und arbeiten wollte. Cardenal beschrieb seine Erfahrungen mit dieser Kommune in dem Buch «Evangelium der Bauern von Solentiname» nieder.

Anfang 1970 wollte ich mit einem Team auf Solentiname einen Film drehen. Dieses Ziel ließ sich nur auf verschlungenen Wegen erreichen, denn der damals herrschende Diktator Anastasio Somoza stand dem Experiment mit Argwohn gegenüber. Wir wurden von dem Schriftsteller William Agudelo auf die

Insel Mancarron in der Solentinamegruppe geschleust, begegneten dort Bauern, die auf den Feldern arbeiten, Künstlern, die Vogel- und Dschungelbilder malten, und auch Revolutionären, die den Sturz der Regierung Somoza herbeiführen wollten. Aber es solle keine Revolution der Maschinenpistolen sein, sondern eine Revolution des Herzens, sagt mir einer von ihnen.

Ernesto Cardenal selbst trafen wir nicht, denn der revolutionäre Dichterpriester weilte gerade auf Einladung Fidel Castros in Kuba. Er gehörte dort der Jury in der renommierten Casa de las Americas an, die jedes Jahr einen literarischen Wettbewerb abschließt mit ihrer Preisverleihung. Die Casa de las Americas war in den siebziger Jahren das Zentrum der revolutionären jungen Künstler in Lateinamerika. Die Direktorin, Heydee Santa Maria, gehört zu den Getreuen der ersten Stunde in Fidel Castros Bewegung. Sie hatte an der selbstmörderischen Attacke auf die Moncada-Kasernen teilgenommen, zusammen mit ihrem Bruder Abel und ihrem Verlobten Boris. Wie viele andere geriet sie in Gefangenschaft und wurde von den Schergen des Diktators General Fulgenico Batista y Zaldivar gefoltert, um Informationen über Ausmaß und Hintergründe der Bewegung aus ihr herauszupressen. Eines Tages brachte man ihr das Auge ihres Bruders, um sie zum Sprechen zu bringen. Ihre Antwort: «Wenn ihr ihm das Auge ausgestochen habt und er immer noch nicht gesprochen hat, gibt es noch weniger Grund als bisher für mich zu reden.» Später brachte man ihr die abgeschnittenen Hoden ihres Verlobten, und auch dieser grausame Erpressungsversuch konnte sie nicht dazu bringen, Informationen preiszugeben.

Heydee Santa Maria übte einen prägenden Einfluß auf Ernesto Cardenal aus, der in seinen Schriften danach zum leidenschaftlichen Ankläger der Gewalt in der ganzen Welt wurde. Das Tagebuch, das Cardenal während seines Besuchs in den 70er Jahren in Kuba führte, verrät eine geradezu mystische Verehrung für Che Guevara, den Märtyrer der Revolution, und einen großen Respekt für Fidel Castro. Es sind aber auch erste Zweifel an der Möglichkeit einer Fusion von christlichem und marxistischem Gedankengut erkennbar. Cardenal stellt sich in seinem Tagebuch die Frage, wie diese Verbindung zustande kommen soll, wenn in den Schulen der Atheismus gelehrt wird. Er entwickelt an dieser Stelle die Konsequenzen aus diesem Widerspruch nicht weiter, schloß sich aber 1977 den Revolutionären der sandinistischen Befreiungsfront von Nicaragua an, nachdem seine Kommune auf den Solentinameinseln von den Nationalgardisten des Diktators Somoza zerstört worden war. Im Kampf gegen die Diktatur Somozas nahm fast die gesamte Landeskirche Partei für die Opposition der Sandinisten. Von den rechten Todesschwadronen wurden sowohl in Nicaragua als auch im benachbarten El Salvador viele Geistliche ermordet, unter anderem der Erzbischof von El Salvador, Oscar Romero. Cardenal floh ins Exil.

Nach dem Sturz des Diktators Somoza im Juli 1979 erlaubte der amtierende Bischof von Nicaragua, Ovando y Bravo, fünf Geistlichen, Ministerämter anzunehmen, darunter Ernesto Cardenal, der Kultusminister wurde, und sein Bruder Fernando, der das Amt des Erziehungsministers übernahm. Den beiden Brüdern wurde nach einiger Zeit vorgeworfen, sich zunehmend von der marxistischen Ideologie der regierenden Sandinisten vereinnahmen zu lassen und kaum noch an ihr Priesteramt zu denken. Damit geriet Ernesto Cardenal in Gegensatz zu Bischof Ovando y Bravo. Nach der Revolution hätte auch er sich eine wichtige Position in der neuen Regierung aussuchen können. Das hatte er jedoch für unvereinbar mit seinem kirchlichen Auftrag gehalten. Seiner Meinung nach haben sich die Revolutionäre von einst zu Militärdiktatoren entwickelt, die sich immer mehr vom internationalen Kommunismus und von Castros Kuba gängeln lassen.

Ich habe Miguel Ovando y Bravo oft besucht, das letzte Mal im November 1985. Damals war die Bewegungsfreiheit des Bischofs vom Regime schon sehr eingeengt worden. Seine kleine Jeep-Karawane blieb jedoch unbehelligt, wenn er mal im Westen an der Pazifikküste unterwegs war, wo die Bevölkerung eher gedrängt lebt, und mal im unwegsamen und spärlich besiedelten Bergland des Ostens, wo die Campesinos von weit her kommen müssen, um ihren Bischof zu sehen. Aussteigen durfte Miguel Ovando allerdings nicht mehr, auch nicht unter die Gläubigen gehen, denn das wäre als Demonstration aufgefaßt worden, und die stand unter Strafe. Wir erlebten in diesem November 1985 eine Messe, zu der die Gläubigen zu Tausenden kamen, um in ihrem Elend getröstet und in ihrem Lebensmut gestärkt zu werden. Der Kardinal vermied dabei sorgfältig politische Parolen in seiner Predigt. Aber er forderte die Christen zur Einheit auf und zur Geschlossenheit gegenüber den Angriffen auf ihren Glauben. Wenn nur ein Glied der Kirche verletzt wird, sagte er, dann muß sich der ganze Körper aufbäumen. Die Campesinos verstanden die Botschaft wohl und auch gegen wen sie gerichtet war, nämlich gegen die Revolutionsregierung von Nicaragua.

Wenn die Regierung den Kardinal auch nicht mundtot machen konnte, so engte sie ihn doch ein, soweit es ging. Unter anderem wurde die Radiostation der katholischen Kirche geschlossen. Der Bischof sagte mir damals: «Alle unsere Publikationen unterliegen der Zensur. Das Wort Freiheit gilt nicht mehr in diesem Land.»

Noch im Jahre 1985 ernannte der Papst Ovando y Bravo zum Kardinal. Sicherlich eine politische Geste. Um den Konflikt zwischen Staat und Kirche beizulegen, machte der frisch gekürte Kardinal der Revolutionsregierung einen Vorschlag. Er gründete auf Vergebung und auf Versöhnung. «Aber», so meinte der Kardinal, «die Revolutionsregierung hält Vergebung für konterrevolutionär. Als Mann der Kirche werde ich aber nicht aufhören, die Aussöhnung zu predigen. Denn es gibt nur einen Ausweg in der Situation, und das ist das Gespräch, die politische Lösung, der Dialog.» In dieser Phase kam es zu einer weiteren Entfremdung zwischen dem Bischof und seinen revolutionären Geistlichen in der Regierung.

Ernesto Cardenal hatte während der jahrelangen Auseinandersetzung immer wieder einmal Öl in das Feuer gegossen. So erklärte er anläßlich eines Besuches in Ost-Berlin, er sehe in der Auferstehung keinen individuellen, sondern einen kollektiven Akt, der mit der Befreiung aller Menschen identisch sei, und verstehe das Reich Gottes als die Vollendung einer humanen Gesellschaft. 1982 nahm Ernesto Cardenal an Veranstaltungen des «Katholikentages von unten» in Düsseldorf teil. Damals verstieg er sich in einem Interview zu der Meinung: «Die Revolution war der Kirche gegenüber zu tolerant.»

In den Jahren 1984 und 1985 wurden beide Cardenals, Ernesto und der Jesuitenpater Fernando, von der Ausübung des Priesteramtes suspendiert. Und der Papst erklärte bei seiner ersten Südamerikareise die soziale Verpflichtung des Geistlichen mit der politischen Mission einiger weniger für unvereinbar.

Seit die Diktaturen in der Hemisphäre zunehmend Formen der Demokratisierung weichen, müssen die Theologen der Befreiung ihr bisheriges Rollenverständnis innerhalb der Gesellschaft überdenken. «Nur in Zeiten der Unterdrückung konnten wir aus Solidarität mit den Unterdrückten auch eine politische Rolle übernehmen», sagte mir ein peruanischer Priester aus der Stadt Arequipa. Und er äußerte Verwunderung darüber, daß in Ostdeutschland auch noch nach der Ablösung des kommunistischen Systems Geistliche in politische Ämter drängen. Als im Oktober 1990 Bischöfe aus aller Welt in Rom die Ausbildung von Priestern diskutierten und ihre Rolle in der Gesellschaft definierten, zeigte sich der Riß, der durch das Fundament der katholischen Kirche geht. Der Präfekt der römischen Glaubenskongregation, Kardinal Ratzinger, verurteilte auf dieser Weltbischofssynode mit aller Härte die Theologie der Befreiung als den Ursprung der Krise des Weltpriestertums. Gegen diese Position des Vatikans stellen sich vor allem die Ordensangehörigen in Lateinamerika. Ihrer Basisorganisation gehören 45 000 Mönche und 310 000 Nonnen an. Ihr Sprachrohr ist die Zeitschrift *Proyecto Palabra Vida*, Projekt lebendiges Wort. Darin heißt es unter anderem in einem biblischen Vergleich: «Die Unterdrückung des ägyptischen Volkes fand wirklich statt. Und sie findet immer noch statt. Die soziale Pyramide steht immer noch. Der Pharao ist heute lebendiger denn je, er hat Lateinamerika unter Kontrolle, und er bereichert sich, indem er unsere Völker ärmer macht.»

Viele Angehörige des niederen Klerus in Lateinamerika glauben, daß das Pontifikat des Papstes Wojtyla ungeachtet des dynamischen Eindrucks, den der Amtsinhaber hinterläßt, keine Perspektiven für den Umgang mit aktuellen Problemen mehr hervorbringt.

Doch im Versuch, sich den theologischen Riß zwischen Rom und Lateinamerika nutzbar zu machen, zeigten lateinamerikanische Marxisten keineswegs immer große Geschicklichkeit. Fidel Castro, der seit seiner Revolution die Kirche einengt, wo er kann, und nur die Theologen der Befreiung fördert, wollte der wieder stärker gewordenen konservativen Strömung innerhalb der Kirche auf seiner Insel durch eine Einladung an den Papst den Wind aus den Segeln nehmen. An sich sollte Wojtyla noch Ende 1990 dieses einzige Land Lateinamerikas besuchen, das er noch nicht kennt. Der ehemalige Jesuitenschüler Castro, der in seinem Land das Weihnachtsfest abgeschafft hat, wollte mit einer Öffnung gegenüber der Kirche auch die politische Isolierung der Insel durchbrechen. Die Einladung war allerdings ausgesprochen worden, bevor es zum schnellen Zusammenbruch der kommunistischen Staaten in Osteuropa kam. Seitdem verspürten auch die Priester in Kuba Rückenwind, prangerten Menschenrechtsverletzungen an und forderten mehr Freiheit für die Menschen. Die neuen Bischöfe Kubas forderten sogar eine Versöhnung mit den Exilkubanern. Das ging dem «Commandante en jefe», dem Chefkommandanten, denn doch zu weit. Der Papstbesuch wurde verschoben. Wenn dieser Besuch denn doch noch zustande käme, ob er dann wohl noch im Amt sei, wurde Fidel Castro gefragt: *Esto sabe solo Dios* – Das weiß nur Gott, soll er geantwortet haben.

Während meines ersten Kuba-Besuches Mitte der 60er Jahre war ich auch in El Cobre, das ganz in der Nähe der Stadt Santiago de Cuba liegt. Hier hatten einst die Spanier Kupfer abgebaut und die erste offene Kupfermine Amerikas eingerichtet. Nach der Legende sollen im Jahre 1608 ein schwarzer Sklave in den Minen und zwei indianische Buben an der Küste eine schwarze Madonna aus Holz gefunden haben. 1916 erklärte Papst Benedikt XV. diese Virgen de la Caridad, die Jungfrau der Barmherzigkeit, zur Nationalheiligen von Kuba. Mitte der 60er Jahre sah ich in der Basilika von El Cobre nur ein paar alte Mütterchen und einen cher verängstigten Pater. Im Frühjahr 1990 aber berichteten Touristen von einer großen Ostermesse in einer bis auf den letzten Platz gefüllten Kirche in El Cobre. Unter den Priestern, die die Messe zelebrierten, sollen keine Theologen der Befreiung gewesen sein.

El Cobre war die Lieblingskirche von Thomas Merton, dem nordamerikanischen Trappistenmönch und Dichter, bei dem Ernesto Cardenal als Novize zur Schule ging. Dem Schüler lagen solche Vorlieben indessen fern. Nachdem er 1980 den Friedenspreis des Deutschen Buchhandels erhalten hatte, sagte mir Ernesto Cardenal in einem Interview: «Meinetwegen könnten sie alle Kirchen schließen, denn für die Urchristen war jedes Haus ein Tempel, und die besten Messen wurden um einen Eßtisch herum gelesen. Die eine Liturgie, die christliche, ist im Wesen politisch, oder sie ist nichts. Die andere Liturgie, nämlich die der Revolution, stützt sich sowohl auf die Worte von Che Guevara wie auf die Worte der Bibel.» In der Laudatio für die Verleihung des Friedenspreises in Frankfurt nannte der Theologe Johann Baptist Metz den Preisträger ein produktives Ärgernis. Wenn dem so ist, dann muß er es aber nicht nur für die etablierte Kirche, sondern auch für die inzwischen institutionalisierte Revolution des Fidel Castro sein.

Die Religion war auf Castros Insel nie tief verwurzelt, auch nicht die katholische. Das Christentum war nur für die dünne, hispanisierte Oberschicht von tieferer Bedeutung, die von der Revolution besiegt wurde. In den Armenvierteln der Städte und auf dem Land gab es kaum Kirchen und deshalb auch keine Christenverfolgungen. Trotzdem flüchteten 500 bis 700 Priester in panischer Angst vor dem neuen Regime Castros. Sie verbergen bis heute ihre Feigheit hinter Greuelmärchen. Weil die Hirten sie verließen, blieben den Kirchen nur wenige Gläubige. Die Theorie des Sozialismus ist der Religion vielleicht feindlich, doch die Praxis in Kuba übte auf sie nur einen sanften Druck aus.

Auf dem Platz vor der Kathedrale von El Cobre treffen sich am Sonntagvormittag die Männer. Sie hielten sich sowieso schon immer lieber vor als in der Kirche auf. Sie nahmen die geistige Gleichschaltung viel weniger tragisch als ihre Glaubensbrüder in Ungarn und Polen. So gab sich der Klerus fast freiwillig geschlagen, und so konnte Castro, der Jesuitenlehrling, die klerikalen Schulen problemlos in Institutionen des sozialistischen Unterrichts verwandeln. Für die jüngsten Kinder der Revolution trat anstelle des Gebets zwanglos die politische Tagesparole. Sie brauchten später einmal gar nicht erst davon überzeugt zu werden, daß der Sozialismus besser sei als der Katechismus, denn sie lernen den Katechismus gar nicht erst kennen. Anderswo aber zeitigte die Befreiungstheologie ihren überraschendsten Erfolg – auf der ärmsten der armen Karibikinseln, auf Haiti: Am 7. Februar 1991 leistete der ehemalige Salesianer Pater Jean Bertrand Aristide, ein klassischer Anhänger der Theologie der Befreiung, als Präsident den Eid auf die Verfassung von Haiti. Nicht nur bei seinen politischen Gegnern, sondern auch bei der Kirchenhierarchie steht Aristide als Kommunist in Verruf, aber offenbar ist dem Volk und der Armee von Haiti ein linker Hitzkopf, der die Lösung der sozialen Probleme zu seiner ersten Aufgabe gemacht hat, lieber als die Kette von rechten Diktatoren, die zum Teil sogar im Bündnis mit der Kirchenhierarchie blutig und korrupt regierten. Die Anhänger Aristides stürmten die Kathedrale von Port-au-Prince, der Hauptstadt Haitis, jagten den Erzbischof und trieben den päpstlichen Nuntius halb nackt durch die Straßen. Die Armee verhinderte gleichzeitig einen Putschversuch der abgewählten Herrscher und stellte sich ebenfalls hinter den Expriester. Jean Bertrand Aristide ist der politisch avancierteste Vertreter der Theologie der Befreiung; dennoch wirkt sein Sieg nicht wie ein Zukunftssignal, sondern wie ein spät aufgeflammtes Feuerchen in der erkaltenden Asche dieser weltlich-frommen Bewegung. Beispielhaft ist hier das Schicksal Cardenals.

Dieser unermüdliche Verfechter eines Christentums mit sozialistischem Antlitz macht jetzt nur noch in kleineren Zirkeln Werbung für seine Sache. Im Oktober 1990 war er mit Dietmar Schönherr unterwegs, dem früheren Talkmaster und Schauspieler, der in Nicaragua Entwicklungshilfe betreibt. Ich habe die beiden bei einer Veranstaltung im Wiener Rathaus beobachtet – den einen als Interpreten des anderen. Sie lasen aus dem neuen Cardenal-Buch «Den Himmel berühren». Der kleine bärtige Mann mit der Baskenmütze, der sich in der Nachfolge Che Guevaras sieht, hat immer noch eine fast erotisierende Sprache, aber wenn er liest, wirkt er älter als seine 65 Lebensjahre. Cardenal lebt im Gestern und hofft auf morgen. Nicht von ungefähr heißt jene Glocke aus Innsbruck, von Dietmar Schönherr gestiftet, die jetzt in Posolera, Nicaragua, getauft wurde, «La voce de la esperanza» – die Stimme der Hoffnung.

Im Schatten Castros

Der Charakter von Fidel Castro ist in seltsamer Weise von Weitsichtigkeit und Kurzsichtigkeit zugleich geprägt. So starrsinnig er auf seiner isolierten Position in der lateinamerikanischen Welt beharrte, so kühn waren seine weltpolitischen Perspektiven. Er hatte Afrika frühzeitig als jenen Kontinent entdeckt, auf den die Werteordnung des Westens nicht zutrifft und auch nicht bruchlos übertragbar ist. Eine Zeitlang konnte er sich als Führer der Dritten Welt fühlen, ein Ruf, für den er allerdings gewaltige Opfer bringen mußte.

Er hat ungefähr ein Viertel seiner Armee in Afrika eingesetzt, Experten und Entwicklungshelfer dort Dienst tun lassen, deren Arbeitskraft in Kuba dann fehlte. Sicherlich waren seine Antriebe für das Engagement in Afrika nicht nur politischer, sondern auch idealistischer Natur. Wiedergutmachung für das Unrecht, das der europäische und amerikanische Kolonialismus den Schwarzen angetan hat, spielt in Castros Denken genauso eine Rolle wie die Weltmachtambition, die eigentlich die Kräfte eines so kleinen Landes wie Kuba übersteigt. Einzig in der Karibik, in den heimischen Gewässern, ist Kuba größer als jeder Nachbarstaat.

In dieser Karibischen See spülten die Wasser der kubanischen Revolution auch an die Gestade vieler anderer Inseln. Die Kleinen und die Großen Antillen, die Inseln über oder unter dem Wind, jener Archipel, den Kolumbus einst aus einem geographischen Fehlschluß heraus Westindien genannt hatte, schwingt sich in einem Bogen von der Südküste der Vereinigten Staaten bis zur Nordküste Südamerikas. Ein paar Länder auf dem Festland selbst werden ebenfalls geopolitisch zur Karibischen See gerechnet, so Belize (früher British Honduras), Guyana, Surinam und das französische Guayana, mit Kourou, dem Startplatz der Europarakete. Nach den Spaniern kamen während des Kolonialismus noch ein halbes Dutzend anderer Nationen in diese Inselwelt: Großbritannien und Frankreich, die Niederlande und die Vereinigten Staaten, interimistisch auch Dänemark und Schweden. In der Außenpolitik der USA gilt das Gebiet des Karibischen Beckens als sogenannte dritte Grenze neben denen zu Kanada und Mexiko – ein strategisch wichtiges Verteidigungsbollwerk im «Hinterhof» der USA. Im Zweiten Weltkrieg hat Washington die Karibische See mit Militärstützpunkten überzogen: von Chaguaramas auf Trinidad über die Old Harbour Bay auf Jamaika bis zu Guantánamo auf Kuba, das bis heute ein Stachel im Fleisch von Castros Selbstbewußtsein ist. 1903 hatten sich die Vereinigten Staaten als Lohn für die Beteiligung an der Vertreibung der spanischen Kolonialherren ein 114 Quadratkilometer großes Gebiet in der Bucht von Guantánamo für 99 Jahre zur Pacht überschreiben lassen. Seit über 30 Jahren protestiert das revolutionäre Kuba gegen diesen Vertrag und fordert die Rückgabe. In seinem Bestreben, die US-Marinebasis auf Kuba loszuwerden, hatte Fidel Castro zwischendurch sogar gemeinsame Sache mit dem spanischen Diktator Francisco Franco gemacht. Der Caudillo in Spanien erhoffte sich von seiner Solidarität mit Kuba in dieser Frage wohl mehr Druck auf England, das den Felsen von Gibraltar als Stützpunkt auf der Iberischen Halbinsel unterhält. Die politische Mesalliance hat dem rechten Caudillo in Spanien keinen Erfolg gebracht, und wie es aussieht, wird der linke Caudillo in Kuba wegen der US-Enklave Guantánamo auch in seinen absehbar letzten Amtsjahren keinen Krieg riskieren.

Nach Kuba die größte Nation in der Karibischen See ist die Dominikanische Republik. Nachdem Fidel Castro den kubanischen Diktator Batista gestürzt hatte, traf eine Garbe aus einer revolutionären Maschinenpistole im Mai 1961 den Diktator Rafael Leonidas Trujillo in der Dominikanischen Republik. Die Greueltaten des Trujillo-Clans waren in der Karibik sprichwörtlich, wie auch sein luxuriöses Leben. Beides vereinigte in teuflischer Weise Ranfis Trujillo in sich, ein Sohn des Diktators. Er warf einen seiner Gegner ins Gefängnis, ließ ihn dort hungern und setzte ihm am Ende das Fleisch des eigenen Sohnes als Mahlzeit vor. Gleichzeitig posierte er mit Filmstars wie Kim Novak und Zsa-Zsa Gabor. Porfirio Rubirosa, ein anderer Angehöriger der Diktatorensippe, war ein in Europas Regenbogenpresse gefeierter Playboy der oberen Zehntausend. Er starb in einem Ferrari.

Die Trujillos herrschten mit brutaler Hand und schafften so jenes revolutionäre Klima, das auch in Kuba zum Umsturz geführt hatte. Eine «Partido Revolucionario Dominicana» bildete sich aus der unteren Mittelschicht heraus, versuchte der Anarchie nach dem Attentat auf Diktator Trujillo Herr zu werden und fand mit Juan Bosch, einem Universitätsprofessor sozialdemokratischen Zuschnitts, ihren Kandidaten. Die Reste des Trujillo-Clans, die vermögende Oberschicht, die Militärhierarchie und die nordamerikanischen Investoren machten in ihrer Propaganda aus Juan Bosch sofort einen Castro-Anhänger. Sicher haben Kontaktleute Castros ihn mit Rat und Tat unterstützt. Aber Kuba war damals zu schwach, um seine Kräfte auch noch auf die zweitgrößte Insel der Karibischen See zu konzentrieren. Ein von Washington inspirierter Militärputsch machte der Bosch-Partei den Garaus, und die anschließenden Bürgerkriegswirren gaben Washington den Anlaß, ihre gefürchteten «Marines» – gleich 50000 von ihnen – nach Santo Domingo zu schicken. Mit Joaquín Balaguer fanden die Besatzer einen Präsidenten, der das Land zugunsten der einheimischen Oligarchie für viele Jahre im gewohnten Stil autoritär regierte. Im Wahlkampf 1970 versuchte Juan Bosch noch einmal sein Glück und verlor unter dem kombinierten Druck des Militärs und der Wahlkampfleiter, die zumeist von der Oligarchie bestochen worden waren.

Ich kann mich an diese Wahl sehr gut erinnern, weil mein Team und ich selbst Opfer der Machenschaften der Herrscher im Lande wurden. Wir hatten in der wunderschönen Altstadt von Santo Domingo gedreht. Die Stadt war einst nicht nur die

144

Kapitale der Insel, sondern der Ausgangspunkt der spanischen Konquistadoren. Hier baute sich schon der Bruder von Christoph Kolumbus, Bartolomé, einen Palast, von hier segelte Ponce de León nach Puerto Rico, begann Hernán Cortez seinen Angriff auf Mexiko, von hier aus brach Balboa zur Entdeckung des Pazifischen Ozeans auf, und hier plante Diego de Velázquez die Besiedlung Kubas.

In einem der Bauten aus dem 16. Jahrhundert war ein Wahllokal untergebracht. Wir erlebten, wie Parteigenossen des regierenden Joaquín Balaguer die kleinen Leute, die dort zur Wahl gehen wollten, vorher durch Geschenke oder Drohungen einschüchterten. Militärs, die zur Bewachung abgestellt waren, sahen, wie wir diese Vorgänge festhielten. Wir fuhren dann mit unserem Filmmaterial zum Flughafen und wollten ausreisen. Dort nahm man uns das Material ab. Es hieß, der Film müsse im Lande entwickelt werden, das sei Vorschrift des Zolls. Natürlich gab es in der Dominikanischen Republik kein Kopierwerk für unser Agfa-Material. Als wir dann die Rollen nach Tagen zurückbekamen und uns das Material auf dem Schneidetisch ansehen wollten, war es schwarz.

Korrupt und mit Härte regierte Joaquín Balaguer bis zum Jahre 1978, als Präsident Jimmy Carter in Washington beschloß, den weiteren Handel der USA mit der Dominikanischen Republik von der Wahrung der Menschenrechte und von freien Wahlen abhängig zu machen. Das führte dann damals zum Sieg der Partido Revolucionario Dominicano, die zwar immer noch Juan Bosch zu den Ihren zählte, aber einen anderen Präsidentschaftskandidaten aufgeboten hatte. Die schon älter gewordenen Revolutionäre haben sich indes fast als ebenso korrupt und geldgierig erwiesen wie ihre reaktionären Vorgänger.

Auf einer Reise von Amerika nach Europa im August 1986 machte ich wiederum Station in der Dominikanischen Republik, und es war, als ob die Uhr zurückgedreht worden wäre. Denn erneut wurde Joaquín Balaguer zum Präsidenten der Republik ausgerufen. Damals war er schon 79 Jahre alt und fast blind. Aber im Gegensatz zu seinen vorhergehenden Präsidentschaften wandelte sich Balaguer vom Saulus zum Paulus und rief eine

145

Moralisierungskampagne im Lande aus. Im Mai 1990 wurde er für weitere vier Jahre gewählt.

Heute lebt die Gesellschaft der Dominikanischen Republik in einem womöglich noch stärkeren Kontrast zu ihrer Nachbarnation, mit der sie sich die Insel teilt – zu Haiti.

Der Popanz von Haiti

Die Bevölkerungsmischung in der Karibik ist so bunt nicht, wie sie Kataloge und Prospekte preisen. Auf den allermeisten der Inseln hat Schwarz die Farbe Rot ersetzt und Weiß fast an die Peripherie verdrängt. Schon die frühen Konquistadoren haben die Indianer fast vollständig ausgerottet, Sklaven aus Afrika geholt und sich mit ihnen teilweise vermischt. Bis auf Kuba selbst, Puerto Rico und die eine oder andere niederländische Antilleninsel beherrschen Schwarze und Mulatten das Straßenbild. Auf der Insel Hispaniola, die mit Santo Domingo die erste Kapitale der Neuen Welt hatte, gerieten sich schwarze und braune Einwohner einst so in die Haare, daß dies zu einer Teilung der Farben führte. Ähnlich der Entflechtung in Indien zwischen Mohammedanern und Hindus kam es in Hispaniola zu einer Entflechtung zwischen Mulatten und Schwarzen. Die einen gründeten die Dominikanische Republik und die anderen Haiti. 80 Prozent der rund sechs Millionen Einwohner Haitis sind afrikanisch schwarz. Mit der Teilung übernahmen die Franzosen das koloniale Regiment auf dem haitianischen Teil der Insel. Und als die Franzosen vor 200 Jahren Freiheit, Gleichheit und Brüderlichkeit forderten, verlangten die Afrikaner der französischen Kolonie Haiti diese Menschenrechte auch für sich, erreichten nach einem Aufstand im Jahre 1803 die Unabhängigkeit und gründeten die erste freie afrikanische Republik – allerdings in Westindien. Ihr Führer Toussaint hat zudem als Vorkämpfer der Sklavenbefreiung in der Neuen Welt Geschichte gemacht.

Nur zu gern jedoch imitierten später die Präsidenten des freigewordenen Landes Napoleon. Sie bauten Schlösser wie die

Franzosen, schneiderten Uniformen wie für Bonapartes Armee und ließen sich Hüte machen, die dem des französischen Diktators glichen. Einer der übelsten in der Reihe dieser schwarzen Diktatoren war Doc Duvalier. An seinem Todestag im April 1971 war ich auf Haiti.

Der Diktator starb im Bett. Das ist eine Ausnahme von der politischen Regel in der Karibischen See. Batista, der Alleinherrscher auf der Nachbarinsel Kuba, wurde von Fidel Castro zum Teufel gejagt, Trujillo, Massenmörder im Nachbarstaat Dominikanische Republik, traf die Kugel einer Maschinenpistole. François Duvalier hingegen war bei dem Geschäft, aus einem ganzen Land den Privatbesitz einer Familie zu machen, keine Risiken eingegangen. Er kam 1957 durch Wahlen an die Macht. Das war der für lange Zeit letzte demokratische Akt in Haiti. Seinen Gegenkandidaten ließ er damals zum Tod verurteilen, seine Gegner gefangennehmen oder ins Exil zwingen, auch nach Kuba. Dort haben diese Exilanten vergeblich versucht, Castros Hilfe für ihre Rückkehr zu gewinnen, wenn auch der Commandante hinter einem mißlungenen Offiziersputsch 1967 auf Haiti gesteckt haben soll.

Seitdem hatte sich Doc Duvalier eine 25 000 Mann starke Prätorianergarde aufgebaut, die Tonton Macoute. Das Erfolgsrezept von Papa Doc war die Verbindung von Gewalt mit Voodoo, mit Magie. 1961 exkommuniziert, erhob er den afrikanischen Voodoo-Kult zur Staatsreligion. Ich sah schwarze Frauen hysterisch am Sarg dieses Mannes schreien, der für sie eine Art Voodoo-Gottheit war. «Einheit macht stark» stand auf der eisgekühlten Grabestruhe. Und es schien, als ob sich ein gutes Fünftel der Einwohner Haitis zum Abschied von ihrem Präsidenten eingefunden hatte. Dabei spielte keine Rolle, daß Duvalier sich reich gemacht hat und seine Gläubigen in der bittersten Armut lebten, die Lateinamerikas Elendsstatistik aufweist.

Mir schien, daß jene Haitianer, die nicht nach Kuba exiliert oder im Kerker das Ende gefunden haben, nach innen geflüchtet waren, in den magischen Voodoo-Kult, der sich auch in der naiven Malerei äußert. Bei seinem Tod brachte Papa Doc seine Untertanen ein letztes Mal zum Weinen. Jene wenigen, die ihm etwas zu verdanken hatten, verloren keine Tränen: die Mitglieder des Hofstaates. Der kränkelnde Duvalier hatte die Konjunkturritter, mit denen er sich umgab, zu verstärkten Intrigen und Spekulationen angestachelt – ihre Mühe war umsonst. Noch vor seinem Tod hatte sich der Diktator auf sein eigenes Blut besonnen und in Haiti die Unmenschlichkeit erblich gemacht.

Papa Duvalier war brutal, egoistisch und raffgierig, Sohn Duvalier entpuppte sich schnell als feige. Nur aus sicherer Entfernung verfolgte er den Trauerzug. Die Totenmesse war noch nicht verlesen, da beging Jean-Claude Duvalier die Flure des Palastes, um sie mit seinem schweren Schritt vertraut zu machen. Aber drei ehrgeizige Schwestern machten ihm das Leben schwer. Besonders Marie-Denise schien der eigentliche Mann im Herrscherhaus zu sein. Die Treue der Tonton Macoute schien sich indessen vom Vater auf den Sohn vererbt zu haben. Die Folge waren verstärkte Sicherheitsmaßnahmen. Wir, die ausländischen Journalisten, bekamen das ebenfalls zu spüren: Begleitung durch einen als Chauffeur getarnten Agenten und einen Polizisten, genaue Angabe des Tagesablaufs, Filmverbot außerhalb des Palastbezirkes, Nachrichtensperre und Vorzensur, Rapport bei der Polizei. Jean-Claude Duvalier war nicht der letzte Vertreter einer Reihe von Blutegeln, die sich am Volk vollsaugen. Das Jahr 1986 sah dann das Ende von fast 30 Jahren der Herrschaft der Duvaliers in Haiti, als am 9. Februar Jean-Claude oder auch «Baby Doc» Duvalier unter dem Druck der verarmten Massen ins Exil gehen mußte.

Die Junta, die ihm nachfolgte, wurde von einem General namens Henry Namphy geführt, der bei den Duvaliers als Generalstabschef fungiert hatte. Nach mehreren Vorhaltungen Washingtons mußte er sich freien Wahlen stellen. Das hatte etwas mit der Nachbarinsel Kuba zu tun, die an den einander nächstgelegenen Küstenstreifen nur 80 Kilometer von Haiti entfernt ist.

Mit dem Niedergang der Diktatur begann in den USA die Angst vor der Ansteckungsgefahr des revolutionären Bazillus Fidel Castros. Der menschenverachtende Diktator Doc Duvalier hatte viele amerikanische Regierungen von Eisenhower bis Nixon davon überzeugen können, daß er mit seinem strengen Antikommunismus ein Bollwerk gegenüber Fidel Castro bilden würde.

Haiti wurde seit seiner Unabhängigkeit von Diktatoren regiert, und dies mit einer auch in der Geschichte der Karibik ungewöhnlichen Brutalität. Das führt heute zu dem merkwürdigen Phänomen, daß ein Großteil der Sechsmillionenbevölkerung, so bitter arm und geplagt sie auch sein mag, sich gar nicht vorstellen kann, ohne einen starken Mann an der Spitze zu leben. Ein kleines Beispiel mag dies illustrieren: Nach einem Abendessen, bei dem es recht spät geworden war, auf dem Weg zurück zum Hotel Olofson, hetzte in einer dunklen Gasse plötzlich ein junger Mann an uns vorbei. Ihm auf den Fersen war eine schnell wachsende Menge mit Rufen wie «dich kriegen wir schon» und «haltet den Dieb». Als der junge Mann schon fast eingeholt ist, ruft er: «Lang lebe Doc Duvalier.» Konsterniert verhält die Menge und läßt den Dieb entkommen. Die Macht der Duvaliers reicht über ihren Tod beziehungsweise über ihr Exil hinaus.

Ein anderes Beispiel für die anhaltende Diktatur im Kopf der Menschen ist der Journalist Jolicœur. Mit seiner glänzenden braunen Glatze, seiner eleganten Kleidung und einem, wenn ich mich richtig erinnere, silberbeschlagenen Stöckchen, war er für uns Journalisten ein vertrautes Bild, wenn wir die Insel besuchten. Er war nicht nur Gesellschaftskolumnist, sondern auch ein Nachrichtenzuträger des Regimes. Er hat es überlebt. Mit seinem Wissen um die Machenschaften der Haitianer in viele Winkel der Gesellschaft hinein blieb er anscheinend unantastbar. Jolicœur diente dem britischen Schriftsteller Graham Greene als Vorbild für eine Romanfigur in «Stunde der Komödianten», einem Sittengemälde der bösen Duvalier-Zeit. Das letzte, was ich von Jolicœur sah, waren Handküsse, die er galant Touristinnen aus den USA im Hotel Olofson gab – Jahre nach dem Auszug von Baby Doc Duvalier. Bei ersten wirklich freien Wahlen zu Anfang 1991 fiel Haiti aber in ein anderes Extrem. Per Stimmzettel machten die geplagten Einwohner einen linken Vertreter der Theologie der Befreiung zu ihrem Präsidenten, den Castrofreund Jean Paul Aristide.

Offenbar kann man mit der Bevölkerung von Haiti nicht jene Revolution machen, wie sie Fidel Castro vorschwebte. Da fehlen noch Jahre der Bewußtseinsbildung. Eine zu lange Wartezeit für den Bärtigen auf der benachbarten Zuckerinsel. Zur Zeit der Revolution auf Kuba hatten nur zwei andere Staaten in der Karibischen See ihre Eigenstaatlichkeit erreicht – eben die Dominikanische Republik und Haiti. Und diese beiden blieben auch eher die Ausnahme von der Regel des kubanischen Einflusses. Alle anderen nachgeborenen unabhängigen Inselstaaten haben früher oder später, stärker oder schwächer, die Faust oder die hilfreiche Hand Fidel Castros gespürt.

Der revolutionäre Flickenteppich

Anguilla ist eine kleine Insel in der Karibik, die selbst von den Kleinen Antillen aus gesehen in einem verlorenen Wetterwinkel der Karibischen See versteckt liegt. Anguilla gehörte zu den Krümeln des britischen Empire in Westindien und sollte ursprünglich zusammen mit zwei anderen benachbarten Inseln in die nationale Unabhängigkeit entlassen werden. Die 6000 Bürger von Anguilla wollten aber den Weg in die Zukunft allein gehen. Als die Kolonialmacht England das nicht gestattete, vertrieben die Einheimischen die 14 von London entsandten Ordnungspolizisten und verbrannten in einem kleinen *coup d'état* das Haus des englischen Hochkommissars.

Ein Mulatte, dem an den roten Haaren und den blauen Augen die irische Abkunft anzusehen war, rief sich zum Präsidenten aus: Ronald Webster. Er machte dann gleich die anderen Mitglieder des Webster-Clans zu Ministern.

Anguilla ist von der Natur, die andere Inseln mit tropischer Schönheit so verwöhnt hat, nicht berücksichtigt worden. Es ist ein wüstenähnliches, kaum bewachsenes und sehr ebenes Eiland, auf dem es zudem kaum einmal regnet. Kein Land, um das zu kämpfen sich lohnt. Aber London nahm den Putsch nicht hin, reagierte ähnlich hart, nur nicht in den Dimensionen, wie beim Falklandkrieg später mit Argentinien, schickte Fallschirmjäger auf die Insel und schlug den Aufstand nieder. Der zähe schwarze Ire Webster erreichte aber dann doch in einem zweiten, eher friedlichen Anlauf, was er mit Militanz nicht erreichen konnte, eine gewisse Eigenständigkeit und die Anwendung des kubanischen Modells auf Anguilla. Nach dem Motto: Jedem Anguillaner ein Haus, ein Feld und ein Stück Fischereirevier, teilten sich die 6000 Einwohner die Insel auf.

Als ich mit einem wackeligen Inselhüpfer Ende der 60er Jahre Anguilla einen Besuch abstattete, sah ich nur tote Leitungen, verkommene Straßen, halbfertige Häuser. Auf dem «Flughafen», einem ehemaligen Landestreifen der US-Air-Force, stand eine ausgebrannte Sportmaschine. Ein Paßbeamter, der nach mehreren Stunden auftauchte, entledigte sich seiner Pflicht mit einem pompösen Stempel und der Forderung, dem Verein der Freunde von Anguilla beizutreten. Natürlich ein kostspieliges «Vergnügen». Der rothaarige Ronald Webster holte mich persönlich ab. In einem Jeep ohne Türen zeigte er mir die einzige Straße, die einzige Schule und das einzige Gasthaus der Insel. Und schließlich die *Anguilla News*, eine Zeitung, die einmal im Monat erscheint und aus einem fotokopierten handgeschriebenen Blatt besteht.

Webster: «Zur Zeit haben wir sehr wenig Tourismus – unser größtes Problem. Wir wissen, daß Anguilla arm ist, daß wir uns die Unabhängigkeit kaum leisten können, aber trotzdem will hier keiner seine Eigenständigkeit missen.»

Tatsächlich ist Anguilla eine Service-Nation geworden. Die Einheimischen arbeiten zeitweise auf den Tourismusinseln in der Nachbarschaft, bauen mit dem Ersparten ihre halbfertigen Häuser. Heute betrachten es die Einwohner von Anguilla als eine Errungenschaft, daß sie nicht zusammen mit den Nachbarinseln Saint Kitts und Nevis in die Unabhängigkeit gezwungen worden sind.

Im Juni 1987 sagte der amtierende Chefminister von Anguilla, Emile Gumbs: «Die Briten haben uns einst die Last der Sklaverei aufgebürdet, sollen sie jetzt die Last unserer Wirtschaftsnot mittragen helfen.»

Im Schatten des kubanischen Zeitalters haben die Menschen auf fast allen Inseln und sonstigen Besitzungen des ehemaligen britischen Empires in Westindien ideologische Schlachten geschlagen. Am stärksten machte sich der Einfluß der kubanischen Revolution in Britisch Guyana bemerkbar, das im Mai 1966 unabhängig wurde und seitdem Kooperative Republik Guyana heißt. Das Wort Guyana ist eine geographische Bezeichnung für einen breiten, sumpfigen, stickig-heißen Landstrich, der sich von Venezuela bis nach Brasilien entlang der Atlantikküste erstreckt. Engländer, Franzosen und Niederländer hatten sich jeder ein koloniales Stück aus dieser tropischen Wildnis herausgeschnitten. Obwohl auf dem südamerikanischen Festland gelegen, werden diese drei Territorien der Karibik zugerechnet, weil sie eben von dort aus verwaltet wurden, sie liegen sozusagen mit dem Rücken zum Kontinent.

Auf Guyana trifft in gewisser Weise das Etikett Westindien zu, wie es einst Kolumbus fälschlich geprägt hat, weil nämlich die Briten aus ihrem indischen Vizekönigreich Kulis für die Arbeit an den Eisenbahnen und in den Zuckerrohrplantagen Guyanas abgestellt hatten. Schon 1961 sagte [mir] der Journalist Manfred George voraus: «Bald wird der Kopf eines sehr gut und etwas verträumt aussehenden Inders neben dem Kopf des Fidel Castro in den Gazetten auftauchen.»

Dieser sehr gut und etwas verträumt aussehende Inder hieß Dr. Cheddi Jagan. Der Zahnarzt machte aus seiner People's Progressive Party eine kommunistische Kaderpartei. Er wurde dabei kräftig von seiner weißen Frau Jeanette Rosenberg unterstützt, einer jungen Krankenschwester aus den USA, die in ihrem Geburtsland bald als «rote Jeanette» ebenso bekannt war wie der Kommandant der Zuckerinsel Kuba. Diese «rote Jeanette» hat an vielen Kongressen im Ostblock teilgenommen und unter anderem auch die Berliner Mauer als antifaschistischen Schutzwall begrüßt. Als im Sommer 1963 ein kubanischer Frachter im Hafen von Georgetown, der Hauptstadt von British Guyana, einlief, nutzte Cheddi Jagan diesen Anlaß, um Fidel Castro als den «ersten sozialistischen Ministerpräsidenten in unserer Hemisphäre» zu feiern, hob die Faust und machte sich Castros Schlachtruf *Patria o muerte*, Vaterland oder Tod, zu eigen.

Ich habe Cheddi Jagan am 22. Februar 1970 kennengelernt. Das war der Vorabend der Unabhängigkeitsfeier innerhalb des Commonwealth. Es war den Briten gelungen, die Gegenpartei

People's National Congress unter der Führung von Forbes Burnham in Guyana an die Macht zu bringen, die mehrheitlich von Schwarzen, Mischlingen und Mulatten gebildet wird. Verbittert bezichtigte Jagan den amerikanischen Geheimdienst CIA und britische Agenten der gemeinsamen Verschwörung gegen ihn. In dieser Nacht stürzten seine Anhänger Statuen von Königin Victoria, randalierten auf den etwas verkommenen spätkolonialen Alleen der Hauptstadt.

Aber der neue Regierungschef Forbes Burnham war nicht bereit, dem Diktat aus London zu folgen. Er hatte seine eigenen Vorstellungen. Unter Forbes Burnham regierte in Guyana mehr die Faust als das Recht. Er versammelte um sich eine getreue Anhängerschaft von schwarzen Nationalisten, korrupten Geschäftsleuten und verquasten Ideologen. Neben Schlägertrupps und Geheimdienstkadern stützte er sich zudem auf einen lokalen Kult namens «House of Israel». Ein in den USA wegen Hausfriedensbruch verurteilter Rabbi, Edward Washington, hatte diesen Kult 1971 gegründet, nahm Forbes Burnham unter die Gläubigen auf und diente ihm gleichzeitig mit politischen Morden, als Streikbrecher und mit der Fälschung von Wahlergebnissen.

Von dem Marxisten Cheddi Jagan trennte Burnham die Hautfarbe und der Hang zur gewissenlosen Gewaltanwendung. Aber er war wie der Inder ein Anhänger Fidel Castros. Während es Jagan jedoch mit der Sowjetunion hielt, suchte Burnham die Unterstützung Chinas und Nordkoreas. Ich war einmal zum Unabhängigkeitstag in den Regierungspalast geladen, wo das «Jackshirt», das Jackett der Tropen, ein Hemd über der Hose getragen, als Kleidervorschrift galt. Da erschienen die Kubaner im gelben Jackshirt, die Chinesen in Blau, die Libyer in Grün, die Nordkoreaner in Rot – eine bunte, revolutionäre Mischung.

Burnham verstaatlichte das Eigentum vieler Kanadier und Engländer, nationalisierte die Bauxitminen und die Zuckerfarmen. Das handelte ihm den Boykott der westlichen Geschäftswelt ein. Als er 1985 den Herztod starb, hinterließ er ein heruntergewirtschaftetes Land. Seitdem versucht sein Nachfolger

Desmond Hoyte den Schaden wiedergutzumachen, ließ den Rabbi Washington zu 15 Jahren Gefängnis verurteilen, kündigte den Kommunisten die Freundschaft auf und erhielt von den USA und Großbritannien wieder Entwicklungshilfe: eine traurige Politfarce der Dritten Welt, die in wenigen Jahrzehnten das ideologische, wirtschaftliche und politische Schicksal vieler anderer Nationen Südamerikas exemplarisch vorführte.

Guyana – das Land,
wo der Pfeffer wächst

Alle drei Länder an der Küste von Guyana wurden als einzige in Südamerika nicht von der Iberischen Halbinsel aus besiedelt. Das weite Sumpfland am Atlantik hatte keine offensichtlichen Reichtümer zu bieten, schien unbewohnt und unbewohnbar.

Die Konkurrenten der Spanier und Portugiesen im Ringen um die Neue Welt gingen dort nur an Land, um erst einmal im feindlichen Territorium Fuß zu fassen. Die Spanier im Norden beobachteten das mit Argwohn. Venezuela, einer der Nachfolgestaaten des spanischen Kolonialreiches, erhebt bis heute Anspruch auf einen großen Teil von Guyana, der zwar menschenleer, aber reich an Rohstoffen ist. Die Portugiesen im Süden zeigten sich zunächst gleichgültig. Sie hatten genug damit zu tun, ihr riesiges Brasilien dort zu entwickeln, wo es fruchtbar und kostbar war.

Briten, Niederländer und Franzosen teilten sich Guyana bereits 1767 im Frieden von Breda auf. Dabei machten die Niederländer einen besonders denkwürdigen Tausch. Sie gaben Nieuw Amsterdam in Nordamerika, das heutige New York, an die Engländer ab und handelten sich dafür 164000 km² Wildnis ein, eine Fläche, größer als die Niederlande selbst. Wie in Guyana beschieden sich die Niederlande überall in der Karibik mit dem, was die anderen nicht wollten: der Vulkaninsel Saba mit ihren schroffen Felsen und wilden Brandungen, den Wüsteneilanden Aruba, Bonaire und Curaçao – Rieseneidechsen, Wassermangel, Wirbelstürme – und eben Surinam, dem niederländischen Guyana mit seinem Dschungel, Moskitos und schwülheißer Feuchtigkeit. Dennoch ist die kleine Welt, die vor allem der kühne Peter Stuyvesant in der Karibik schuf, fast märchenhaft geraten:

bunte Häuser, idyllische Grachten, liebevoll angelegte Plätze und blitzsaubere Märkte. Die Niederländer bauten mit jener Energie, die in Europa das Land dem Meer entriß, ihren Ordnungssinn in die Wasser, Dschungel und Wüsten. Saba ist heute ein Bilderbuchpensionat für Kapitäne zur See, Curaçao ist ein Umschlagplatz für Handel und Öl vom Festland, und Aruba hat sich 1986 einen Sonderstatus zwischen Hilfe aus und Unabhängigkeit von Den Haag erkämpft, mit Spielcasinos, die den Tourismus anziehen sollen, und Steuerfreiheiten, die auch die Tennisclique um Ion Tiriac nutzt.

Die Perle dieser schmucken kolonialen Kette war Paramaribo, die Hauptstadt von Niederländisch Guyana, dem heutigen Surinam. Das Stadtbild konnte sich an Pracht und Architektur mit Breda oder Utrecht messen. Niederländische Toleranz hat zudem Hindutempel für die indischen Gastarbeiter, Moscheen für arabische Händler und Synagogen für die große jüdische Gemeinde ermöglicht, deren Mitglieder aus Iberien und Iberoamerika vertrieben worden waren.

Eine Fehlfarbe in diesem ansonsten bunten Völkergemisch ist Rot. Indianische Ureinwohner finden sich nur noch im undurchdringlichen Hinterland hinter den Blanche Marie-Wasserfällen und in Richtung des Roraima-Plateaus, das Sir Arthur Conan Doyle als Vorbild für seine «Versunkene Welt»-Romane diente.

Als «Eingeborene» werden schon lange jene Schwarzen angesehen, deren versklavte Vorfahren sich in die Freiheit der Dschungel geflüchtet hatten und die dort immer noch auf einem Zivilisationsstand leben wie im mittelalterlichen Afrika. Diese «Marons» oder «Maroons» bilden eine Art Subkultur in allen drei Guyanas. Als ich in den 60er Jahren mit einem Buschpiloten namens Marcel Wylsenga auf die Suche nach den Dörfern der Maroons ging, zeigten sie sich als fremdenscheu und fremdenfeindlich. Sie sind leicht durch jede Art von Aberglauben zu fesseln. Sie duldeten in Guyana zum Beispiel die nordamerikanische Sektierergemeinde von «Jonestown», die im kollektiven Selbstmord des sogenannten Jonestown-Massakers endete. Sie übernahmen auch den Voodoo-Kult aus Haiti und Brasilien. 20 Jahre später erzählte mir Pilot Wylsenga in Ingolstadt, wo er

Familie hat, von österreichischen Söldnern und einem deutschen Terroristen im Dschungel, die im Dienste der Regierung als Killer in Surinam arbeiteten. Ich mochte das zunächst nicht glauben.

Ich habe das wilde Hinterland der Guyanas stets als die entfernteste aller Welten empfunden, ein primordialer Platz für jede Phantasie und Utopie. Um so überraschter war ich später von der Nachricht, daß sich unter den Maroons eine politische Formation bilden konnte, die SNLA, die Befreiungsfront von Surinam. Sie entstand als Gegenbewegung zu den Militärherrschern, die fünf Jahre nach der Unabhängigkeit, die Ende 1975 erklärt wurde, die Macht ergriffen. Der Führer der Junta in Paramaribo, Colonel Deti Bouterse, geriet in den Sog Fidel Castros, nahm nicht nur wirtschaftliche, sondern auch militärische Beziehungen zu Kuba auf. Mit deutscher Hilfe entledigte sich Bouterse der meisten seiner politischen Widersacher durch eine Serie von Morden im Dezember 1982. Dieses Massaker schreckte das ehemalige Mutterland von jeder weiteren Hilfeleistung ab und alarmierte Amerikaner, Brasilianer und Franzosen gleichermaßen. Einer der Überlebenden, Corporal Ronnie Brunswijk, ein Abkömmling der Maroons, konnte im Hinterland Widerstand organisieren. Ein Bürgerkrieg flammte auf, in dem beide Seiten merkwürdige Bundesgenossen fanden. Zunächst gelang es Brasilianern und Amerikanern, den Militärdiktator Bouterse von seiner Anlehnung an Kuba abzubringen. Aber die beiden amerikanischen Großmächte wollten die Geldgier und den Machthunger Bouterses nicht befriedigen. So wandte sich der Colonel, vermutlich über kubanische Mittelsleute, an Libyen. Muammar El Gaddafi suchte nach dem amerikanischen Bombenangriff auf Tripolis im April 1986 nach Wegen, um Vergeltung zu üben. Seine Agenten nahmen überall im karibischen Raum, zum Beispiel in St. Lucia und Dominica, Kontakte zu radikalen Gruppierungen auf – und fanden in Surinam fruchtbaren Boden. Geld, Rüstungsgüter und Kommandos aus Libyen trafen nach 1983 in Paramaribo ein. Äußere Zeichen dieser libyschen Präsenz waren der Bau von neuen Moscheen und islamischen Zentren in der Hauptstadt von Surinam.

All dies geschah unter Ausschluß der Weltöffentlichkeit, denn Bouterse verhängte eine strenge Pressezensur über sein Land. Nur gelegentlich erhaschten versprengte Touristen und Geschäftsleute einen Blick auf die Szene, sahen den vormals prächtigen Gouverneurspalast, umgetauft auf den Namen Volkspalast, von Stacheldraht und Sandsäcken umgeben oder das Museum von Fort Zeelandia zur Kaserne für Elitetruppen umfunktioniert. Ihr Kern ist die von Kuba ausgebildete «Echo-Brigade», eine Prätorianergarde des Militärherrschers Bouterse.

Mehr noch als den Amerikanern wollte es Gaddafi den Franzosen heimzahlen, die seine militärischen Abenteuer in Westafrika, besonders im Tschad, unrühmlich hatten enden lassen. Die Libyer zündelten in Guadeloupe und Martinique, den französischen Überseeprovinzen, stachelten dort Unabhängigkeitsbewegungen zur offenen Revolte an. Des Libyers eigentliches Ziel aber war Kourou, das Raumfahrtzentrum der Franzosen und die Rampe der Europarakete. Kourou wiederum liegt in der Nachbarschaft Surinams, in Französisch Guayana.

So entsprach es der Logik in diesem kriegerischen Sandkastenspiel, daß die Franzosen wiederum Geld, Rüstung und militärische Ausbildung in das gegnerische Lager steckten. Der SNLA-Führer Corporal Brunswijk hat zwar immer bestritten, französische Hilfe zu erhalten, aber die Waffenlieferungen an seine Organisation gingen ohne Zweifel über französisches Territorium. Brasilianischer, amerikanischer und niederländischer Nachschub für die Befreiungsfront Surinams hatte oder hat noch immer sein Sammellager auf Stoelmanseiland, früher ein Zentrum des Voodoo-Kults.

Um den Rebellen die Logistik zu nehmen, überfielen die Truppen Bouterses viele Dörfer der Maroons und lösten unter der schwarzen Bevölkerung eine Flüchtlingswelle aus, die von Französisch Guayana nur mühsam aufgenommen werden konnte. Anfang 1987 bot Frankreich zur Sicherung seiner Überseeprovinz Fremdenlegionäre aus Madagaskar auf. Guyana drohte zum Schauplatz eines Stellvertreterkrieges zu werden. Der Aufmarsch der Franzosen und der wachsende Unmut der Bevölkerung in der Hauptstadt Paramaribo über die von Kuba und Libyen gestützte Diktatur zwangen Bouterse jedoch zum Einlenken. Im November 1987 ließ er Wahlen zu, die zur Regierungsübernahme durch eine breite «Front für Demokratie und Entwicklung» führten. Auch in Surinam hatte Kuba ausgespielt. Aber der Bürgerkrieg warf die Frage auf, warum eigentlich Frankreich als einzige europäische Macht seine Kolonien nicht freigab oder zumindest in die Autonomie entließ, sondern zu Provinzen des Mutterlandes machte.

Es hat sicherlich mit historisch engen Bindungen zu tun, daß die Franzosen sich von dieser Kolonie nicht trennen wollen. Die Namen der beiden Forts auf Martinique, Napoleon und Josephine, erinnern daran, daß eine Kreolin von den Antillen einst Kaiserin von Frankreich war. Volksbefragungen haben auch erwiesen, daß eine Mehrheit der Bewohner von Guadeloupe und Martinique, von St. Martin und Guayana bei Frankreich bleiben wollen, schon weil das Mutterland wirtschaftlich für sie aufkommen muß. Die gelegentlich aufflammenden Rassenkonflikte und Unabhängigkeitsdemonstrationen werden zum Teil von außen geschürt. Wesentlich aber für Frankreich ist die strategische Bedeutung von Guayana.

Ursprünglich war für Paris eine vorgelagerte Inselgruppe wichtiger als das Stück Festland in Südamerika. Auf den Îles de Salut mußten Frankreichs Schwerverbrecher und politische Häftlinge ihre Strafen abbüßen. Besonders die Teufelsinsel, auf der auch Alfred Dreyfus bis zu seiner Begnadigung 1899 gefangengehalten wurde, hat kaum jemand lebend verlassen.

Legendärer wurde die Flucht von Jacques Charrière, kurz bevor die Gefängniskolonie 1953 aufgelöst wurde. Ich habe Charrière in Caracas kennengelernt, wo er auch «konspirative» Treffen mit Guerilleros pflegte, um seine Rachsucht gegenüber Frankreich zu stillen. Charrière ist inzwischen gestorben, aber sein Schicksalsroman «Papillon» hält die Erinnerung an ihn und die Geschichte der Gefängnisinsel wach – eine Anklage gegen französische Kolonialwillkür.

Von den Gefängnisinseln aus sieht man die Hauptstadt Cayenne, immer noch ein Ort, wo nur «der Pfeffer wächst». Und 58 Kilometer westlich davon liegt «La Cité Blanche», die weiße Stadt, wie die alteingesessenen Einwohner Kourou nennen, das Raumfahrtzentrum mit 6500 weißen Einwohnern, die als Techniker, Ingenieure und Administratoren die Europarakete «Ariane» betreuen.

Zweifellos ist der Wert und die Bedeutung dieser europäischen Investition der wichtigste Grund für Franzosen und ihre europäischen Partner, Französisch Guayana nicht einen Millimeter Freiraum zu lassen. Um so sorgenvoller blickten die Politiker Europas auf den Bürgerkrieg im benachbarten Surinam, der über die Grenzen zu schwappen drohte. Für innenpolitischen Sprengstoff sorgt auch eine Enklave von Hmongs aus Laos, die Frankreich aus seiner einstigen asiatischen Kolonie hierhin übersiedelt hatte, um diesen befreundeten Volksstamm vor der Revanche der Vietnamesen zu schützen. Am Grenzübergang zwischen Surinam und Französisch Guayana, der erst 1989 wieder aufgemacht hat, erinnern die Namen der drei einzigen Gaststätten an die Probleme der Region. Ein Bistro heißt Point d'Interrogation, Verhörplatz, eines Vietname und eines Star-Hotel, Hotel zu den Sternen. Ohne Zweifel baut sich in der französischen Überseeprovinz Guayana ebenfalls ein Rassenkonflikt der Schwarzen mit den Weißen und den Asiaten auf.

In Surinam ist der Kampf um die Macht eine Auseinandersetzung allein zwischen Schwarzen, und im ehemals britischen Teil von Guyana haben die Schwarzen den indischen Bevölkerungsteil wohl endgültig von der Macht verdrängt. Kuba war der Vorreiter dieser Entwicklungen, aber verbunden fühlt man sich in den drei Guyanas vor allem den Bürgerrechtsbewegungen in den Vereinigten Staaten. Namen wie Martin Luther King und Malcolm X stehen auch auf den Antillen symbolisch für ein radikal sich Geltung verschaffendes schwarzes Selbstbewußtsein, das für beträchtlichen sozialen Sprengstoff sorgt. Einige der radikalen nordamerikanischen Schwarzen der 60er Jahre kamen sogar ursprünglich aus der Karibik, so Stokeley Carmichael, der auf der Insel Trinidad geboren ist.

In den vormals britischen Kolonien entlud sich der Protest gegen die ehemaligen Sklaventreiber auch deshalb so sichtbar, weil die Briten einige Erscheinungsformen ihres demokratischen Systems mit auf die Karibischen Inseln gebracht hatten. Überall war die «Speakers Corner» eine Institution wie im Hyde Park in London selbst. Das war ein selbstverständlicher Teil der kolonialen Ausstattung, wie andererseits die viktorianischen Häuser der Kolonialherren, wie Kricket und Golf, der Reitplatz und der Country Club. In Trinidad führte mich ein Anhänger Stokeley Carmichaels zum Pitch Lake, dem Teersee. Er sagte, Sir Walter Raleigh, der übrigens 1595 in Guyana das sagenhafte Dorado suchte, dem es aber gut 20 Jahre später politischer Umstände halber die Hinrichtung einbrachte, habe den Pitch Lake einst benutzt, um seine Schiffe zu teeren. Auch die Champs-Élysées seien mit Pitch Lake-Asphalt planiert worden.

Die Führer der in den 6oer Jahren geborenen Parteien britischer Prägung kamen oder kommen fast ausschließlich von den Universitäten Großbritanniens oder Nordamerikas. Sehr genau kann man diesen Einfluß an der politischen Entwicklung der Karibikinsel St. Lucia verfolgen. Vor der Unabhängigkeit hatten sich dort zunächst Gewerkschaften organisiert. Aus ihnen ging die Parteienstruktur hervor. Einen Flügel übernahm ein Wirtschaftler, John Compton, der an der amerikanischen Harvard University und auf der London School of Economics erzogen wurde. Den anderen Flügel führte George Odlum, der in England Shakespeare und englische Literatur studiert hatte. Dem einen diente das kapitalistische Modell als Vorbild, die anderen suchten den revolutionären Wechsel. Der Journalist Rick Wayne aus St. Lucia sagte mir Ende der 7oer Jahre: «Ein Aufschrei hallt durch St. Lucia. Es ist der Ruf der Menschen nach dem Sozialismus. Und ihr Gott ist Fidel Castro.»

St. Lucia feierte seine Unabhängigkeit am 22. Februar 1979. Hintergrund, Umstände, Geschichte und Teilnehmer dieser Festlichkeit erschienen mir wie das Szenario eines phantastischen Spielfilms. Die 130000 Einwohner der 616 km² kleinen Insel belebten eine ungemein eindrucksvolle Landschaft, überragt von den beiden Vulkanen Le Petit und Le Grand Piton. Fünfzehnmal hatte die Herrschaft über die Insel zwischen Franzosen und Engländern gewechselt. Herrliche Strände und tropischer

Wildwuchs lockten die Touristen an. In der eher desolaten Hauptstadt Castries verwahrlosten derweil arbeitslose Jugendliche, die Fischer waren mürrisch und den Fremden feindlich gesinnt, weil ihnen die Sportsleute aus England, Amerika und Kanada mit ihren Luxusausrüstungen den Fang streitig machten. Calypsosänger und Rastafarians machten die Bevölkerungsmischung bunter, die Rastafarians trugen Afro-Look und beriefen sich auf den Kaiser Haile Selassie, den verstorbenen Herrscher Äthiopiens. Steelbands spielten an den Straßenecken auf, ihre Instrumente ausrangierte Benzinfässer, die von den amerikanischen Flugzeugen nach ihren Bombeneinsätzen in Europa über der Karibik abgeworfen worden waren. Kunstvoll bemalt, behämmert und gestimmt, beherrschten die Steelbands nicht nur heimische Melodien, sondern zum Beispiel auch Mozarts «Kleine Nachtmusik». Ihre Texte waren sozialkritisch, politisch, wie nur naive Folklore:

«Wir Auswurf der Sklavenschiffe, wir beweglicher Dünger, der Abscheu erregt, der süßes Zuckerrohr verheißt, man stempelte uns mit glühenden Eisen, man verkaufte uns auf den Märkten, und die Elle des englischen Tuches war teurer als wir. Von Hunger gequält, von Pocken verhagelt, von Schnaps zersprengt sind die Antillen und ihre Bewohner. Ihr Schrei besteht aus Hunger, aus Elend, aus Aufruhr, aus Haß. So seltsam geschwätzig und stumm. Ich heiße Lord Wiking und bin ein Lord des Calypso. Ich singe das Lied von der Unabhängigkeit. Wir fangen den Fisch und pflücken die Banane, aber unser Verkaufsschlager ist unsere Insel selbst. Ich heiße Lord Wiking, erzähle von reichen Leuten und Touristen und von armen Leuten und Terroristen. Von dem Alten, der unsere Insel regiert, und dem Rebellen, der Shakespeare studiert hat. Von dem Spekulanten, der aus Caracas kommt, und von dem Geschäftsmann aus Kanada, der Sonne kaufen will. Ich heiße Lord Wiking und singe das Lied von der Unabhängigkeit.»

Auf dem Markt, wo Kokosnüsse und Mangos, Guanabanas und Nisperos angeboten werden, haben Taxifahrer Touristen entladen. Die Taxifahrer, die Marktweiber, die Hoteliers sind Anhänger von John Compton, dem Marktwirtschaftler. Die Rastafarians, die Calypsosänger, die Fischer, die arbeitslosen Jugendlichen jubeln George Odlum zu, dem Doktor der Philosophie. Vor einem Gasthaus in einem ziemlich verkommenen Viertel von Castries hält Odlum eine flammende Rede für den Sozialismus, für die Enteignung, für Fidel Castro. Er will auch, daß das örtliche Holiday Inn Hotel umgetauft wird in «St. Lucian».

Überall hängen Plakate mit den Werbeparolen der verfehdeten Parteien auf der Insel. Sie hängen hoch, außer Reichweite der Passanten, damit sie nicht abgerissen werden können. Auf dem Flugplatz sammeln sich die Honoratioren, einige von ihnen in weißen Perücken, in britischem Stil, um die Abgesandte der englischen Krone zu empfangen, die Herzogin von Kent. Unter der gefährlichen Anflugschneise liegt der Friedhof von Castries. Die Hauptstraße von Castries ist mit festlichem Schmuck versehen. Es ist der Adventsschmuck von der Londoner Regentstreet, ein Geschenk der britischen Regierung für das Unabhängigkeitsfest. Ich treffe Hyacinto. Er ist der bedeutendste Maler der Insel. Nicht nur naive Bilder sind sein Metier. Er schuf auch das Altarbild einer neugebauten Kirche. Sowohl die Madonna wie das Jesuskind sind in schwarzen Tönen gehalten, Messianisches und Revolutionäres verknüpfend. Hyacinto sollte auch die Fahne der Insel gestalten. Es wird ein gelbes Dreieck auf blauem Grund, aus diesem ein weißgerändertes schwarzes Dreieck wachsend; Symbole für die beiden Vulkane, die die Insel überragen.

Der Korrespondent der englischen Fernsehgesellschaft BBC ist von Washington herübergekommen und meint: «Hier ist alles so schön übersichtlich. Die Revolution in der Streichholzschachtel. Und außerdem liebe ich Shakespeare.» Damit meint er George Odlum, den Vertreter der Linksradikalen auf der Insel. Im Hotel, dem der neue Name «St. Lucian» droht, sind wieder keine Konserven angekommen. Der Manager klagt: «Die großen Fische holen sich die ausländischen Fangflotten. Und Benzin gab's heute auch wieder keins.»

Die Zahlungsfähigkeit der Insel ist gleich Null, und wenn Schiffe ankommen, hetzt George Odlum zum Streik.

Ich habe Audienz bei John Compton, dem Übergangspremier. Er meint: «Wir müssen auf die freie Marktwirtschaft setzen. Die Kanadier wollen hier einen Hafen bauen und die Venezolaner ein Industriegelände errichten. Ich muß die Arbeitslosigkeit auf der Insel verringern. Wir können hier nicht das Rad neu erfinden, wir sind allein wirtschaftlich nicht lebensfähig.»

Die USA richten der Nation zur Feier ein Fernsehstudio ein. John Compton wird die Eröffnungsansprache halten: «Eine unabhängige Nation braucht auch ein Fernsehen.» Mit naivem Stolz und utopischen Plänen begann die Insel ihre eigenständige politische Geschichte. Alles blieb beim alten.

Zehn Jahre nach der Unabhängigkeit ist George Odlum immer noch der Protagonist der Linken und John Compton immer noch der Premier von St. Lucia.

Rumpunsch, Operettengenerale, Hütten und Paläste, die Signale aus der Karibischen See erscheinen uns Europäern oft verwirrend, zwiespältig, unlogisch, unverständlich, ungereimt. Wenn wir uns nicht mehr zu helfen wissen oder wenn wir uns nicht mit diesen Signalen auseinandersetzen wollen, nennen wir sie einfach exotisch. Wirtschaftlich bleiben die Inseln vor und unter dem Wind auf das englische Mutterland und die amerikanische Unterstützung angewiesen. Dies ist verbunden mit einem Ausverkauf der goldenen Strände von St. Martin und Antigua, Mustique und St. Lucia. Lord Astor und Baron Rothschild, Rockefeller und Sinatra, Lady Diana und Madonna, Adel von Stand und von Geld, wollen hier ungenannt und ungesehen bleiben. Europäer haben Festungen in die Karibik gesetzt, europäische Enklaven im feindlichen Land. Immer noch lebt der weiße Mann in Klausur, und für die vielen ausländischen Urlauber, die sich kein Privatissimum erlauben können, wurde das Superhotel erfunden. Es wahrt stets und deutlich Abstand zu den Siedlungen der Einheimischen. Mit ihnen haben die Touristen nur eines gemeinsam, das Klima. Karibische Menschen lernen sie oft nur in einer Funktion kennen, als Hotelpersonal. Es gibt zwei Gruppen: Die eine macht lieber Arbeit für die Weißen, als keine Arbeit zu haben, die andere hat lieber keine Arbeit, als Arbeit für die Weißen zu tun. «Unsere Gäste wollen nicht gefilmt werden», sagte mir einmal der Manager des Country Clubs von St. Lucia. In diesem Club wurde der bekannte Longdrink Planters' Punch erfunden. Weitere Gründe zur augenfälligen Selbstgefälligkeit der Club-Mitglieder gibt es nicht. Wohl aber gibt es viele Touristen, die sich unter den Getränken der Karibik besser auskennen als unter ihren Einwohnern. Berühmt unter ihnen sind der Angostura Bitter, ein Import aus der Stadt Angostura in Venezuela; der Cuba Libre, der einfach nur aus Coca-Cola und kubanischem Rum besteht; der Meskalin, von dem einem in St. Martin schlecht werden kann; der Daiquiri und der Grenadine. Wie der Name sagt, wird der Grenadine auf Grenada produziert. Meister der Punsch-Alchimie ist Madame de la Grenade. Ihr Heim hoch über der Küste erinnert an eine Hexenküche. Das Rezept hat sie von jenem Urahnen, einem Ritter de la Grenade, der die Insel für Frankreich geplündert hatte. Er wiederum soll es einem Mönch auf dem Sterbebett entrungen haben. Die Hauptingredienz, Muskat, stammt ursprünglich aus Asien. Kolumbus fand keine Gewürze auf den Inseln, die er Westindien getauft hat. Aber die Eilande in der Karibik waren ideal geeignet für den Anbau all dessen, was die Tafeln an den europäischen Fürstenhöfen delikater machten. Die Muskatnuß ist die vielseitigste der Gewürzfrüchte: Die Schale gibt Aroma für Rumpunsch, das Fruchtfleisch ergibt Marmelade, den roten Kernüberzug, den *mace*, gibt man an Bohnengemüse, und der Kern selbst ist eben die Muskatnuß. Grenada hat die Muskatnuß sogar als Emblem in seine Fahne aufgenommen.

Ich wohnte von 1969 bis 1972 in Caracas. Von dort aus war Grenada das nächste von den schöneren Touristenzielen. Ein Erholungsplatz und für mich auch Ort der Berichterstattung. Denn dort herrschte damals in der Manier der Doc Duvalier, Batistas und Trujillos ein eigenwilliger Schwarzer namens Eric Gairy. Er hielt die Insel mit seinen Mongoose, einer Sicherheitspolizei, deren Angehörige im Volksmund die «Marder» hießen, in Schach. Als er seinen Ministaat einmal vor der UNO selber repräsentieren wollte, wurde er abgesetzt. Es folgte wie auf so vielen Eilanden in der Karibischen See die Revolution nach kubanischem Muster. Unter dem Marxisten und Castro-Freund Maurice Bishop schlug das Pendel auf Grenada weiter nach links aus als auf den anderen Antillen-Inseln. Kuba schickte nicht nur Berater, Ärzte und Landwirte, sondern auch Ingenieure, die den Flughafen von Grenada ausbauten, angeblich für den Tourismus. Als dann auch noch die Sowjets auf Grenada aktiv wurden, schrillten die Alarmglocken in Washington. Es kam zur Invasion.

Die Länder Mittelamerikas und die Inseln der Karibik waren für die USA lange eine Mischung von exotischem Amüsierplatz und wirtschaftlicher Freibeuterzone, ein Hinterhof, in dem das Gezänk der kleinen Diktatoren politisch geduldet, der Aufstand ihrer Völker aber militärisch unterdrückt wurde – aus Sicherheitsgründen. Mit Vorurteilen und Fehleinschätzungen hatten sich die Vereinigten Staaten ja auch die Entwicklung in Kuba eingehandelt. Besonders das kubanische Engagement für Grenada in den 8oer Jahren schürte in Washington den Verdacht, im Hafen könnten dann demnächst sowjetische U-Boote docken und über den Flugplatz des Zwergstaates könnten Waffen in die Krisengebiete Zentralamerikas nachgeschoben werden. Bereits kurz nach seiner Machtübernahme versuchte der 40. Präsident der Vereinigten Staaten, Ronald Reagan, die Probleme im «Hinterhof» der großen Macht politisch in den Griff zu bekommen. Sehr bald nach seiner Amtsübernahme deklarierte Ronald Reagan die sogenannte Caribbean Basin Initiative. Unter diesem karibischen Becken war der Raum der westindischen Inseln zu verstehen, aber auch Zentralamerika und das südliche Südamerika. Die vielen kleineren und größeren Staaten dieses Raumes wurden dabei als geopolitische Einheit definiert. Sie sollten sich untereinander absprechen, aber auch aufeinander aufpassen. Natürlich verbarg sich hinter der Caribbean Basin Initiative ein weiteres Strategiekonzept zur Einkreisung Kubas durch die den USA freundlich gesinnten Nachbarstaaten. Als Zangen sollten die Staaten Mexiko und Venezuela dienen. Beide gelten von der Bevölkerungszahl und der Verteidigungskraft als Großmächte im Karibischen Becken. Venezuela, mehr noch aber Mexiko unterhalten zudem gute Beziehungen zu Castros Kuba. Sie hatten unter castrohörigen Untergrundgruppen einst gelitten und sich mittlerweile durch die gute Partnerschaft von weiterer Unterstützung der Opposition durch Castro freigekauft. Die Zeichen für eine solche Caribbean Initiative standen auch deshalb günstig, weil eine Reihe von Ministaaten in der Karibischen See ins Lager der freien Marktwirtschaft umgeschwenkt war, zum Beispiel Jamaika.

Jamaika – ein amerikanisches Modell

Die Nachbarinsel Kubas war unter der Führung des charismatischen Michael Manley in den Bannkreis Castros geraten. Der Premierminister hat sich umgekehrt in der Dritten Welt als ein Fürsprecher des Kubaners profiliert. Zunehmende Arbeitslosigkeit, die Zerrüttung der Inselwirtschaft und zum Schluß Engpässe in der Nahrungsmittelversorgung hatten 1980 zum Sturz Michael Manleys geführt und einen Anhänger der freien Marktwirtschaft ans Ruder gebracht. Edward Seaga, ein Nachkomme syrischer Einwanderer, brachte die Wirtschaft Jamaikas schon nach einem halben Jahr wieder in Schwung. Im Januar 1981 traf er als erster offizieller Gast des amerikanischen Präsidenten in Washington ein – eine Auszeichnung. Mit Seagas Beispiel und Hilfe wollte Washington die mittelamerikanischen Länder und die Karibischen Inseln Fidel Castros Einfluß entfremden. Der Premier hatte bei der schwarzen Bevölkerung den Ruf eines Wirtschaftswundermannes.

Der nationale Wahlkampf im Herbst 1980 hatte in Jamaika ein Schlachtfeld hinterlassen: Ausgebombte Ladenstraßen, über 600 Tote, Heckenschützen bei Nacht und Geschichten von Waffenlagern, die am Tag der Revolution wieder ausgegraben werden sollten. Viele Ruinen im ganzen Land: zum Beispiel ein Netz von nie vollendeten Sozialwohnungen. Der Internationale Währungsfonds hatte sie finanzieren helfen, aber auch brachgelegt, als der Staat pleite machte. Jamaika war von einer castrofreundlichen Regierung in achteinhalb Jahren so in Grund und Boden gewirtschaftet worden, daß viele Einwohner nur noch im Schwarzhandel ein Auskommen sahen. Zweihunderttausend Jamaikaner hatten vor Manleys Sozialismus die Flucht ergriffen und den illegalen Weg in die Vereinigten Staaten gesucht. Von «einem verlorenen Krieg» sprach Seaga damals und hatte noch ein anderes Gleichnis zur Hand. Er forderte einen Marshallplan für die Karibik, für die Arbeitslosen und die Hungernden, einen Marshallplan wie einst für die vom Weltkrieg heimgesuchten Nationen Europas. Verschreckt von der Gewalt und der Armut blieben auch die Touristen aus. Die Sonneninsel nahm nur langsam wieder Fahrt auf, die Halbmondbuchten konnten ihre Beachboys nicht mehr ernähren.

«Wir sind nicht nur ein Strand, wir sind auch ein Land», sagte Seaga. Zucker, Bananen, Kaffee, alles vom Besten. In achteinhalb Jahren Mißwirtschaft war der Export verfallen. Mit Hilfe der USA und internationaler Kredite ging es dann wieder bergauf, wurden auch die einheimischen Märkte wiederbelebt. Hammer und Sichel hatten Jamaika wenig Glück gebracht. Die Schulen allerdings, die Fidel Castro nach kubanischem Muster in Jamaika bauen ließ, bildeten weiter aus, in den Hörsälen und in den Kasernen.

Ich hatte in den 8oer Jahren ein Krankenhaus auf dem Lande besucht, in dem in einem Jahr hunderttausend Patienten behandelt worden waren: von 14 kubanischen Ärzten. Sie waren hervorragend ausgebildet und bei den Patienten beliebt. Sie spürten auch keinerlei Kommunistenhaß. Ich fragte eine einheimische Ärztin, warum nicht Jamaikaner hier Dienst tun, und sie sagte: «Die ausgebildeten Ärzte unserer Insel gingen in die USA oder nach Großbritannien, der Großteil der Experten auf der Insel ist ausgewandert.»

Und dann erlebte ich, wie in vier Privatjets Vertreter der nordamerikanischen Großindustrie einflogen. Von Hilton bis Rockefeller – das Programm, das Ronald Reagan versprochen hat, trat gleichsam personifiziert als Gruppe nordamerikanischer Milliardäre auf. David Rockefeller leitete die Delegation. Jamaika sei das «Bonanzaland»; hier wollte der Megareiche und Großbankier den Vorzug der Privatwirtschaft gegenüber staatlicher Zentralwirtschaft beweisen. Edward Seaga dazu: «Die Bevölkerung hat Castro erlebt. Der Kubaner hat über meinen Vorgänger Michael Manley achteinhalb Jahre hier regiert.

Er hat den Lebensstandard der Bevölkerung entschieden gesenkt. Die Leute wollen arbeiten und ein besseres Leben, und das geht nur mit mehr Geld. Fidel Castro hat kein Kapital, aber David Rockefeller hat es.»

Auf meine Frage, ob die USA nicht nur aus reiner Eigensucht handeln würden, antwortete er: «Die Vereinigten Staaten schenken uns ihre Aufmerksamkeit sicherlich aus innenpolitischen Gründen. Sie haben Angst, daß die karibischen Länder der demokratischen Idee verlorengehen und abdriften in den kubanischen oder sowjetischen Einflußbereich.»

Mit der Caribbean Basin Initiative wollte sich Ronald Reagan für wirtschaftliche Unterstützung politisches Entgegenkommen einhandeln. Und er wollte auch ein militärpolitisches Exempel statuieren – auf Grenada.

Im Jahr vor der Landung sondierte der Präsident selbst das strategische Umfeld. Auf einer Osterreise 1982 in die Karibische See versammelte er jene Führer der Karibik um sich, die er als zuverlässig einstufen konnte. Unter ihnen Edward Seaga und die Premierministerin der Insel Dominica, Maria Eugenia Charles. Das Interesse der ahnungslosen Presse konzentrierte sich damals auf die Präsidentenfamilie, die unterhalb des Äquators fernsehwirksam baden ging. Die Vorbereitung des Grenada-Coups ging auch deshalb so lautlos vor sich, weil die Welt ihre volle Aufmerksamkeit auf den anachronistischen Krieg zwischen Großbritannien und Argentinien über ein paar Schafinseln im südlichen Atlantik lenkte. Als diplomatische Speerspitze für die Invasion Grenadas bot sich aber ebenjene Eugenia Charles an. Sie hatte nämlich gerade ein traumatisches Erlebnis hinter sich. Eine Gruppe von linken Abenteurern aus Westindien und von Fremdenlegionären und Spekulanten aus New Orleans wollten die Insel in Piratenmanier nehmen, aus ihr ein sozialistisches Paradies machen, das zugleich auch als Spielhölle dienen sollte. Piraterie und Putsch mißlangen. Frau Charles konnte den Angriff vereiteln, vermutete aber die Rädelsführer in Kuba.

Als wir kurz danach die kleine Insel Dominica besuchten, hatten auch noch gewaltige Wirbelstürme die Hauptstadt heimgesucht. Die Einwohner hatten weder die Lust noch das Geld, die

Verwüstungen zu beseitigen und die Schäden zu beheben. Auch das Regierungshaus blieb Ruine, so regierte Maria Eugenia Charles eben von daheim. Dominica hat eine wildwuchernde Natur mit 365 Wasserläufen und ebenso vielen Blütensorten. Aber meist verhängt Regen die Sonne, und es hapert an Stränden. Eine Frucht dominiert die Insel: Dominica ist ein Bananenstaat im wahrsten Sinne des Wortes. Die Regierungschefin wollte die 75 000 Einwohner ihrer Insel aus der Armut befreien, indem sie ein günstiges Investitionsklima für Amerikaner schuf. Die außenpolitischen Motive Präsident Reagans störten Mrs. Charles nicht: «Solange sie uns zugute kommen, solange ist mir alles recht.»

Die Administration Reagan ging im «Fall» Grenada umsichtig und relativ langfristig vor. Ich war dabei, als die US-Navy ein großangelegtes «Ocean-Venture»-Manöver abhielt:

Die gespielte Invasion beginnt im Morgengrauen. Nach dem Manöverplan erreicht die Flotte um den Helikopterträger «Iwojima» noch bei Nacht die Südküste der Insel. Ein Scheinangriff aus der Luft auf die Ostküste dient als Ablenkungsmanöver für die eigentliche Landung an einer vom Feind ungedeckten Stelle. Der Angriff erfolgt in drei Wellen, zuerst Amphibienpanzer und Hubschrauber, dann Tanks, dann die Marineinfanteristen. In weniger als zehn Minuten ist die Südküste gesichert. Der Manöverplan sieht vor, daß der Feind dann im Landesinneren aufgerieben wird. Die geladenen Journalisten bekommen den Feind nicht zu Gesicht, erleben dafür aber eine Demonstration der Stärke. –

Manövergelände war eine Insel im Archipel von Puerto Rico: de facto der 51. Staat der USA. Nach dem Sieg über Spaniens noch verbliebene Kolonialstreitkräfte Ende des 19. Jahrhunderts hatten sich die USA in ihrer Hemisphäre zur unbestrittenen Seemacht emporgeschwungen. Über die Besitznahme der Festungsinsel Puerto Rico wurden sie auch selbst zu einer karibischen Nation. Ihr Vormachtanspruch wird ihnen freilich auf «eigenem» Territorium streitig gemacht. Die «Partido del Independencia de Puerto Rico», die Unabhängigkeitspartei von Puerto Rico, hatte zur Demonstration gegen das Manöver aufgefordert. An die

50 000 Anhänger folgten dem Ruf. Die Partei vertritt zwar weniger als zehn Prozent der Inselbevölkerung, aber ihre Parolen gegen Ronald Reagan und den US-Militarismus machten Stimmung. Parteiführer Ruben Barrios verurteilte die Vereinigten Staaten als «Imperialmacht», die nach dem Muster des kolonialen Spanien von Puerto Rico aus die Karibik unterjochen wolle. Für Barrios schienen die Manöver die Vorübung für eine Invasion in Nicaragua oder Kuba zu sein. Er hatte sich, wie alle anderen auch, getäuscht. Das wahre Ziel hieß Grenada.

Wie schon bei seinem Osterbesuch in der Karibischen See konnte Ronald Reagan die Vorbereitungen für die Grenada-Invasion geheimhalten, ein Wunder bei der Durchlässigkeit der Gerüchteküche Washington. Öffentlicher Anlaß für den Eingriff in Grenada war die Ermordung des linken Führers Maurice Bishop durch seinesgleichen. So malten die Sprecher des Weißen Hauses die Gefahr bürgerkriegsähnlicher Wirren an die Wand – als offizieller Vorwand zum Einmarsch galt dann der Schutz amerikanischer Studenten, die auf die Universität von Grenada gingen, weil dort der Abschluß besonders leicht war. Es spielte nur beiläufig eine Rolle, daß die amerikanischen Invasionstruppen sich dann selbst ins Gehege gerieten. Es ist auch eher müßig, darüber zu spekulieren, ob eine so gewaltige militärische Übermacht eingesetzt werden mußte. Innenpolitisch stärkte die Aktion Ronald Reagan den Rücken, weil er der Supermacht nach den pazifistischen Jimmy Carter-Jahren wieder eine starke Stimme verlieh. Das linke Nicaragua und auch Kuba empfanden die Intervention als Warnschuß, die Lateinamerikaner legten die Aktion den USA als bekannte Großmachtarroganz aus, der Rest der Welt empfand das Manöver Reagans als alberne Einmischung in die Angelegenheiten souveräner Kleinstaaten, und selbst Margaret Thatcher, Reagans ideologisch standfeste Partnerin, protestierte lautstark gegen den großvolumigen Einsatz im Commonwealth-Staat Grenada.

Die Bevölkerung der Insel selbst hingegen nahm wenig Schaden. Ich habe in den vielen Kirchen von Grenada Dankgottesdienste gesehen. Die Religionsgemeinschaften hatten nämlich besonders unter dem marxistischen Regime zu leiden. Der katholische Bischof sagte: «Tut ihr eure Sache, und überlaßt getrost den Rest dem lieben Gott.» Der schien in Washington zu residieren.

Die Inselnation hatte während der blutigen Auseinandersetzungen äußerlich durchaus Schaden genommen, innerlich zerrüttet war sie aber schon unter der Rechtsdiktatur, wirtschaftlich zerstört dann unter dem linken Regime. Bei einem Gang entlang der wunderschönen Bucht von Georgetown, der kleinen Hauptstadt Grenadas, sah ich nach der Intervention einige Einschüsse und auch die verkohlten Reste von einigen wenigen Holzbauten aus der britischen Kolonialzeit: das alles war genug Legendenstoff für die Calypsosänger und die Sonntagsmaler. Je weiter das Ereignis zurückliegt, desto größere Ausmaße nimmt in der Phantasie der Maler die Auseinandersetzung an, entsprechend blutrünstig sehen heute die naiven Gemälde aus, die sich auf die Intervention aus dem Jahre 1983 beziehen. Die Universität, die amerikanische Studenten anlockt, die es zu Hause nicht geschafft haben, hat längst wieder aufgemacht. Die Kreuzfahrtschiffe laufen Grenada wieder an, und auf dem Flughafen, der aus strategischen Gründen von Kubanern und Sowjets zur Superrollbahn ausgebaut worden war, können statt Truppen jetzt auch Touristen-Jumbos landen. Im Museum von Grenada hängt das pompöse Ornat des rechten Diktators Eric Gairy, sind auch die Dokumente der marxistischen Revolution zu besichtigen, die ihren Führer Maurice Bishop das Leben gekostet hat.

Sechs Wochen nach dem Eingriff der amerikanischen Marineinfanteristen auf der Karibikinsel Grenada kamen zweitausend Geschäftsleute und Bankiers, Minister und Ministerpräsidenten aus dreißig Nationen der Hemisphäre zu einer Handelskonferenz in Miami zusammen. Bei einem Abschlußbankett hielt Madame Eugenia Charles die Festrede. Sie wurde von der Versammlung mit einer langanhaltenden stehenden Ovation empfangen. Sie nämlich hatte die Initiative für Grenada ergriffen, und ihr kam jetzt auch der Erfolg zu. Für die Staatslenker der kleinen Nation in der Karibischen See ist Kommunismus nämlich nicht so sehr ein ideologischer Feind, sondern eine zerstörerische Kraft in der Volkswirtschaft. Viele Nationen in der Region haben diese Zerstörungskraft entweder direkt oder unter dem Sog der Nachbarschaft zu spüren bekommen und daraus die Konsequenzen gezogen: einen politischen Seitenwechsel und eine Rückkehr zur freien Marktwirtschaft, das großangelegte Hilfsprogramm, das Präsident Reagan unter dem Namen Caribbean Basin Initiative ins Leben gerufen hatte – und mit ihr verbunden der fast zollfreie Export von Waren aus der Region in die USA und umgekehrt eine verstärkte Investition amerikanischer Firmen auf den tropischen Inseln.

Im Jahre 1986 dann etablierte sich eine Karibische Demokratische Union, CDU, unter Führung von Edward Seaga als Premier von Jamaika und unter Einschluß von Dominica unter Maria Eugenia Charles und Grenada unter dem neuen Premierminister Hubert Blaise. Auch St. Lucia unter John Compton ist dabei und der Chefminister der kleinen Insel Anguilla. Diese CDU soll, wie Edward Seaga meinte, «...gleichgesinnte Parteien zusammenbringen, um ihre politischen und ideologischen Ansichten zu fördern und sich gegenseitig Unterstützung zu leisten». Die Vereinigung wurde dann der Internationalen Demokratischen Union zugesellt, die jahrelang von Margaret Thatcher geführt wurde. Sie hat bis Anfang der 90er Jahre gehalten. Allerdings hat sie auch ein prominentes Opfer gefordert. Edward Seaga, der eigentlich den Modellversuch für Reagans neue karibische Politik liefern sollte, wurde von seinem alten Gegenspieler und Castro-Freund Michael Manley abgelöst. Die Bevölkerung von Jamaika hatte schließlich genug von der freien Marktwirtschaft und sich wieder dem Staatshandelsmodell zugewandt. Daß Michael Manley aber heute ein anderer ist als in den frühen Jahren der Revolution, hat er in einem *Newsweek*-Interview 1986 zugegeben: «Wir haben uns seinerzeit von Amerikas Nervosität in Sachen Kuba zu eigenen mutwilligen Schritten provozieren lassen. Kuba gehört in die Hemisphäre und sollte als Familienmitglied der Region akzeptiert werden. Aber wir werden niemals mehr erlauben, daß diese Sache unsere ansonsten ausgezeichneten Beziehungen mit den USA vergiftet.»

Aber seit Grenada gehen die Vereinigten Staaten auf Nummer Sicher. Ihre Streitkräfte spannen das Netz im Karibischen

Becken immer dichter. Neben den großen Stützpunkten von Puerto Rico, Key West und der US-Enklave Guantanamo auf Kuba erhielten fast alle befreundeten Inselnationen Militärkontingente, von Grenada mit 275 Militärberatern über Antigua mit 110 bis Bermuda mit 1465 US-Soldaten.

Beim Manöver «Ocean-Venture» von 1984 waren nicht nur Landungen, sondern auch Evakuierungen vorgesehen. Zivile Angehörige von Militärs spielten dabei zivile Angehörige des Militärs. Ein Angestellter des Außenministeriums fungierte als Konsul. Die Evakuierung von Guantanamo, dem US-Stützpunkt auf der Insel Kuba, wurde geprobt. Dabei rückten die realen Sowjets in Form eines Aufklärungsschiffes dem Helikopterträger «Iwojima» auf Steinwurfweite zu Leibe.

Umgekehrt beobachten die Amerikaner genau, wie die Sowjets ihrerseits Manöver im Karibischen Becken abhalten. Insgesamt kreuzten vier sowjetische Einheiten während des Manövers vor Kuba. Der Direktor des Zentrums für karibische Studien am Freedom-House-Institut in New York, Bruce McColm, hat die Rolle der sowjetischen Flotte in der Region untersucht: «Es war Ende der 60er Jahre, als die sowjetische Flotte in der Karibik auftauchte», sagt McColm, «die erste feindliche Seemacht seit der Niederlage der spanischen Kolonialstreitkräfte. Das versetzte Washington natürlich in Alarmstimmung, zumal die sowjetische Admiralität, die die Rolle der sowjetischen Flotte überall in der Welt forcierte, 1980 Grenada bereiste, auf der Suche nach einem weiteren Marinestützpunkt. Es war ganz offensichtlich, daß die Sowjets das Karibische Becken als Schwachpunkt des amerikanischen Kolosses erkannt hatten.»

Eine amerikanische Intervention auf Kuba hielt Bruce McColm für unwahrscheinlich, weil die Kosten einer Invasion an Menschen und Material zu hoch, die Folgen unwägbar wären. Das mache Kuba zu einer uneinnehmbaren Festung. Müsse die USA also Kuba in Kauf nehmen und damit eine beträchtliche Militärstreitmacht auf Dauer in der Karibik stationieren? «Das Problem ist ein anderes», so McColm. «Angenommen, es kommt noch ein feindliches Land hinzu, oder wir erleben eine Destabilisierung Mexikos. Das würde so viele Streitkräfte im

Karibischen Becken binden, daß die USA im Ernstfall keinen Nachschub für einen möglichen konventionellen Krieg in Europa oder anderswo frei machen könnten.»

In der Zeit des Kalten Krieges hätten die USA auch keinesfalls ihre Truppenstärke im Amerika so entblößen können, um einen Krieg etwa am Golf von Arabien zu führen.

Mit dem Sieg über die Kolonialmacht Spanien hatten die USA vor knapp 100 Jahren Einzug ins Karibische Becken gehalten. Sie haben damals Kuba gewonnen und später wieder an Fidel Castro verloren. (Sie vertrieben die Spanier übrigens auch von den Philippinen. Das macht bis heute die Sonderbeziehung zwischen Washington und Manila aus.) Und sie haben sich Puerto Rico angeeignet. Über Puerto Rico wehen zwei Fahnen: die der Vereinigten Staaten und die der Inselnation.

Die zwei Fahnen sind Symbol für den ständigen Zwiespalt, den die Insel seitdem durchlebt. Seit ihrer Befreiung vom spanischen Kolonialherrn ist Puerto Rico ein US-Protektorat. Seit dieser Zeit auch ist die Volksmeinung auf der Insel in drei Richtungen gespalten: Die einen wollen im Status des Protektorats oder, wie es umschrieben wird, des Commonwealth verbleiben, die anderen möchten als echter Bundesstaat der USA anerkannt werden – ein Bemühen, das bisher in Washington auf Ablehnung stieß. Die dritten pochen auf nationale Unabhängigkeit – ein Wunsch, den Washington auch nicht erfüllen will, zumindest so lange nicht, wie Puerto Rico der größte Militärstützpunkt der Vereinigten Staaten in der Karibischen See bleiben soll.

Der politische Status Puerto Ricos ist denn auch Hauptkampfparole der Parteien in jedem Wahlgang. Die Konservativen erinnern daran, daß die Bindung an die Vereinigten Staaten der Karibikinsel Wohlstand gebracht hat, zumindest ihren oberen Schichten. Die Hotelgäste in der Inselhauptstadt San Juan und die Luxusdampfer sind augenscheinlicher Beweis für den Dollarsegen, den Nordamerikas Touristen stets aufs neue bescheren.

Jene, die Puerto Rico zu einem Stern im Banner der Vereinigten Staaten machen wollen, verweisen auf das Elend, in dem viele Puertoricaner leben müssen. Übrigens nicht nur auf der

Insel selbst, sondern auch in den Slums von New York. (Leonard Bernstein hat dieses Elend musikalisch meisterhaft in Szene gesetzt in der «West Side Story».) Eingemeindung in die Vereinigten Staaten, so die Theorie, würde auch die Verantwortung über das Wohlergehen der Insel noch mehr den USA aufbürden.

Mit Anti-Yankee- und Pro-Vietnam-Parolen arbeiten seit langem die Radikalen, die für Puerto Rico die volle Unabhängigkeit wollen, auch wenn das die Insel in noch größere Armut stürzen würde. Sie sprechen von der großen Ungerechtigkeit, daß Puerto Ricos männliche Bürger zwar keinen gleichberechtigten US-Status genießen, aber alle amerikanischen Kriege im zwanzigsten Jahrhundert mitführen mußten. Diese Radikalen auch waren am meisten empfänglich für den revolutionären Samen, der aus Kuba herübergeflogen kam. Es war Ende der 5oer und Anfang der 6oer Jahre dem Sozialdemokraten Louis Muñoz Marin zu verdanken, daß Puerto Rico einen Mittelweg ging. Und es ist in den 9oer Jahren Rafael Hernández Colón, der diesen Mittelweg weiter steuert. Unter ihm ist Puerto Rico eine Art wirtschaftlicher Riese in den Amerikas geworden. Es exportiert mehr als Argentinien, es hat eine stärkere Volkswirtschaft als Kolumbien, Chile und Peru zusammen. Diese neugewonnene Wirtschaftsstärke äußert sich in einer ehrgeizigen eigenen Politik der Insel. Gouverneur Rafael Hernández Colón betreibt immer mehr eine eigene Außenpolitik mit Reisen und Verträgen zwischen London und San Juan einerseits und Tokio und San Juan andererseits.

Die fast tausend Unternehmen, die den Bogen spannen zwischen Puerto Rico und dem Festland der Vereinigten Staaten, profitieren von diesen neuen Entfaltungsmöglichkeiten. Gleichzeitig betreibt der Gouverneur eine Politik der Wiederbegegnung mit der spanisch-amerikanischen Welt, deren Teil Puerto Rico einst war. Das dritte Element dieser fast globalen Strategie ist die stärkere Bindung der Insel an die Ministaaten der Karibischen See. So hat die eigenwillige Politik des Hernández Colón die Tür zum Gespräch mit Kuba einen Spalt aufgemacht, gleichzeitig aber auch Präsident Ronald Reagan veranlaßt, die Steuererleichterungen Washingtons nicht nur auf die tausend amerikanischen Unternehmen zu erstrecken, sondern auch auf karibische Nachbarinseln wie Jamaika und Dominika, Grenada und die Dominikanische Republik.

So erlöste der Gouverneur auch die Puertoricaner von jener Feindseligkeit, die allem, was irgendwie US-amerikanisch wirkt, in der Region entgegenschlug. Von dieser Politik profitieren auch einige versprengte US-Enklaven in der oberen Schleife der Kleinen Antillen. «American Paradise» nennt sich das US-Protektorat auf den Jungferninseln. Das Paradies haben keine Fremdenverkehrsbüros erfunden, sondern Sendboten aus dem Künstlerviertel von New York, aus Greenwich Village. Sie kamen vor Jahrzehnten als erste einer langen Prozession von Sonnenanbetern. Ständige Wintergäste, belagern und beleben sie die Straßencafés auf der Hauptinsel St. Thomas. Gelegentlich färben ihre Mode und ihre Manieren ab auf die schwarze, die einheimische Jugend. Im allgemeinen aber liefert Afrika das Muster für die karibische Lebensform.

St. Thomas war einst der Umschlagplatz für die westafrikanischen Sklaven. Die animistische religiöse Tradition der Schwarzen zerbrach unter der Aufseherpeitsche. Die Erinnerung an Afrika verblaßte mit den Generationen. Aber die Sonne scheint in der Karibischen See genauso heiß wie im Golf von Guinea, und wenn die Einwohner Karneval feiern, dann ist «Mocojumbi» der König. Er tanzt nach dem Rhythmus des Calypso, einem fröhlichen Bruder des Blues. Weiß und Schwarz sind auf dem Verfassungspapier gleichberechtigt, die Grenze zwischen ihnen zieht jedoch das Geld. In der Touristensaison macht der Rassenkonflikt Pause, hören die Händel auf, beginnt das Handeln. St. Thomas war ein offener Markt der Schmuggler und Freibeuter, ist immer noch ein Freihafen für Waren aus aller Welt. Die USA haben St. Thomas 1917 vom dänischen Kolonialherren für 25 Millionen Dollar gekauft. Mit der insularen Bastion St. Thomas sollte die Pforte zum Panamakanal gesichert werden.

Von Pizarro zu Monroe

Die geopolitische Schicksalslinie in der Entfremdung zwischen den beiden Amerikas verläuft sicherlich entlang des Panamakanals. Der chilenische Dichter und Marxist, Pablo Neruda, sagte mir einmal: «An dieser Wespentaille wurde dem Traum der Neuen Welt die Luft abgeschnürt.»

Der Isthmus von Panama könnte ein Verkehrskreuz der Welt sein, wenn neben der Ost-West-Achse auch eine Nord-Süd-Achse bestünde. Es gehört zu den eher exotischen Merkwürdigkeiten Amerikas, daß neben dem technischen Wunderwerk des Panamakanals, der in der Taille der Neuen Welt den Atlantik mit dem Pazifik verbindet, eine der unwirtlichsten Gegenden der Erde überhaupt liegt, der Dschungel von Darién. Dieser Dschungel bricht auch die Route der legendären «Panamericana», der Nord-Süd-Straße, die von Alaska bis Feuerland verläuft. Die Durchquerung des Darién gehört zu den letzten großen Abenteuern unserer Zeit: Nicht nur Klima, Insekten und die Gefahren der Tropen drohen, sondern auch die Versprengten der Geschichte. Nach dem Sturz des Panama-Diktators Noriega zogen sich seine letzten Getreuen von der irrwitzigerweise «Legion der Würde» genannten Terrortruppe in die Dschungel des Darién zurück. Ein deutscher Diplomat warnte mich kurz nach der US-Intervention: «Die amerikanischen Helikopter schießen auf alles, was sich im Darién bewegt.»

Anfang der 70er Jahre hatte ich Yaviza besucht, wo die «Panamericana» südlich von Panama City im Schlamm verendete. Dort gibt es nur ein kleines Gästehaus, «Die drei Amerikas», aber dafür Moskitos, Zecken, Malaria und Gelbfieber, Diarrhoe und Hepatitis. Dazu kommen Waffenschieber und Drogenhändler, freundliche und feindliche Indianerstämme und eine schweißtreibende Hitze, die der Reisende nur mit Salz und mindestens 12 Liter Wasser pro Tag ausgleichen kann.

Von Yaviza und dem Gästehaus der «Drei Amerikas» hätte es dann mindestens noch einmal eine Woche gedauert, ehe der Reisende den Ort erreicht hätte, an dem die älteste europäische Siedlung auf dem amerikanischen Festland stand, Santa Maria de la Antigua. Im Darién kann man nachempfinden, was die ersten Conquistadoren in ihrer Beutegier und ihrem Entdeckungsdrang auf sich genommen haben.

Im Jahre 1513 machten sich Vasco Núñez de Balboa und sein Hauptmann Francisco Pizarro, der spätere Eroberer Perus, von Santa Maria de la Antigua aus auf die Suche nach dem Meer des Südens. Über diesen Marsch hat Núñez de Balboa seinem König in einem langen Brief berichtet:

«Oft glaubten wir uns verloren vor Hunger, und wir zogen durch Flüsse, Sümpfe, Wälder und Berge, nackt, Kleider und Waffen gebündelt über dem Kopf, aus einem Sumpf heraus in den anderen hinein, und wir freuten uns mehr über einen Korb Mais als über einen Haufen Gold.»

Die Kunja-Indianer stellten sich der weißen Expedition entgegen. 600 von ihnen fielen mit ihrem Kaziken. Die Schlacht und die vielen Krankheiten des Darién setzten aber auch der Truppe des Balboa zu, und er mußte zwei Drittel der Männer auf dem Weg zurücklassen. Am 25. September 1513 um 10 Uhr morgens erblickte er schließlich von einem Gipfel des Küstengebirges aus «El mar del sur», wie der Pazifik in früherer Zeit hieß. Balboa nahm für König und Kirche Besitz über «diese Meere, Küsten und Inseln für jetzt und alle Zeiten bis zum Jüngsten Tag».

Im Archivo de las Indias in Sevilla, Spanien, ist dieses tragikomische Dokument der Besitzergreifung aufbewahrt. Unter den Namen der Expeditionsteilnehmer ist auch ein Schwarzer verzeichnet: Nuflo von Olano. Die Beteiligung der Schwarzen an der Eroberung der Neuen Welt geht im Grunde bis auf Christoph Kolumbus zurück; denn auf den Schiffen der spanischen Eroberer fuhren immer auch Sklaven aus Afrika mit. Ein solcher spanischer Schwarzer war auch Estevanico, der mit einer Expedition im Golf von Mexiko 1528 Schiffbruch erlitt. Er konnte sich an die Küste von Texas retten und stieß als erster Abgesandter Europas auf den Rio Grande: ein Schwarzer aus Afrika. Aus abendländischer Sicht wäre Estevanico eigentlich der Entdecker der heutigen Bundesstaaten Texas und New Mexico. Aber Amerika hat ihm kein Denkmal gesetzt.

Estevanico kehrte fünf Jahre später noch einmal an den Rio Grande zurück, als Späher einer spanischen Expedition, die nach den legendären «Sieben Goldenen Städten von Cibola» suchte. Der Schwarze wurde dabei von den Indianern ermordet, und die sieben Städte von Cibola erwiesen sich als die eher kümmerlichen Erben der einst blühenden Zivilisation der Anasazi. Dort waren weder Gold noch Edelstein zu holen. Der offensichtliche Mangel jeglicher Goldschätze schreckte die Spanier vom Norden der Neuen Welt ab. So kam es, daß das erste amerikanische Jahrhundert ein karibisches war, benannt nach den Indianern, die sich auf den Inseln festgesetzt hatten.

1969 lernte ich auf der Insel Trinidad The Queen of Arima kennen, die Königin der letzten Karibikindianer. Sie herrschte über etwa 140 Untertanen, wohnte in einer ärmlichen Hütte, war katholisch, weil ihre Ahnen einst von den Spaniern missioniert worden waren. Die Queen of Arima war damals 72 Jahre alt und schon ein wenig taub. Stolz erzählte sie mir, daß sie von der englischen Königin selbst geehrt worden sei. «Königin Elizabeth von England hat mich eingeladen, und ich bin dieser Einladung gefolgt.» Die kriegerischen Kariben und ihre Vorgänger, die friedlichen Arawak, verendeten jahrhundertelang als Sklaven in den Silberbergwerken von Kuba und Santo Domingo oder als Flüchtlinge in den Dschungeln von Jamaika und Guadeloupe.

In Panama trafen die Konquistadoren auf höherstehende Eingeborenenzivilisationen. Sie gruben nach Gold, sie fischten nach Perlen, sie stellten Geschmeide her. In Panama hörten Núñez de Balboa, Pizarro und Cortez von den Indianerreichen am Meer des Südens. Schon diese Konquistadoren planten damals, in der Nähe der heutigen Stadt Panama eine Verbindung zwischen Atlantik und Pazifik, dem Meer des Südens, zu schaffen. Der spanische König Philipp II. lehnte eine solche Veränderung der Natur als Gotteslästerung ab, ließ dafür per Dekret eine Schneise schlagen an der engsten Stelle zwischen den Meeren. Er erhielt den Namen Königsweg, Camino Real. Er war Schlüssel und Schleuse zugleich für Spaniens neuen Reichtum in der Neuen Welt. Von hier aus begaben sich die Konquistadoren an die Erstürmung der Indianerreiche in den Anden, und über dem Camino Real gingen die Schätze der Chibcha und Inka zu den Umschlagplätzen der Armada in der Karibischen See.

Bis heute zwingt die Kühnheit und Leistungskraft der Eroberer Respekt ab, auch wenn sie mit unvorstellbarer Roheit verbunden war. Die Göttervögel der Indianer sahen unfaßbare Massaker entlang der mittelamerikanischen Landbrücke bis nach Mexiko und über die Anden bis nach Peru.

Als der grausame Pedro de Alvarado 30000 Mayas niedergemetzelt hatte, ließen sich der Sage nach 30000 Quetzalvögel vom Himmel herabfallen, um die Toten zu bedecken. Seitdem, so sagt die Legende, trägt der schöne grüne Vogel einen roten Unterleib. Und als Francisco Pizarro den Gottkönig der Inka töten ließ, trug, so die fromme Legende, ein Kondor Bluttropfen des Ermordeten in den Himmel, um ihn unsterblich zu machen.

Die Azteken tragen es den Habsburgern bis heute nach, daß der spanische Plünderer Hernán Cortez nicht nur ihr Reich zerstörte, sondern ihren Herrscher Montezuma noch einmal besonders erniedrigte, indem er ihm die göttliche Federkrone des Quetzalvogels nahm. Das geschah zur Regierungszeit von Carlos Primero in Spanien, der gleichzeitig als Kaiser Karl V. in Deutschland herrschte. So läßt sich erklären, daß der prächtige Kopfschmuck im Museum für Völkerkunde in Wien zu besichtigen ist und daß immer wieder junge Indios draußen vor dem Rasen an der Hofburg Demonstrationen und Unterschriftensammlungen veranstalten, um den Quetzal nach Mexiko heimzuholen. (Pikant fand ich auch die Bemerkung eines peruanischen Indios, der an der Universität Lima europäische Geschichte der Neuzeit studiert. Der Doktorand nahm es Hitler besonders übel, daß er seine Hilfstruppen für Franco im spanischen Bürgerkrieg die «Legion Kondor» getauft hatte, ein

Name, den im übrigen auch eine deutsche Luftlinie übernommen hat.)

Daß sich die Europäer, obwohl stets in der Minderzahl, in der Regel gegen die Indianerherren durchsetzen konnten, hatte nicht nur mit ihrer Feuerkraft, der besseren Rüstung und dem Einsatz von Kavallerie zu tun, die es in Südamerika ja bis dahin nicht gab. Selbstsicherheit und Siegeswille bei den Konquistadoren auf der einen Seite, Lethargie und strikter Kadavergehorsam der Indianer auf der anderen Seite spielten wohl die Hauptrollen bei den ansonsten unverständlichen Kriegsdesastern. Mit ihren Gottkönigen verloren die Untertanen die Motivation, schienen sich Kreuz und Soutane grundsätzlich als stärker zu erweisen.

Die Spanier haben denn auch nicht aus blinder Wut die prächtigen Inka- und Aztekenpaläste zerstört und den Ruinen Kirchen und Handelshäuser aufgepfropft. Sie wollten den Indianern neben dem Glauben auch die Symbole des Glaubens nehmen: die Unterwerfung sollte total sein. Die Selbstsicherheit der Eroberer wiederum gründete darauf, daß sie sich mit den Zivilisationen und Gegebenheiten der Neuen Welt nicht arrangiert haben, sondern die Alte Welt mitbrachten. Die Konquistadoren waren Abenteurer und Ganoven, aber auch getreue Anhänger der Kirchen der Monarchie. Sie bauten Schiffe, planten Städte, gruben Minen, pflanzten Äcker wie zu Hause – und das alles in atemberaubendem Tempo. Bereits 1493 – ein Jahr nach der Entdeckung – schickte Christoph Kolumbus einen Holzschnitt an die katholischen Majestäten in Spanien mit der Abbildung der Siedlung La Isabela auf Hispaniola. 1990 wurden Reste dieser ersten Siedlung wieder ausgegraben. Dabei kamen Fundamente zutage von Wacht- und Pulvertürmen, von steinernen Lagerhäusern, einer Kirche, einem Hospital und einem Verwaltungstrakt.

Die Mehrzahl der Konquistadoren stammte aus der spanischen Provinz Estremadura. Wie der Name schon sagt, ein Land extremer Härte. Für die Einwohner bedeutete die Estremadura: Fronarbeit auf steinigen Feldern, weite, ausgedörrte Ebenen und ein ständiger Wind. Für die Schweinehirten und Ritterknechte war die *aventura*, die Reise in die Neue Welt, ein Notausgang in ein besseres Leben.

Aus dem Ort Trujillo allein stammten neben den Brüdern Pizarro an die hundert Konquistadoren. 27mal habe ich den Namen Trujillo auf den Landkarten der Neuen Welt gezählt. Und auch Merida und Caceres finden sich in Vielzahl in Amerika wieder. Cortez kam aus dem Dorf Medellín... und die Geschichte machte aus den vielen Medellíns in der Neuen Welt große Städte – eine davon ist die Drogenhauptstadt der Welt.

Diese erste Generation der Konquistadoren fuhr mit Schätzen beladen wieder in die Heimat zurück. Genug blieb übrig, nachdem König und Kirche abgefunden waren. Zu ihrem Beutegut zählten auch Indianerprinzessinnen. Auf dem Palast Pizarros in Trujillo glänzt ein Abbild der schönen Ines Huaylas Yupangui, und in Caceres ist ein Palast nach dem Neffen des Gott-Königs von Mexiko, Mo(c)ntezuma benannt. Die schwarzweiße Mischung, die in Amerika so häufig werden sollte, floß auch in den Adern so manches spanischen Granden. Bereits 1494 hatte Christoph Kolumbus 500 Indios auf vier Karavellen nach Spanien geschickt – sie blieben nicht alle Sklaven. Spanien war menschenarm und konnte sich keine Intoleranz gegenüber anderen Hautfarben erlauben, hatte es doch gerade erst die letzten arabischen Kalifate auf der Iberischen Halbinsel selbst unterworfen. Die katholischen Könige legten die Elle des Glaubens an. Viele Araber wurden Christen, viele Juden ließen sich taufen, wurden dann abfällig «Marranos» (Schweine) genannt, nannten sich selbst aber «Anussin», Genötigte. Wer seinem Glauben nicht abschwor, starb den Bekennertod. Viele Juden, die in den arabischen Kalifaten auf iberischem Boden in einer Atmosphäre religiöser Toleranz gelebt hatten, flüchteten nach Palästina. Die Nachfolger dieser Sephardim gehören heute zum Staatsvolk Israels. Viele getaufte Juden wiederum, eben die «Marranos», wählten den Weg auf den Schiffen der Armada Spaniens nach Übersee.

Zu diesen jüdischen Konquistadoren gehört Sebastián de Belalcázar. Mit seinem Namen ist die Suche nach El Dorado verbunden, dem goldenen Land. Einer Legende nach stieg der Cipa, der König der Chibcha-Indianer von Wakata, zu Ehren der Götter einmal im Jahr gänzlich mit Gold bedeckt in die Lagune von

Guatavita. Wo ein Vergoldeter war, müßte doch viel Gold zu holen sein, dachte sich Sebastián de Belalcázar in Peru. Doch er hatte nicht als einziger von der Goldlegende gehört. Auch Jiménez de Quesada in Cartagena und der Deutsche Nikolaus Federmann aus Venezuela zogen an der Spitze ihrer Soldaten und Hilfstruppen aus unterschiedlichen Richtungen unter unsäglichen Mühen zur Lagune von Guatavita. Sie fanden keine Goldminen. Statt dessen stießen im Jahr 1538 die drei Expeditionen aufeinander. Sebastián de Belalcázar und seine Marranos zogen ab, begnügten sich mit dem Gold in den Anden von Peru. Jiménez de Quesada gründete die Stadt Santa Fé de Bogotá. Nikolaus Federmann aber, den die Augsburger Handelsfamilie Welser auf die Reise geschickt hatte, ging leer aus und zog unverrichteter Dinge wieder nach Venezuela zurück.

Nicht nur die Welser, auch das andere große Augsburger Handelshaus, die Fugger, beteiligten sich zeitweise an der Eroberung der Neuen Welt. Unter der Regierung Karls V. gehörten Deutschland und Spanien zusammen, was nicht heißt, daß Deutsche und Spanier in Übersee sich je mochten, auch wenn sie Habsburger Untertanen waren. Das Geschäft der Fugger war einträglicher als das der Welser. Sie richteten sich in der Stadt Almagro in Spanien ein, bauten dort Kontore, die bis heute erhalten geblieben sind, während in Augsburg die Fugger- und Welserbesitzungen den Bomben des Zweiten Weltkriegs zum Opfer fielen. Von Almagro aus «betreuten» die Fugger die Minen von Almaden. Das Quecksilber aus diesen Minen wurde benötigt zur Gewinnung des Goldes in Lateinamerika. Dort gab es nur die wenigen ergiebigen Quecksilberminen von Huancavélica in Peru.

Karl V. hatte die Fugger und die Welser an der Conquista teilnehmen lassen müssen, da er in ständigen Geldnöten war. Je üppiger der Schatz an Gold und Edelsteinen aus Übersee floß, desto stärker sank sein Wert: Eine Inflation suchte Spanien heim, und der Sohn Karls V., Philipp II., erklärte zweimal den Staatsbankrott. So ist Spanien in seinem eigenen goldenen Jahrhundert in Wirklichkeit verarmt. 1600 lebten in Spanien immerhin noch sieben Millionen Menschen. Im Jahre 1720 waren es nur mehr vier Millionen: so stark war der Sog der Neuen Welt. Da aber vor allem die Unterschicht, die Bauern und die Handwerker, nach Übersee zogen, war in Spanien bald jeder dritte ein Adeliger, Pfaffe oder Kaufmann, hielt sich die Zahl der Soldaten die Waage mit der Zahl der Bettler, lebte Don Quichotte neben Sancho Pansa.

Der Hauptgrund aber für den Aufwand an Menschen und Material, den Spanien in Übersee einsetzen mußte, lag nicht in der männermordenden Auseinandersetzung mit den Indianern, sondern im Konkurrenzkampf mit den verfeindeten Engländern beschlossen. Besonders der Reichtum, der über den Camino Real in Panama ging, lockte die englischen Piraten an. Sir Francis Drake brandschatzte 1573 den Camino Real, Henry Morgan verbrannte 1671 Panama City, und Admiral John Vernon nahm 1739 Portobello ein. Der Admiral biß sich allerdings die Zähne an der großen Hafenstadt Cartagena aus. (Er hatte bei der Belagerung Cartagenas auch Hilfstruppen aus den englischen Kolonien in Nordamerika dabei. Unter ihnen einen Major Washington, der so beeindruckt von Admiral Vernon war, daß er seinen Landsitz am Potomac River nach dem Admiral nannte, Mount Vernon.)

Die spanischen Könige, erst die Habsburger, dann die Bourbonen, mußten die zerstörten indianischen Städte und Häfen wiederaufbauen und die Festungen höher, größer und stärker wiedererrichten. Besonders Cartagena, einst der größte Sklavenmarkt der Neuen Welt, wurde derartig abgesichert, daß kein Eroberer mehr die Stadt einnehmen konnte. Das bekamen dann die Spanier selbst zu spüren; als quer durch Lateinamerika der Unabhängigkeitskrieg gegen sie losbrach, wurde Cartagena zu einer Ciudad Heroica, einer besonders heldenhaften Stadt. Simón Bolívar, den die Südamerikaner als den Befreier vom spanischen Joch feiern, führte von Cartagena aus seine Feldzüge in die Anden und in den Dschungel.

Genau wie George Washington und die Plantagenbesitzer in Nordamerika wollte auch die Oberschicht in Südamerika nicht mehr nach der kolonialen Pfeife tanzen. Die Unabhängigkeitsbewegungen in beiden Teilen der Neuen Welt sollten einen

Machtwechsel bringen – von den ausländischen zu den einheimischen Großgrundbesitzern. In den Worten eines Bolívar-Biographen: «Er war als Weißer auch Erbe einer Tradition, die Macht und Herrschaft so selbstverständlich fand, daß man sich ihrer gar nicht mehr bewußt war. Eine solche Tradition, die tiefer wurzelt als alle Gedanken und Theorien, verleiht den Weißen in Amerika, den Söhnen der Eroberer bis zum letzten Mann, jene stolze Gewißheit, daß es ihr Recht sei, zu herrschen und nicht zu arbeiten.»

Simón Bolívar wurde 1783 in Caracas, Venezuela, geboren, Sohn eines Großgrundbesitzers. Die Hazienda war damals noch eine geschlossene Welt, nicht lateinamerikanisch, sondern europäisch. Der Lehrer Rodrigues, ein Schüler Rousseaus, erzieht ihn in einer Mischung aus Schäferidylle und Aufklärung, Kriegskunst und Weltfremdheit. Diese Erziehung prägt sein ganzes Leben, seine Antriebe sind idealistisch, trüben zugleich seinen Sinn für politische Wirklichkeit. Simón Bolívar ist der größte unter jenen südamerikanischen Nationalhelden, die vor 170 Jahren die spanische Kolonialherrschaft gestürzt haben. Das macht ihn zum Vater des Vaterlandes in vielen südamerikanischen Staaten, eine Figur, die wie ein nationales Heiligtum behandelt wird.

Die geographischen Grenzen der Länder sind vom Bleistift der Kolonialherrschaft gezogen und nicht natürlich gewachsen. Diese Grenzen müssen also politisch erst begründet und ausgeführt werden. Die Suche nach nationalem Bewußtsein benötigt Symbole, ihr stärkstes heißt Simón Bolívar – ein gefährliches Symbol, denn man muß entweder die Hälfte dessen verschweigen, was ihm angetan wurde, oder die Hälfte von dem, was er anderen angetan hat.

Nur anfänglich von den französischen Ideen der Gleichheit, Freiheit und Brüderlichkeit beflügelt, entpuppt sich Bolívar während des Unabhängigkeitskrieges immer mehr als normaler Diktator. In seinem Manifest von Cartagena sagte er: «Unsere Mitbürger sind im allgemeinen nicht in der Lage, ihre Rechte als Republikaner selbst zu wahren. Deshalb steht der Föderalismus im Gegensatz zu den Interessen unserer unmündigen Staaten.»

Die Schlacht um die Unabhängigkeit Lateinamerikas, die in Wirklichkeit eine unendliche Zahl von Scharmützeln mit den Spaniern war, dauert bis 1821. Jedes Jahr wird der Geburtstag der Unabhängigkeit im venezolanischen Carabobo gefeiert, wo die entscheidende Bataille geschlagen wurde. Das Fest gerät dann jedesmal zu einer Art Klassentreffen der Nationen, die zum Großreich Bolívars gehörten: Venezuela, das sich als Alleinerbe des Befreiers sieht. Kolumbien, in dem der Diktator starb. Ecuador, das in das großkolumbianische Reich einverleibt wurde. Das Indianerland Peru, für das Bolívar ein Fremdherrscher war, und Bolivien, das sich den Namen des Befreiers gab. Als ich mit meinem Kamerateam bei Gelegenheit das Unabhängigkeitsfest filmen wollte, geriet uns das zu einer argen Bewährungsprobe; denn die Straße von Carabobo war schon am Vorabend des Festes völlig verstopft. Wir schulterten die Ausrüstung. Später nahm uns ein Esel einen Teil der Last ab. Nach fünf Stunden Fußmarsch waren wir am Ort, aber noch lange nicht am Ziel. Die Fotografen wurden von Ordnungskräften auf eine Tribüne gepfercht. Wir aber wollten Nahaufnahmen haben. Die Polizei bildete einen Sperriegel. Wir wandten einen Trick an, warteten auf die Nationalhymne – wenn alles steif steht, kann auch kein Schutzmann Hand anlegen. Im Verlauf der Dreharbeiten folgten wir auch der Route von Bolívars Feldzügen in die Sümpfe von Guyana – heute noch ein Dorado für Diamantensucher –, in die Steppen der Llanos, der Heimat der venezolanischen Cowboys, die immer noch eine wilde Truppe bilden, und in das Tiefland des Magdalenenstroms, das so dünn besiedelt ist wie eh und je. Für Simón Bolívar und seine paar Freischärler muß der Zug entlang des Magdalenenstroms eine unmenschliche Strapaze gewesen sein. Für uns war es zumindest eine Reise mit Hindernissen. Von der kolumbianischen Hafenstadt Cartagena aus fuhren wir stromaufwärts über Straßen, die diese Bezeichnung eigentlich nicht verdienen.

Nach 160 Kilometern und 12 Stunden versagte der Motor. Der nächste armselige Ort lag 20 Kilometer entfernt. Einer blieb beim Wagen, die anderen Mitglieder meines Teams kamen mitten in der Nacht an eine jener Schranken, die Kolumbiens Provinzen markieren. Abenteuerliche Gestalten verlangten Ausweise, später Geld, angeblich Mautgebühr. Wir weigerten uns zu zahlen. Es sah plötzlich recht bedenklich aus. Dann zeigte ich meinen Paß mit dem Namen «Dr. Kronzucker». Der Doktortitel wirkte Wunder. Die Szene lockerte sich schlagartig auf. Man brachte mich in einem Stundenmarsch zu einer Hütte, in der eine Frau in Wehen lag. Als wir ankommen, ist das Kind schon geboren. Ich muß mich nicht selbst zum Lügner stempeln. Aber jetzt ist das Eis gebrochen, Ärzte genießen im dünnbesiedelten Hinterland Unantastbarkeit. Nach ein paar Tagen kamen wir weiter, aber zum Filmen kamen wir nicht. Der mittlere Magdalenenstrom war inzwischen zum Guerilla-Gebiet erklärt worden – Einreiseverbot für Journalisten. –

Der Freiheitsheld Simón Bolívar hat zwar Lateinamerika die Unabhängigkeit von der spanischen Krone beschert. Nach dem Sieg aber erlitt er selbst eine Niederlage; denn mit der Lösung von Spanien zerfiel das Kolonialreich in viele Einzelstaaten. Bolívar kommentierte das im Jahr 1830 auf dem Totenbett mit dem unsterblichen Satz: «Ich habe ein Meer gepflügt.»

Lateinamerika hatte seit der Unabhängigkeit keine großen Kriege mehr führen müssen, aber auch keinen gemeinsamen Gegner mehr gehabt, gegen den es sich hätte einigen können. Die Schlachtfelder des riesigen Landes sind nicht verwüstete Städte und ausgeblutete Völker, sondern die unbebauten Äcker, die Plantagen der Großgrundbesitzer, die Wüste der Armut. Bolívars Pläne waren aber über Südamerika hinaus gedacht. Er wollte eine gesamtamerikanische Föderation mit einem Parlament auf der Wespentaille der Neuen Welt – in Panama: «Wie schön wäre es», schrieb er, «könnte der Isthmus von Panama werden, was der Isthmus von Korinth für die Griechen war.»

1826 kam es zwar zu einem Panama-Kongreß, aber die USA blieben ihm fern. Die Entfremdung der beiden Amerikas begann.

Der Isthmus von Panama wurde nicht der Sitz des Parlamentes der Völker von Amerika, sondern später zu einer US-amerikanischen, kolonialen Kanalzone. Die Wende vom 18. ins 19. Jahrhundert brachte denn auch eine Art Abschied der Geschichte vom Süden Amerikas und die Zuwendung zum Norden. Nur einige wenige Südamerikaner erkannten die verpaßte Chance in der Neuen Welt. Um so mehr bewunderten sie die Entwicklung in den Vereinigten Staaten und gestanden den Einwohnern das Recht zu, die eigentlichen Amerikaner zu sein. Nur für wenige Europäer gingen die Verheißungen im Süden der Neuen Welt in Erfüllung. Die Enkel und Urenkel der Ersteinwanderer zieht es jetzt zum Teil nach Europa zurück. Der prosperierende europäische Markt und die stagnierende Wirtschaft in Argentinien und Uruguay beschleunigen diesen Rückstrom. In beiden Ländern ist es recht einfach, die italienische Staatsbürgerschaft zu erwerben – man muß dort nur die italienische Herkunft nachweisen. Die Hälfte der Einwohner sind dazu in der Lage.

Auch das spanische Mutterland hat für die Südamerikaner eine neue Attraktivität gewonnen. Der Konsul in der spanischen Botschaft in Buenos Aires weiß warum: «Argentinien ist wirklich ein Rätsel. Ein Land, das so viel verheißt und doch wirtschaftlich so wenig bringt.» Doch nur wenige Argentinier können es sich erlauben, als Gastarbeiter nach Europa zu gehen, wie Diego Maradona, der Fußballstar aus Buenos Aires, der in Neapel sein Geld verdiente – bis zu seinem unrühmlichen Abgang.

Andererseits werben einige kleinere Länder in Lateinamerika nach wie vor um Einwanderer, die ihrer Wirtschaft auf die Beine helfen. Jamaika und Barbados, Belize und Bolivien bemühen sich um die Hongkong-Chinesen, die sich vor dem Anschluß an China im Jahre 1997 fürchten. Dabei kostet ein Paß für Belize 23 000 Dollar, einer für Guatemala 11 000 und einer für Brasilien doch immerhin 350 000 Dollar.

Der Bevölkerungsfluß zwischen den beiden Amerikas hat seine Richtung in den letzten zwei Jahrhunderten nicht geändert. Seit den Unabhängigkeitskriegen drängen die Armen in Massen vom Süden in den Norden. Die USA schöpfen ihrerseits den Rahm der Intellektuellen und Professionellen in Südamerika ab. Das löst einen immerwährenden Brain-drain im Süden der Neuen Welt aus. Diese Anziehungskraft auf der einen Seite und die Abstoßbewegung auf der anderen der Neuen Welt hat auch etwas mit der Größe der Staatsgebilde zu tun. Während in Nordamerika dreizehn ehemals britische Kolonien sich zu einem Bundesstaat zusammenschlossen, mit einem weiten Hinterland bis zum Pazifik, teilte sich Südamerika in achtzehn Nationen auf, zu denen auf dem Wege der Abspaltung bis Ende des zwanzigsten Jahrhunderts noch einmal zwölf hinzukamen. – Einzige Ausnahme ist Brasilien, das portugiesisch kolonisierte Brasilien, das zu einer föderalistischen Republik heranwuchs. Die anderen, die spanischen Americana, haben seitdem mehr gegen den Verfall als für den Aufschwung gekämpft. Das Symbol für diese Entwicklung steht in Cartagena. Die einstige Perle des spanischen Kolonialreiches, die Heldenstadt Simón Bolívars, weckt bei der Bevölkerung keine geschichtlichen Erinnerungen mehr. Die Fiesta de la Patria, der Tag des Vaterlandes, zum Gedächtnis der historischen Rolle Cartagenas, ist inzwischen zu einer jährlichen Schönheitskonkurrenz verkommen. Die Einwohner der Stadt machen sich eher lustig über ihre eigene Vergangenheit. Vor der ehemaligen Stadtmauer steht ein mannshohes Schuhdenkmal. Es besteht aus zwei riesigen abgelaufenen Latschen, in Metall gegossen, mit der Inschrift: «Man kann für das ehrwürdige Cartagena so viel Sympathie empfinden wie für ein Paar alte, ausgediente Schuhe.»

Aus der Diskrepanz zwischen Nord und Süd haben die Vereinigten Staaten wirtschaftliche Vorteile gezogen und mit der sogenannten Monroe-Doktrin vom 2. 12. 1823 einen politischen Vormachtanspruch angemeldet. Damals erklärten die Expräsidenten Jefferson und Madison gemeinsam mit Präsident Monroe: «Wir haben niemals irgendeinen Anteil an den Kriegen gehabt, die die europäischen Mächte in ihren eigenen Angelegenheiten geführt haben. Und es entspricht nicht unserer Politik, uns daran zu beteiligen.»

Mit dieser harmlos wirkenden Erklärung haben die Nordamerikaner Interessensphären abgesteckt, und mit dem *Wir* meinen sie ausnahmsweise einmal nicht ihre eigene Nation, sondern die Staaten der Hemisphäre insgesamt. Die Doktrin besagt, daß Europa sich nicht in amerikanische Angelegenheiten einmischen soll und damit automatisch das Übergewicht der Vereinigten Staaten in der Hemisphäre zum Tragen kommt.

Diese europäischen Mächte wurden aus der Interessensphäre der Vereinigten Staaten ausgekauft, Alaska wurde den Russen in barer Münze bezahlt, Louisiana den Franzosen. Reiche nordamerikanische Geschäftsleute wollten übrigens schon einmal Mitte des 19. Jahrhunderts den Spaniern die Insel Kuba abkaufen. Andererseits aber legten sich die Vereinigten Staaten mit den Brüdern in Amerika an. Der Sieg über Mexiko ließ Texas und Kalifornien zu Bundesstaaten der Nation werden, militärische Aktionen drohten allen Brudernationen, wenn diese dem State Department oder vor allem der amerikanischen Wirtschaft nicht in den Kram paßten.

In den letzten Jahrzehnten des 19. Jahrhunderts artete der nordamerikanische Freiheitswille in brutalen Kapitalismus aus, die Wirtschaft diktierte die politischen Entscheidungen des Landes, und die Morgans und Vanderbilts erbauten ihre Imperien im mittelamerikanischen Hinterhof der USA.

Die Bananenrepubliken

Zu einer dieser nordamerikanischen Unternehmerfamilien gehörte Minor C. Keith. Im Jahre 1871 erhielt er von dem Diktator Costa Ricas, einem gewissen Thomas Guardia, den Auftrag, in eigener Regie und auf eigene Kosten eine Eisenbahn durch das kleine Land in Mittelamerika zu bauen. Billige Arbeitskräfte für einen solchen Eisenbahnbau waren genug auf dem Markt. Da gab es immer noch die erste Generation freigelassener schwarzer Sklaven von den Karibischen Inseln und einen ersten Rückstrom von weißen Abenteurern, die auf den Diamanten- und Goldfeldern der Neuen Welt nicht fündig geworden waren. Viele von ihnen ließen in dem berüchtigten Gelbfieberhafen von Carare, dem heutigen Puerto Limón, ihr Leben.

Die Geschichte des Minor C. Keith hat der Schriftsteller John Dos Passos auf den Punkt gebracht: «1882 war die Eisenbahn auf einer Route von 30 Kilometern fertig, aber Keith hatte eine Million Dollar Schulden. Die Eisenbahn hatte außerdem nichts zu befördern. Da ließ der Unternehmer Bananen pflanzen. Und um diese Bananen auf den Markt zu bringen, mußte er ins Schifffahrtsgeschäft einsteigen. Das war der Anfang des karibischen Obsthandels.»

1899 gründete Minor C. Keith in Boston die United Fruit Company. Ihre Übermacht hat aus vielen mittelamerikanischen Staaten Bananenrepubliken gemacht, Länder also, deren Regierungscliquen von Wirtschaftsimperien manipuliert werden können.

Das System der Bananenrepubliken führte auch dazu, daß jede einzelne Nation in Lateinamerika sich wirtschaftlich auf Nordamerika ausgerichtet hat.

195

Bald handelte Minor C. Keith mit Gummi und Vanille, mit Schildpatt und mit Guano. Und die Kette seiner Bananenplantagen zog sich bis nach Ecuador auf dem südamerikanischen Festland hinüber. Auch wenn diese United Fruit Company inzwischen längst ihre Macht verloren hat, ganz einfach weil ihr Produkt seine Monopolstellung als tropische Frucht auf den europäischen und amerikanischen Märkten einbüßte, ist die Banane immer noch Hauptausfuhrprodukt von einigen der frühen Anbaugebiete.

In der Hafenstadt Esmeraldas in Ecuador leben 60 000 Einwohner, die Hälfte davon Schwarze. Einen Tag vor der Ankunft des Frachters der United Fruit erwachen die Leute von Esmeraldas aus der Trägheit des alltäglichen Lebens und schneiden hektisch Bananen. Die Frachter bringen das Verpackungsmaterial gleich mit. Es ist inzwischen teurer als die Frucht. Den Preis für die Bananen bestimmt die Gesellschaft, auch wenn die Plantagen seit dem Nationalisierungserlaß der Regierung Ecuadors nicht mehr der United Fruit gehören. Die Bananen sind jetzt ecuadorianisch, aber das Land hat keine eigenen Schiffe, um sie zu transportieren. Kein Bananenmonopol ohne das Monopol im Transportwesen. Die Schiffe aber sind nordamerikanisch.

Im Hinterland von Esmeraldas wurde Mitte des Jahrhunderts Öl gefunden. Ecuador hatte weder die Kenntnis noch die Mittel, seine Ölquellen nutzbar zu machen, war auf den ausländischen Investor angewiesen. Aber das Öl schlägt nur noch zu 49 Prozent bei den nordamerikanischen Konzernen zu Buche. 50 Prozent gehen inzwischen an den Staat Ecuador. Dennoch ist der größere Teil der Männer von Esmeraldas arbeitslos. Und das hat mit dem Panamakanal zu tun.

Nachdem der nämlich 1914 vollendet worden war, suchten Zehntausende schwarzer Arbeiter an der Pazifikküste nach neuen Jobs in Panama und Kolumbien, in Ecuador und Peru. Seitdem zieht sich ein schwarzer Bevölkerungssaum entlang den roten Indianerstaaten im Andengebirge.

Wirtschaftliche Motive führten zum Bau des Panamakanals. Über einen Kanal, der die Weltmeere verbindet, würde die

United Fruit ihre Früchte schneller und kostengünstiger verschiffen können. Auch ermöglichte der Kanal eine schnellere Besiedlung Kaliforniens. Die nordamerikanischen Großindustriellen und Eisenbahnkönige, die Morgans und die Vanderbilts, verfügten sowohl über die Finanzkraft als auch über die Kühnheit, ein solches Projekt anzugehen.

Doch der Franzose Ferdinand de Lesseps, dem der Durchstich am Suez gelungen war, kam ihnen zuvor. Ferdinand de Lesseps gründete eine Aktiengesellschaft, die mehr als genügend Anleger fand, um 1879 mit dem Bau zu beginnen. Der Franzose wollte den Panamakanal wie den Suezkanal schleusenlos bauen. An einem Felseinschnitt, den die Kanalarbeiter *culebra* (Giftnatter) nannten, biß sich Ferdinand de Lesseps die Zähne aus. Zehntausende von Arbeitern, westindische Schwarze und chinesische Kulis, wurden unter gewaltigen Erdrutschen begraben oder starben an Gelbfieber und Malaria. Im Kampf um die Culebra, die Wasserscheide zwischen Pazifik und Atlantik, erkannten die französischen Ingenieure, daß die Landenge nur mit einem Schleusenkanal zu überwinden war. Nur mit ihm konnte man die Gezeiten zwischen den beiden Meeren ausgleichen. Die Erkenntnis kam zu spät. Im größten Finanzskandal des 19. Jahrhunderts machte die französische Kanalgesellschaft bankrott.

Unter jenen, die der Hölle von Culebra entkamen, befand sich ein gewisser Paul Gauguin, der später in der Südsee mit seinen Bildern zu Weltruhm kam. Ein anderer war der vierundzwanzigjährige Ingenieur, der die Arbeiten an der Culebra geleitet hatte, Philippe Bunau-Varilla. Er war damit beauftragt, das Unternehmen zu liquidieren oder neue Interessenten zu finden. Um ein Haar hätten damals die Russen zugegriffen – und der Geschichte der Supermächte sicherlich eine andere Richtung gegeben. Aber das Zarenreich brachte das Geld dann doch nicht auf. Das war die Stunde des Finanziers John Pierpont Morgan. Mit Bestechung, List und Tücke, aber auch Umsicht und Kalkül, schuf er eine neue Logistik für den Kanalbau. Zunächst aber mußte er einen inneramerikanischen Konkurrenten aus dem Feld schlagen, den Eisenbahnkönig Vanderbilt, der nach dem französischen Reinfall in Panama den US-Kongreß für einen Kanal in Nicaragua hatte gewinnen können.

Dort, in Nicaragua, war der Weg über die mittelamerikanische Landbrücke zwar weiter, führte aber über zwei große Seen. Zudem hatte Cornelius Vanderbilt bereits für drei Millionen Dollar von der Regierung von Nicaragua eine Kanalbaukonzession erworben. Das Nicaragua-Projekt hatte freilich einen Pferdefuß: In Nicaragua war der Vulkan Momotombo ausgebrochen. Ein Ereignis, das Morgan für seine Kampagne ausnutzte. Er fragte die US-amerikanischen Kongreßabgeordneten, ob man einen Kanal durch ein erdbebengeschütteltes Land bauen solle. Die Antwort war «Nein». (Inzwischen plant ein erdbebenerfahrenes japanisches Konsortium einen breiteren Kanal in Nicaragua, der auch Flugzeugträger und Supertanker passieren ließe.)

Ein anderes Hindernis für den Kanalbau in Panama stellten die vielen Todesopfer durch tropische Krankheiten dar. Der amerikanische Präsident Theodore Roosevelt wollte nicht in den Ruf eines Pharao kommen, dem der vielfache Tod der Untertanen beim Pyramidenbau egal war. In einem großangelegten hygienischen Programm konnten die Tropenkrankheiten in Panama ausgerottet werden.

Mit George Washington Goethals fand Morgan auch den Ingenieur, der den Plan in die Tat umsetzen konnte. Am 15. August 1914 passierte das erste Schiff, die «Ancon», den Kanal.

Vergleichsweise geringen Aufwand bereitete den Finanziers ein politisches Problem. Der Isthmus von Panama gehörte zum Staat Kolumbien. Kongreß und Regierung in Kolumbien schraubten den Bestechungspreis für die Überlassung einer Kanalzone an die Nordamerikaner so hoch, daß es billiger war, in Panama eine Revolution zu entfachen und einen örtlichen Tierarzt für das Amt des Präsidenten in einer kommenden panamaischen Republik zu gewinnen. Vorsichtshalber schickte Roosevelt dann noch ein Kanonenboot zur Unterstützung dieser «Revolution» nach Panama. Die Marinefüsiliere mußten nicht tätig werden. Die aus Kolumbien zur Niederschlagung des Aufstandes entsandten Truppen blieben im Morast des

Sumpflandes von Darién stecken – bis heute eine Art Niemandsland zwischen der Kanalzone und der unabhängigen Republik Kolumbien.

Die Vereinigten Staaten haben damals keinerlei Mühe gehabt, die Bevölkerung von Panama der Zentralregierung in Bogotá, Kolumbien, abspenstig zu machen. Sie förderten nur die Entwicklung zur Klein- und Kleinststaaterei in den ehemaligen spanischen Kolonien. Die Errichtung einer Kanalzone aber, die einen Korridor zog zwischen Süd- und Nordamerika, legte auch eine Grenze der direkten Interessensphäre Washingtons fest. Jenseits des Panamakanals begann das Ausland, diesseits der exotische Hinterhof der Vereinigten Staaten.

Diese Ära der amerikanischen Geschichte war geprägt von «Knüppelpolitik». Präsident Teddy Roosevelts Ausspruch von *the big stick policy* machte die Runde. Dabei mußten die Nordamerikaner oft gar nicht selbst den Knüppel schwingen, sondern ihn nur machthungrigen Einheimischen in die Hand geben.

Ein Beispiel für die Folgen solcher Politik ist Nicaragua. Mitte der 60er Jahre besuchte ich Bluefield, ein gottverlassenes Nest an der nicaraguanischen Karibikküste. Die holländischen Piratenbrüder Blauvelt hatten hier im 17. Jahrhundert ein Versteck für ihre Beute eingerichtet. Später setzten sich die Briten fest und machten aus Blauvelt Bluefields. Mit den einheimischen Miskito-, Rama- und Sumo-Indianern errichteten sie ein eigenständiges Staatsgebilde, ein Königreich, das ein Gegengewicht bilden sollte zu den spanischen Besitzungen an der Atlantikküste. Unter dem Druck der USA zogen sich die Briten später aus Miskitia zurück. Der Indianerkönig allerdings blieb und holte Ende des 19. Jahrhunderts deutsche Kaufleute und mährische Brüder ins Land. Die Herrnhuter gaben den Miskitos nicht nur Schulen, sondern auch deutsche Namen. So hieß zum Beispiel der Sprecher der dortigen Rebellenarmee, die an der Seite der Contras kämpfte, Roger Hermann.

Ich habe 1965 mit meinem Kamerateam eine Schule der Moravier besucht und in Niquinohomo eine Art Karneval beobachtet. So malerisch die Situation auch war, so dürftig war es um die hygienischen Verhältnisse bestellt. Anstatt in einem verlausten kleinen Gästehaus zu schlafen, zog ich die Übernachtung im Freien vor. Das büßte ich mit einem Schlangenbiß und einer nachfolgenden Odyssee auf der Suche nach einem Arzt und einem Serum. Zu allem Überfluß wurde Bluefields am nächsten Tag von einem Wirbelsturm heimgesucht, und die Fluten des Bluefield River überschwemmten weite Teile der Stadt und trugen auch unsere Kamera hinweg.

Dreizehn Jahre später erhoben sich in allen Teilen des Landes Revolutionäre, um den Diktator General Anastasio Somoza Debayle zu stürzen. Wir filmten für das Heute-Journal des ZDF an beiden Seiten der Front und kamen nahe der Stadt Massaia und dem gleichnamigen Vulkan in ein größeres Gefecht. Der Geruch von Asche und Blut ist unvergeßlich, wenn ich an Nicaragua denke. Eher ungute Erinnerungen an das Hotel Intercontinental in Managua kommen hinzu, in dem man sich unvermutet unter einer Art Hausarrest sah, wenn sich auf den Straßen von Managua die verfeindeten Parteien Gefechte lieferten. Natürlich ist Nicaragua zu schön, sind seine Einwohner zu freundlich, um nicht auch positive Eindrücke zu hinterlassen. Die Idylle der Inseln im großen Nicaraguasee, der Charme der Kolonialstadt Granada, der den aller spanischen Vorbilder übertrifft, die Tafelfreuden der Landesküche, die denen ihrer Nachbarstaaten überlegen ist, und die Fremdenfreundlichkeit, die so viele Interventionen überlebt hat. Aber das Volk von Nicaragua tut sich schon besonders schwer auf dem Weg zu einem freundlichen Miteinander – was Wunder, daß Fidel Castro hier seine treuesten Anhänger jenseits von Kuba selbst finden konnte.

Von den spanischen Konquistadoren bis Ende des 20. Jahrhunderts erleidet und erlebt Nicaragua pausenlose Auseinandersetzungen. Zunächst unterdrückten die Spanier die Indianer, wie üblich. Dann legten sich die beiden Hauptsiedlungen miteinander an – das konservative Granada gegen das progressivere León. Ausgerechnet die Progressiven rekrutierten dann Landsknechte von außen. Der in Tennessee geborene William Walker, bereits berüchtigt durch den Versuch, sich zum König von Sonora zu machen, segelte 1855 mit einem kleinen Haufen Getreuer und neuen Repetiergewehren nach Nicaragua und rief sich dort zum Präsidenten aus. Im Stil eines südamerikanischen Caudillo eignete sich Walker alles an, was im Land zu haben war. Dabei bekam er es mit einem Mächtigeren zu tun, nämlich mit dem nordamerikanischen Eisenbahnmagnaten Cornelius Vanderbilt. Dieser hatte ein Transportunternehmen aufgezogen, das europäische Auswanderer auf dem Weg nach Kalifornien vom Atlantik zum Pazifik brachte. Vanderbilt mobilisierte innerhalb und außerhalb des Landes Widerstand. Die Schlacht von San Yacynto ging in die Folklore Nicaraguas ein. Sie fand am 14. September 1856 statt, und dabei tötete ein einheimischer Campesino, dem die Munition ausgegangen war, einen Landsknecht des William Walker mit einer Steinschleuder. Dieser Sieg des David gegen den Goliath wird als symbolträchtiger Beginn des nationalen Widerstandes gegen den US-Imperialismus gefeiert. William Walker selbst endete im September 1860 vor einem Exekutionskommando.

Der Sohn von Cornelius Vanderbilt konnte Präsident Grant in Washington zur Gründung einer Gesellschaft bewegen, die den Bau eines Kanals über die beiden großen Seen in Nicaragua zum Ziel hatte. Großbritannien wollte sich an dem Geschäft beteiligen. Die Engländer konnten durch politische Winkelzüge aus dem Kanalland vertrieben werden, aber der ehrgeizige deutsche Kaiser Wilhelm II. sah eine Chance, in einem Land Fuß zu fassen, in dem die Herrnhuter als Lehrer und Priester viel Sympathie bei den Eingeborenen erworben hatten. Das Deutsche Reich und die neue Macht in Übersee waren sowieso in eine Konfrontation geraten über den Krieg gegen Spanien, den Washington auch auf die Philippinen trug. Nur nach einer diplomatischen Vermittlung durch England zog sich die deutsche Flotte vor Manila, der Hauptstadt der Philippinen, zurück. Entsprechend endete auch das Zwischenspiel in Bluefields vor der Karibikküste von Nicaragua.

Nacheinander eigneten sich die Amerikaner um die Jahrhundertwende Kuba, Puerto Rico, die Philippinen und Hawaii an. Um dieses neugewonnene Imperium zu halten, forderte das Flottenkommando einen Kanal durch Mittelamerika.

Commodore Crowninshield begründete vor dem amerikanischen Kongreß im Mai 1898 die Notwendigkeit des Großbauprojekts: «Mit dem Kanal können wir die Bundesstaaten am Pazifik entwickeln. Der Kanal wird die Schlagkraft, die Einsatzfähigkeit unserer Flotte ungemein erhöhen. Der Kanal wird unseren Einfluß nicht nur im Pazifischen Ozean verstärken, sondern auch in der Karibischen See. Dabei ist es der feste Glaube des amerikanischen Volkes, daß ein solcher Kanal, der Atlantik und Pazifik verbindet, von den Vereinigten Staaten kontrolliert werden muß. Laßt uns deshalb den Isthmus dort stechen, wo die Natur dies vorbestimmt hat, nämlich in Nicaragua.»

Der Bau eines schleusenlosen Kanals durch Nicaragua hätte um die Jahrhundertwende 200 Millionen Dollar gekostet. Eine gewaltige Summe, die aber dem gerade erwachten Supermachtdenken der Amerikaner adäquat erschien. Obwohl schließlich das Panamakanalprojekt den Vorzug erhielt, gaben die Erben Vanderbilts nicht auf. Sie hofften darauf, daß eines Tages Supertanker gebaut würden, die nicht in die Schleusen des Panamakanals passen. Und noch 1989 prüften an die 600 russische Techniker und Ingenieure in Nicaragua die Möglichkeiten eines solchen Kanalbaues.

Die Vanderbilts machten dem weiter andauernden Streit zwischen dem konservativen Granada und dem progressiven León ein Ende, indem sie zunächst die Entsendung amerikanischer Ledernacken erreichten, später dann durch die Ausbildung einer schlagkräftigen Elitetruppe, der Nationalgarde. Ihr erster Befehlshaber Somoza war der Gründer eines Familienclans, der bis 1979 über Nicaragua herrschte. Die Somozas konnten die Dauerfehde zwischen León und Granada unterdrücken, aber nicht den Antiamerikanismus, der sich immer gewalttätiger entlud. Dabei spielte der Wagemut eines gewissen César Sandino eine große Rolle, der aus dem Tiefland an der Miskitoküste kam. Sandino wurde 1934 von den Somozas ermordet, aber sein Name und sein revolutionäres Gedankengut lebte in der Guerilla fort, bis zum späten Sieg der Sandinisten über den Somoza-Clan.

Zunächst bestand diese sandinistische Befreiungsfront aus einer eher kleinen Gruppe von Guerilleros marxistischer Ausrichtung, die nur eine geringe Unterstützung im Volke fand. Im Oktober 1967 erweiterte diese Befreiungsfront ihre politische Basis durch Vertreter des Kleinbürgertums und auch der Großbourgeoisie. Die Ermordung des regimekritischen Journalisten Pedro Joaquín Chamorro am 10. Januar 1978 erzeugte eine Welle der Empörung gegen die Diktatur. Im August gelang es Eden Pastora, dem berühmten Kommandanten Zero, den Nationalpalast zu stürmen und alle Abgeordneten als Geiseln zu nehmen. Sie wurden nur im Austausch gegen die gefangenen Sandinisten wieder freigelassen. Es war wie ein Signal zur Volkserhebung. Ein Jahr später ging der letzte Somoza außer Landes und wurde später im Exil in Paraguay ermordet.

In einer schnell gebildeten revolutionären Regierungsjunta waren alle jene Kräfte vertreten, die zum Sturz der Diktatur Somoza beigetragen hatten. Der revolutionäre Kern der sandinistischen Bewegung aber besann sich auf Marx und ließ sich von Castro beraten und unterstützen.

Daniel Ortega errichtete nach und nach ein Militärregime. Enteignung und Verstaatlichung, Indoktrination und Linientreue, aber auch Alphabetisierung und allgemeine Krankenversorgung nach dem Muster Kubas hielten Einzug in Nicaragua. Daniel zog seinen Bruder Umberto nach und machte ihn zum Verteidigungsminister. Das erinnert an das Duo Fidel und Raúl Castro in Kuba. Nicht nur Regimegegner, auch Kritiker wurden ins Gefängnis geworfen oder in Umerziehungslager gesteckt. Die Commandantes konnten zwar ihre Guerillatrupps führen, waren aber der sehr viel größeren Aufgabe, ein Dreimillionenvolk zu ernähren und zu versorgen, nicht gewachsen. Ein Embargo durch die Vereinigten Staaten beschleunigte zudem die Talfahrt der Wirtschaft in Nicaragua.

Im August 1983 besuchte ich Honduras, das den Vereinigten Staaten eher gefällige Nachbarland von Nicaragua. Die US-Botschaft in Honduras war zu einem Zentrum der vielfältigen Aktivitäten zur Abwehr und Einschüchterung der Revolutionsregierung in Nicaragua ausgebaut worden. Die sozialen Gegensätze in Honduras machten dieses Land wenig empfänglich für die Subversion durch die Sandinisten, und die Furcht vor der überlegenen Militärmacht Nicaragua trieb Honduras noch weiter in die Umarmung durch die USA.

Mein Kamerateam und ich besuchten ein Ausbildungslager der Amerikaner in der Nähe von Puerto Castilla, wo wir ganz offen die konterrevolutionären Aktivitäten filmen durften. Obwohl sich Honduras offiziell als neutral bezeichnet, bekamen wir alle drei Führer der Contra-Bewegung vor die Kamera.

Im November 1985 reisten wir nach Nicaragua. Hier behinderte die Staatssicherheit unsere Arbeit auf allen unseren Reisen. Nur durch Zufall wurden wir Zeugen der Aufbahrung von Gefallenen im Krieg gegen die Contras. Solche Bilder unterlagen an sich der Zensur. Auch die Zahlen von gefallenen Soldaten der Revolutionsarmee im Bürgerkrieg von Nicaragua unterlagen der Geheimhaltung. Nirgendwo bemerkten wir die Zeichen revolutionärer Freude. Pflichterfüllung lautete die Parole: Laß dein Vaterland nicht im Stich, oder: Tu deine Pflicht. Zugleich kamen Gerüchte in Umlauf, die den Sandinisten eine Vetternwirtschaft unterstellten, wie sie auch bei ihren konservativen Vorgängern üblich war.

Im November 1985 hatte Staatschef Ortega den Ausnahmezustand verhängt und die Reservisten zwischen 25 und 40 zur Einschreibung in den Militärdienst aufgerufen. Drückeberger wurden mit Gefängnis bestraft. Ich fragte einen Funktionär der Revolutionsregierung, Victor Manuel Poraz, nach dem Grund für diese erhöhte Alarmbereitschaft, und er sagte: «Wir müssen die Hauptstadt verteidigen gegen die Kräfte des Imperialismus, die das Bergland von Nicaragua in Besitz genommen haben und von dort die Revolution bedrohen.»

Der kleine Revolutionär sagte damals offen, was die Regierung noch nicht zugeben wollte, daß nämlich der Feind, die Contras, eine echte Bedrohung darstellten. Es ging also nicht mehr um die Verfestigung der Revolution, sondern um ihre schiere Existenz. Im Hafen von El Corinto beobachten wir nur aus der Ferne, wie sowjetisches Kriegsmaterial ausgeladen wurde, das vorher auf sowjetischen Frachtern im Panamakanal an US-amerikanischen Wachtposten vorbeigezogen war.

Mit neuen Kampfhubschraubern, wie sie die Sowjets auch gegen die Guerilla in Afghanistan eingesetzt hatten, versuchten die Sandinisten den Vormarsch der Contras zu stoppen. Doch nicht das sowjetische Kriegsmaterial oder die Armee der Sandinisten – mit 57000 Mann die größte in Zentralamerika – verstellten schließlich den Contras den Weg, sondern die Widerstände im Kongreß in Washington, die spärlicher werdenden finanziellen Ressourcen, eine sogenannte Friedensinitiative, die von den Nachbarländern Nicaraguas ausging, und die Zerstrittenheit unter den Führern dieser Contra-Bewegung. Ihre unterschiedlichen Ziele wurden in Interviews sehr deutlich. So wollte der Geschäftsmann Adolfo Calero «freie Marktwirtschaft», und so wollte der militärische Oberbefehlshaber Enrique Bermudes, ein Haudegen der ehemaligen Nationalgarde Somozas, einfach das Rad der Geschichte zurückdrehen. Anfang des Jahres 1991 wurde Enrique Bermudes in der Garage des Intercontinental in Managua ermordet. Da waren die Sozialisten längst gestürzt und die Contras aufgelöst. Seine Mörder können von beiden Seiten gekommen sein.

Seit die Scheinwerfer der Weltöffentlichkeit auf der Szene in Nicaragua ruhen, bekommen auch die Indianer im Lande der Sandinisten ein Seitenlicht ab. Da die Miskitos, Ramas und Sumos abgelegen in den Sümpfen am Atlantik lebten, konnten sie dem Schicksal anderer indianischer Hochzivilisationen entrinnen. Die Managua-Indianer zum Beispiel, die an den großen Seen von Nicaragua in Siedlungen mit 30000 und mehr Einwohnern gelebt hatten, waren schon von den Spaniern ausgelöscht worden. Gegen die spanische Zentralgewalt setzten die Engländer einen Indianerstaat am Atlantik. Dieses Marionetten-Königreich der Miskitos, Sumos und Ramas ließ sich nicht mehr halten und fiel an Nicaragua. Das hat die Lebensweise dieser Indianer zunächst weder berührt noch verändert. Nicaragua, halb so groß wie die Bundesrepublik vor 1990 und kaum besiedelt, konzentrierte sich auf einen Machtkampf im Inland, der erst in den letzten zwanzig Jahren auch das Hinterland ergriff. Die Kontrahenten zogen eine blutige Spur durch das Indioland. Dabei wurde das kleine Volk der Ramas fast ausgerottet, dabei wurde das mit 100000 Mitgliedern eher kampfstarke Volk der

Miskitos dezimiert, und die friedlichen Sumos mit ihren 15 000 Stammesangehörigen wurden vertrieben. Von ihren 35 Ortschaften blieben nur drei erhalten. Auf der Flucht vor der Gewalt fanden die anderen Sumos nur vorübergehend eine Heimstatt im Nachbarland Honduras. Eine Verfügung von 1984 zwang sie zur Rückkehr nach Nicaragua. Überall im Lande verteilt, wurden sie nun zwangsangesiedelt. Der ehemalige deutsche Botschafter in Nicaragua, Götz von Houwald, nahm sich der Sache der Sumos in rührender Weise an. Bei einem Treffen in Managua erzählte von Houwald mir von der Gefahr eines kollektiven Selbstmordes der entwurzelten Indianer.

Die UN, sagte von Houwald, sei gelähmt durch politischen Opportunismus. Er setze alle Hoffnung auf eine internationale Hilfsaktion jenseits der Vereinten Nationen und erhoffe sich Anstöße durch das American Indian Movement. Die Führer von AIM versuchten, ihre Mitglieder auf einige gemeinsame Ziele festzulegen, Ansprüche aus der Vergangenheit einzuklagen, weitere Landnahme durch die Weißen zu verhindern und den Indianern mehr politisches Eigengewicht zu verleihen. Häuptling Russell Means hatte AIM im Jahre 1973 mit einer spektakulären Aktion am «Wounded Knee» in Süddakota bekanntgemacht. Im Jahre 1890 waren hier Überlebende des Sioux-Widerstandes von der US-Armee niedergemacht worden. In Erinnerung daran hielt eine militante Gruppe von Indianern Truppen aus Washington tagelang in Schach. Diese Aktion im Jahre 1973 lenkte erstmals das Licht der internationalen Öffentlichkeit auf die ständige Verletzung indianischer Bürgerrechte.

AIM wurde damals von weißen Gruppen als eine radikallinke Organisation eingestuft oder mißverstanden. Deshalb stiftete eine Reise von Russell Means im Januar 1986 nach Nicaragua einige Verwirrung, wo AIM vehement gegen die Unterdrückung der mittelamerikanischen Indianer durch die linke Regierung der Sandinisten protestierte. Russell Means und andere Aktivisten waren schon mehrmals im Tiefland am Atlantik. Bei einer Erkundungsfahrt im Januar 1986, geführt von Brooklyn Rivera, einem Guerillero aus dem Volk der Miskito, wurde er von einem Granatsplitter getroffen. Flugzeuge aus Managua hatten die Gruppe angegriffen und mehrere Begleiter getötet. Nach diesem Ereignis rief Russell Means seine roten Brüder in den USA dazu auf, Krieger nach Nicaragua zu entsenden, um den Miskitos beizustehen. Auf der anderen Seite von Nicaragua, in Costa Rica, ließen die Behörden die Contras wie Fische auf dem Land austrocknen. Die Sandinisten stellten sich hier als eine geschlossene Einheit dar. Unter dem Befehl der neuen Kommandanten regierten sie durch Dekrete, gefielen sich gleichzeitig als Chef der Exekutive und der Legislative, einschließlich der Polizei und der Armee, und dominierten schließlich auch noch die Parteien, ihre Unterorganisationen und besonders die Komitees zur Verteidigung der Revolution, jenes Blockwartsystem, das auch in Kuba so gut funktioniert hat. Es jagte nicht nur Washington einen Schreck ein, das eine sozialistische Unterwanderung in seinem Hinterhof fürchtete, sondern auch den Nachbarländern bis über die zentralamerikanische Landbrücke hinaus – bis nach Mexiko im Norden und nach Kolumbien und Venezuela im Süden. Als die Sandinisten sowjetisches Kriegsmaterial für die politisch gleichgesinnten Rebellen in El Salvador einschleusten, ergriffen die Nachbarn schließlich die Initiative.

Costa Rica, ein Land ohne Armee und ohne Bündnisverpflichtungen, erhob wieder einmal die Stimme. Costa Rica und Nicaragua sind Nachbarn. Beide Länder wurden zur gleichen Zeit und von denselben Konquistadoren erobert, eine Eroberung, die in beiden Ländern nur wenige Indianerstämme überlebten.

Denke ich an Nicaragua, so steigen in mir düstere Bilder auf. Ganz anders Costa Rica. Keine unfreundlichen Szenen, kein bitteres Ereignis überschattet meine Erinnerungen an dieses Land. Die gleiche Reise, die mich vor 25 Jahren nach Bluefields in Nicaragua geführt hatte, brachte mich auch nach Puerto Limón in Costa Rica. Beides sind kleine Hafenstädtchen, aber welch ein Unterschied. Dort Elend, Gestank und Diebstahl, hier Ordnung und Hygiene, vielleicht auch ein bißchen Verschlafenheit. Von Puerto Limón führt jene Eisenbahn nach San José, der Hauptstadt Costa Ricas, die der Begründer der United Fruit Company einst angelegt hatte. Die Strecke führt durch eine sanfte, fast liebliche Landschaft. Sauberes Essen im Imbißwagen, grasende Kühe auf almähnlichen Weiden draußen. Hier war ordnende Menschenhand am Werk, friedfertig und besonnen.

Der Friede in Costa Rica wurde nur einmal gebrochen, während des Volksfrontregimes in der Zeit des Zweiten Weltkriegs. Der Name eines Sozialdemokraten ist mit dem Ende des Volksfrontregimes und mit dem Beginn der Friedenszeit verbunden. José Figueres, den sie Don Pepe nennen. Er hat nur einmal die militärische Gewalt als Instrument der Politik eingesetzt, eben um die Gewalttätigkeit zu beenden.

Im Jahre 1948 war diese Volksfront in freien, direkten und geheimen Wahlen vom Volke abgesetzt worden. Doch die Kommunisten in der Regierung waren damit nicht einverstanden und planten eine Militärdiktatur. Da stellte der kleine Plantagenbesitzer José Figueres eine Freiwilligenarmee auf und erzwang die Rückkehr zur Demokratie. 1954 wurde er selbst zum Präsidenten gewählt.

Als großer Sozialreformer und Sozialdemokrat ging er in die Geschichte Zentralamerikas ein. Er wurde zum Vorkämpfer gegen die Diktaturen von links und rechts im Karibischen Becken. Er war der Gründer der geheimnisumwitterten Karibischen Legion, die auf den Sturz der Diktaturen Somozas in Nicaragua und der Trujillos in der Dominikanischen Republik hinarbeitete. Somoza wollte daraufhin mit seinen Truppen in Costa Rica einfallen und wurde vom großen Bündnispartner USA zurückgepfiffen. An einer vorbildlichen Demokratie wollten sich auch die US-Amerikaner nicht vergreifen. In der Nachfolge dieser Karibischen Legion schuf Figueres ein Bündnis der demokratischen Linken vieler karibischer Staaten. Zu seinen Freunden gehörten Romolo Betancourt, der später Präsident in Venezuela wurde, und Luis Munos Marin, der große Reformer Puerto Ricos. Auch der Präsident Guatemalas, Juan José Arévalo, unterstützte die Karibische Legion.

Arévalo, der erst 1990 im hohen Alter starb, mußte erleben, wie sein Nachfolger auf dem Präsidentenstuhl von Guatemala, Jacobo Arbenz, Schiffbruch erlitt. Arbenz war ein Freund Fidel

Castros und wollte ihm nacheifern. Er enteignete die Plantagen der United Fruit. In einer großangelegten Operation setzten US-amerikanische Thunderbolt-Maschinen in einer Bombennacht 1954 dem Experiment des Jacobo Arbenz ein Ende. José Figueres, der Mann aus Costa Rica, machte in aller Öffentlichkeit die USA für diesen Eingriff verantwortlich, später aber verurteilte er die diktatorischen Methoden des Fidel Castro auf Kuba.

Ich habe den Landesvater Costa Ricas in einer Rolle erlebt, die damals noch auf keiner politischen Bühne in Lateinamerika gespielt wurde, nämlich als Freund der Presse. Don Pepe führte auch die wöchentliche Pressekonferenz ein, die jedermann offenstand, gleich ob akkreditiert oder nicht.

Er schuf aus seinem Staat der Kleinbürger und Kleinbauern ein glaubwürdiges Vorbild für Zentralamerika. Immer wieder gingen von Costa Rica Schlichtungsversuche aus, wenn wieder mal ein revolutionärer Brand oder eine reaktionäre Einmischung die Region heimsuchte. In der Tradition des José Figueres regieren die Präsidenten von Costa Rica bis heute. Einer von ihnen, Oscar Arias Sanchez, entwarf einen Friedensplan für Zentralamerika, der von allen fünf Nachbarländern unterzeichnet wurde. 1987 erhielt er dafür den Friedensnobelpreis. Sein Plan befürwortete den Abzug der Kubaner, Sowjets, Ungarn und anderer sozialistischer Verbündeter aus Zentralamerika. Gleichzeitig bedeutete dies das Ende der Unterstützung der Contras durch die USA.

Obwohl der 40. Präsident der Vereinigten Staaten, Ronald Reagan, diesen Plan öffentlich begrüßte, konnte er ihm nicht recht sein. Zum einen schwächte er die ohnehin schon spärlich vorhandene Bereitschaft des Repräsentantenhauses, weiter Gelder für die Contras lockerzumachen. Zum anderen aber würde eine Auflösung dieser Contra-Bewegung, wenn die Dinge sich denn zum schlechteren wendeten, mit dem Zwang verbunden sein, US-amerikanische Streitkräfte in Mittelamerika einzusetzen. Das Dilemma hat mir einmal der zuständige Unterstaatssekretär für Zentralamerika im US-Außenministerium, Craig Johnston, erklärt: «Die Vereinigten Staaten hatten noch nie mit einer Bedrohung ihrer Sicherheit zu tun, die praktisch vom eigenen Festland ausging. Im Rahmen amerikanischer Außenpolitik ist es untragbar, der Entwicklung von kubanischen und sowjetischen Marionettenstaaten zuzusehen – und das so nahe an unseren Grenzen, praktisch vor der Tür.»

In den letzten dreißig Jahren konnte ich die Entwicklung in Mittelamerika entweder aufmerksam aus der Ferne oder hautnah aus der Nähe verfolgen. Die Bewohner der mittelamerikanischen Landbrücke hingegen haben den Einfluß der USA in einer Art Wechselbad erlebt und erlitten. Nach dem Versagen der Strategie von Invasion und Konterrevolution in den Jahren des kalten Krieges – einer Strategie übrigens, die wie eine Fortsetzung der Politik des großen Knüppels anmutete – erwarteten die progressiven Kräfte der Hemisphäre Auftrieb von der «Allianz für den Fortschritt» des damals jungen Demokraten John F. Kennedy. 1961 stellten sich die Vereinigten Staaten als stabile Demokratie dar, mit starken Parteien, gut funktionierenden politischen Institutionen und einer selbstbewußten Päsidentschaft. Bei seiner Amtseinführung konnte John F. Kennedy sagen, daß «dieses Land jede internationale Bürde tragen könne». Mit Ausnahme Kubas litten dagegen die Staaten im Karibischen Becken unter Inflation und Arbeitslosigkeit, militärischen Umstürzen und internationaler Bedeutungslosigkeit.

Nachdem Kennedys «Allianz für den Fortschritt» im Verlaufe der Raketenkrise in Kuba zur Allianz gegen den Fortschritt Kubas geworden war, fand erst die Administration Jimmy Carter einen neuen Anlauf zu irgendeiner Art von Politik gegenüber Mittelamerika. Nach dem Sieg der Sandinisten in Nicaragua schickte Jimmy Carter sogar 118 Millionen Dollar Soforthilfe nach Managua und handelte später mit Panama einen Vertrag aus, der diesem Staat die Rechte über die Kanalzone im Jahre 2000 einräumt. Doch Angola und Mosambik, Äthiopien und Afghanistan, die Präsenz sowjetischer Truppen auf Kuba und die Entwicklung Nicaraguas zu einem leninistischen Staat führten Carters Hilfspolitik ad absurdum. An ihre Stelle trat die Reagan-Doktrin. Sie teilte die Welt ganz einfach in Demokraten und Sozialisten auf und sagte den letzteren den Kampf an. Ihr Schlagwort lautete *peace through strength* – Frieden durch Stärke. Um diesen Frieden durchzusetzen, nutzte Reagan das Instrumentarium, das einem amerikanischen Präsidenten zur Verfügung steht – und das reichte von der Diplomatie über den Einsatz von CIA und bis zur militärischen Intervention dort, wo sie relativ gefahrlos schien.

Ideologisch wurde Nicaragua zu einem internationalen Kriegsschauplatz. Die öffentliche Meinung außerhalb der USA stellte Reagan ganz schnell in eine reaktionäre Ecke. Doch die Reagan-Doktrin war glaubhafter als die Knüppelpolitik Teddy Roosevelts. Sie handelte nämlich im Kern nicht von Macht und Einfluß, sondern von Menschenwürde und dem demokratischen Spiel der Kräfte.

Unter der Reagan-Doktrin mußte der Diktator Chiles, Pinochet, so manchen Rüffel hinnehmen, bekam der Diktator Stroessner von Paraguay vom amerikanischen Botschafter Taylor die Leviten gelesen und mußten erzkonservative Regime in Guatemala, Honduras und besonders El Salvador den Weg zur Mitte einschlagen. Die Reagan-Doktrin konnte nur Erfolg haben, wenn sie nach links und rechts griff. Die Gegenseite wiederum, die von Fidel Castro entweder insgeheim unterstützte oder offen geführte Guerilla in fast allen Ländern Mittelamerikas, konnte nur mit Erfolg in der Bevölkerung rechnen, wenn eben die friedfertige Seite der Reagan-Doktrin nirgendwo Glaubwürdigkeit fand.

Die einheimischen Oligarchien wiederum betonten die militante Seite der Reagan-Doktrin, weil jede Art von demokratischer Lösung ihre Privilegien, Besitz und Macht gekostet hätte. Revolution von links, Reaktion von rechts, Herausbildung einer demokratischen Mitte und US-amerikanischer Einfluß – diese vier Linien durchziehen und bestimmen das Gewirr der mittelamerikanischen Staaten bis heute, gehen Verbindungen ein, trennen sich wieder, verdichten sich gelegentlich zu klaren Formen oder driften in das Chaos ab.

Nur in Costa Rica hat sich früh die Linie der demokratischen Selbstbestimmung durchgesetzt – eine Art Regierung durch Versöhnung. Dem gegenüber steht das viel häufigere Modell der Regierung durch Verschwörung, also das Bündnis zwischen den verschiedenen Gruppen der herkömmlich Herrschenden, die sich vom Volk abschotten und ihre Macht auch durch Terror und Mord zu erhalten suchen.

Die Plünderung Mittelamerikas

In der vorkolonialen Zeit lebten die Eingeborenen Mittelamerikas von Landwirtschaft und Fischfang, von Jagd und Mineralabbau. Unter den Spaniern war der Vorrat an Gold und Sklaven schnell erschöpft. Sie überzogen die Region mit einem Netz von Großplantagen. Die Ablösung der spanischen Herrschaft hat an diesem System wenig geändert.

Waren es vorher Kakao und Zucker, mit denen man auf den europäischen Märkten Geld machen konnte, kam nach 1800 Kaffee dazu und 1870 die Banane. Wiederum 100 Jahre später wichen Banane und Kaffee dem Anbau von Baumwolle und der Rodung für Viehweiden. Abnehmer waren nicht mehr vor allem die Europäer, sondern Japaner und Nordamerikaner. Ihr Bedarf an Fleisch und das Geld, das man mit diesem Bedarf machen konnte, führte 1969 zum sogenannten Fußballkrieg zwischen zwei mittelamerikanischen Nationen. Die Großviehzüchter hatten damals in Honduras die kleinen Farmer immer mehr zurückgedrängt, die sich das verbleibende Land mit Grenzgängern aus El Salvador teilen mußten. Als Honduras daraus die Konsequenzen zog und die Leute aus Salvador wieder ausweisen wollte, kam es zu einer explosiven Spannung, die sich nach einem Fußballspiel zwischen den beiden Nationen entlud.

In Nicaragua verdiente der Diktator Anastasio Somoza jährlich 30 Millionen Dollar am Viehexport nach Miami, während die Landarbeiter in Nicaragua nur noch als Tagelöhner Geld verdienen konnten.

In El Salvador wuchs die Zahl von landlosen Bauern von 1961 bis 1975 von 10 auf 40 Prozent, und diese landlosen Bauern fanden nur während der Erntezeit Arbeit auf den Baumwollplantagen. Selbst im Land der Gerechten, in Costa Rica, kommt neuerdings Landhunger auf. Von allen Nationen in Mittelamerika am dichtesten besiedelt, hat Costa Rica den Umweltschutz entdeckt und Naturreservate, Nationalparks und allgemein zugängliche Freizeitanlagen errichtet. Kurioserweise führte dies zu einer Verknappung an Grund und Boden, was wiederum die junge Generation vor allem zu spüren bekommt. Ein wenig durchdachtes Hilfsprogramm der Weltbank in Höhe von immerhin 9 Milliarden Dollar kam einerseits nur den Großgrundbesitzern zugute und half andererseits, ökologisch wertvollen tropischen Regenwald in Weideland für Rinder zu verwandeln.

Die erzwungene oder die freiwillige Attacke auf den Boden, das Wasser und die Wälder Zentralamerikas wird auf die Dauer mehr Schlachtfelder schaffen als die Auseinandersetzung zwischen den Besitzenden und den Besitzlosen. Die Kissinger-Kommission von 1984 kam denn auch zu dem Schluß: «Die Krise in Zentralamerika kann nicht unterteilt werden in wirtschaftliche oder soziale, in politische oder sicherheitspolitische Aspekte. Die Probleme gehen nämlich nahtlos ineinander über.»

Die Theorie des «Seamless Web», des nahtlosen Netzes, wurde zwar allgemein anerkannt, aber nur in Ansätzen berücksichtigt. Nur Costa Rica hatte 1961 bereits eine konsequente Schlußfolgerung gezogen. Im Jahre 1961 hat dort das Instituto de Tierras y Colonización die Umverteilung von Land an die Besitzlosen verfügt. Honduras versuchte dem Beispiel von Costa Rica zu folgen, hat aber den Besitzlosen nur Sümpfe, Schluchten und Felsen zugewiesen. In El Salvador war es die Furcht der US-Amerikaner vor einer Revolution der Besitzlosen, die 1984 zu einer Landreform führte. Immerhin wurden 440000 Bauern mit Feldern und Äckern bedacht. Eine weitere Umverteilung scheiterte an dem Widerstand der Besitzenden. In Nicaragua ging die Zahl der landlosen Campesinos unter der Herrschaft der Sandinisten drastisch zurück. Weil sie aber niemand in den Anbaumethoden unterrichtete, sank die Produktion ebenso drastisch.

Das düsterste Kapitel im Kampf um das Land wurde jedoch in Guatemala geschrieben. In diesem 9 Millionen Einwohner zählenden Staat sind die Indianer noch in der Überzahl, liegt die

Analphabetenquote bei 40 Prozent, gehört 70 Prozent des bebaubaren Landes zwei Prozent der Bevölkerung. Die Geburtenrate liegt bei 3 Prozent, und 60 Prozent der Kinder werden von unverheirateten Müttern geboren. Die Lebenserwartung verheißt nur 43 Jahre – alles in allem die Sozialstruktur eines mittelalterlichen Feudalstaates.

Eine Art soziale Revolution, die in den 40er Jahren ihren Anfang nahm, führte 1950 zu einer Agrarreform. Haziendas mit über hundert Hektar mußten in Fünferparzellen geteilt und an landlose Campesinos übergeben werden, die dann auch noch Kredite vom Staat erhielten und denen technische Hilfe versprochen wurde. 1954 waren über hunderttausend Bauern in den Besitz von Land gekommen. Weil aber dieser Agrarreform auch Plantagen zum Opfer fielen, die entweder nordamerikanischen Gesellschaften gehörten oder Konsortien mit nordamerikanischer Beteiligung, verschworen sich diese zu einem Putsch gegen den regierenden Sozialreformer Jacobo Arbenz.

Der jedoch lieferte reichliche Gründe. Hatte er doch 1951 die Kommunistische Partei zugelassen und aus dem Ostblock, vornehmlich aus der Tschechoslowakei, Waffen bezogen.

1954 wurde Jacobo Arbenz gestürzt, und die Landreform verkam zu einer Art Brosamenverteilung vom Tische der Reichen. Land und Leute wurden von einer verschworenen Schicht vereinnahmt, und die Militärs waren wieder einmal mit von der Partie. Die Dreieinigkeit von ausländischen Unternehmern, einheimischen Oligarchien und führenden Militärs regierte seitdem Guatemala, und ich habe einige Beispiele von der schrecklichen Effizienz dieser Verbindung erlebt.

Im April 1970 lenkte die Entführung und Ermordung des deutschen Botschafters Graf Spreti die Aufmerksamkeit der Welt und besonders der Bundesrepublik auf die Lage in Guatemala. Das Land befand sich damals in einem Interregnum zwischen einer noch amtierenden, aber unfähigen Regierung und der Amtsübernahme durch einen ultrarechten Obristen, der im Monat zuvor zum Präsidenten gewählt worden war, aber erst im Juli darauf den Regierungspalast bezog.

Revolutionskommandos von links und Todesschwadronen

von rechts übten die wirkliche Macht auf den Straßen aus. Hinzu kamen Diebstahl und Einbruch, die am hellichten Tag und im Zentrum von Ciudad de Guatemala verübt wurden, ohne daß sich jemand sonderlich darüber aufregte. Nur einige Hoteloasen wie das Camino Real galten als neutraler Grund. An der Hotelbar lernte ich einen gewissen Ydora Sanchez kennen, der sich als Professor ausgab. Er sei Spezialist für präkolumbianische Kunst, sagte er und wollte mich beraten. Er zog eine Figur aus dem Mantel und flüsterte *es autentico*, ein echtes Stück.

Er hätte gar nicht flüstern müssen. Zu jener Zeit war die Ausfuhr von Antiquitäten zwar schon verboten, aber das Verbot stand nur auf dem Papier. Professor Sanchez meinte wohl, flüstern würde eher zum Verkauf führen. Er hat mir noch andere Angebote gemacht: Geldtausch zum Schwarzkurs, Indiomädchen, ebenfalls *autentico*, oder eine Fahrt zu den Ruinen von Tical, garantiert unter dem Schutz der dort herrschenden Guerilla. Letzteres ließ mich aufmerksam zuhören. Zum einen wollte ich immer schon einmal die großartigen Zeugen einer längst vergangenen hochstehenden Indiokultur sehen, zum anderen galt das Gebiet um Tical herum als Schauplatz erbitterter Kämpfe zwischen der linken Guerilla und dem Militär und war zudem ein Quell unerschöpflicher Gerüchte und Legenden von verborgenen Schätzen. Nach der Spreti-Entführung waren die Touristenflüge nach Tical vorübergehend eingestellt worden und auch später, als diese Flüge wiederaufgenommen wurden, war der Bewegungsspielraum beschränkt.

Am Tag unserer geplanten Abreise kommt Ydora Sanchez mit einem amerikanischen Buick vorgefahren, der zwar geräumig genug war, um unsere Ausrüstung aufzunehmen, der aber eigentlich ins Automobilmuseum von Detroit gehört hätte. Irgendwie können wir noch einen Benzinkanister und vier gebrauchte Reifen organisieren – für alle Fälle.

Einen ersten Kontrollposten am Stadtrand von Ciudad de Guatemala konnte Ydora Sanchez von der Dringlichkeit unseres Unternehmens überzeugen. Die Passage durch eine zweite Kontrolle, 100 Kilometer weiter, erfolgte nur durch die Übergabe kleiner Geschenke. Kurz hinter dem Städtchen Coban, das eine

Art Grenze markiert, wurden wir von abenteuerlichen Gestalten gestoppt.

Sie zerrten mich zunächst aus dem Wagen und beschimpften mich als Gringo – als Amerikaner. Meine Dokumente und mein europäischer Akzent jedoch schienen echt zu sein. Wir durften weiterziehen. Ydora Sanchez hatte während der Begegnung kein Wort gesagt. Ich merkte erst jetzt, daß er fahl im Gesicht war. «Das waren Leute von der FAR», sagte er, «die könnten den Botschafter Spreti auf dem Gewissen haben.»

Nach einer Stunde Fahrt überholte uns ein verbeulter VW und stellte sich quer zur Fahrbahn. Ihm entstiegen die Leute von der FAR. Aber nicht etwa, weil sie es sich anders überlegt hatten, sondern um uns ihre Hilfe anzubieten, ja aufzudrängen. Sie begleiteten uns in eine kleine Ortschaft am See von Petén-Itza und stellten uns einige armselige Bauern vor, die angeblich vom Militär aus ihrer Heimat vertrieben worden waren, damit sie ein Militärgeheimnis nicht verraten. Was denn dies Geheimnis sei, wollen wir wissen. «Die haben im Norden Öl gefunden und wollen es für sich behalten», sagt einer der Campesinos. «In unserem Nachbardorf haben sie einige Männer erschlagen, die davon Wind bekommen haben.» Als wir der Sache auf den Grund gehen wollten, rieten uns die Leute von der FAR ab. «Ihr werdet nicht weit kommen. Dort ist die *tierra de los generales*, das Land der Generale.»

Am nächsten Tag führten uns die Rebellen dann doch zu einer Piste in den Norden. Wir hörten später, daß Ingenieure der Armee Straßen bis zu den Ölfunden gebaut haben und daß die Militärs nach Sternen und Epauletten gestaffelt das Ölland unter sich aufgeteilt hätten.

Hinter dem Lago Petén Itza verließen uns die Leute von der FAR. Auf eine letzte Frage, was sie von der Entführung und Ermordung des deutschen Botschafters Spreti wüßten, antwortete einer: «Das waren doch die Terroristen von der Mano.» Sie meinten damit die ultrarechten Todesgarden der Weißen Hand.

Die Lust auf die Ruinen von Tical war uns vergangen, und wir fuhren so schnell wie möglich Richtung Belize. Nach drei Stunden erreichten wir die Grenze bei Melchor de Mencos und fuhren dann weiter nach Atun-Ha, einem anderen großartigen Zeugnis aus der Maya-Zeit. Der einzige Angriff, den wir dort fürchten mußten, war der von einem Moskitoheer bei Anbruch der Dunkelheit. Im Gegensatz zum Gangsterland Guatemala war Belize eine Zone des militärisch gesicherten Friedens.

Etwa 1600 britische Soldaten garantierten, daß Guatemala seine Gebietsgelüste auf Belize zügelte. Belize hieß früher Britisch-Honduras und war ebenso wie das Königreich Miskito ein Stützpunkt der britischen Krone.

Während das Königreich Miskito im Staate Nicaragua aufging, wollten die Leute von Britisch-Honduras nichts von einer Eingliederung in Guatemala wissen. Ihr Traum von der Unabhängigkeit war geknüpft an einen Rest von britischer Kolonialherrschaft.

Nach dem martialischen Guatemala wollten wir damals von den Problemen Belizes nicht allzuviel wissen, sondern zeigen, wie idyllisch und schön es ist.

Die Regierung war gerade aus der kleinen Hafenstadt Georgetown, die inzwischen Belize City heißt, umgezogen in einige neuerbaute Betonblöcke im Dschungel des Hinterlandes – eine Idee des langjährigen Premiers George Price, der auch den Namen für seine neue Hauptstadt erfand, Belmopan, nach Belize und dem Mopantal. Er ließ es sich damals nicht nehmen, uns selber zu führen. Nie wieder habe ich eine kleinere Hauptstadt gesehen. Sogar Window Rock, das Verwaltungszentrum der Navajo-Indianer in Nordamerika, ist größer.

Belize ist aber nicht nur friedlich, sondern geradezu lieblich. Vor der gesamten, etwa 200 Kilometer langen Küste erstreckt sich ein Korallenriff – wie ich mir sagen ließ, das zweitgrößte der Welt –, gekrönt von einem Palmeninselchen neben dem anderen. Ein Bilderbuchprospekt für den Touristen, wenn man ihm denn eines Tages die Angst nähme vor einem Überfall durch das Militär Guatemalas.

1986 hat ein ausnahmsweise demokratisch gesinnter Präsident Guatemalas, nämlich Venicio Cerezo Arévalo eine Lösung des Belize-Problems durch Verhandlung und Dialog versprochen. Übrigens hat er das anläßlich eines Besuches in Westdeutschland getan. Inzwischen aber hat das wieder stärker gewordene Militär in Guatemala auch wieder auf Feindseligkeit gegenüber Belize geschaltet. Inzwischen hat die internationale Völkergemeinschaft, nämlich die UNO, auf ihre Weise gehandelt. Sie nahm 1990 Belize als unabhängigen Staat auf. Die Vereinten Nationen haben sich dabei dennoch nicht vermehrt, denn ein anderer Staat gab im Herbst 1990 seine Selbständigkeit auf – die DDR.

Die ölreiche Dschungelprovinz Petén in Guatemala ließ derweil das Land zum drittgrößten Ölproduzenten in Lateinamerika nach Mexiko und Venezuela aufsteigen.

Die Dschungel von Petén sind gleichzeitig Schlupfwinkel der unterschiedlichen Guerilla-Organisationen geblieben. Zur FAR sind inzwischen drei weitere linke Organisationen hinzugekommen. Als letzte das «Befreiungsheer der Armen». Diese Organisation wird als revolutionäre Tochter Kubas verstanden. Wann immer das Militär sich dem demokratischen Druck einer zivilisierten Welt beugen muß, werden die rechten Organisationen stärker: die «Weiße Hand» oder die «Freunde des Landes» oder die Organisation «Auge um Auge» – allesamt Todesschwadronen, die ganze Dörfer auslöschen, Menschen zu Tode quälen, politische Morde verüben, je nachdem, was zur Machterhaltung notwendig erscheint. Was Wunder, daß gerade mit der Wahl eines reformfreudigen Christdemokraten 1986 der Terrorismus im Untergrund zunahm.

In den ersten zehn Monaten der Präsidentschaft des Vinicio Cerezo Arévalo zählte die Menschenrechtskommission von Guatemala 463 politische Morde und 126 Entführungen. Eine Gruppe der Hinterbliebenen organisierte sich. Ihr Führer, Nineth de Garcia, fand sogar einen Richter, der in 1467 Fällen von Mord und Entführung eine Untersuchung beantragte. Insgesamt sind in den Jahren der Militärherrschaft jedoch 40 000 Bewohner spurlos verschwunden. Der Menschenrechtler Ramiro de Lencarpio schreibt von 100 000 Toten und zunehmender Gewalt von rechts, und seit Anfang der 90er Jahre regiert sogar wieder ein ultrarechter Politiker das geplagte Land. Mehr als 200 000 Menschen flohen über die Grenzen nach Mexiko.

Vergeblich versuchte ich, auf der Halbinsel Yucatán in einem dieser Flüchtlingslager zu filmen. Die mexikanische Regierung wollte sich in die bürgerkriegsähnlichen Zustände jenseits der Grenze in Guatemala nicht einmischen. Mit Hilfe eines Kontaktmannes, der der FAR angehört, konnte ich doch noch in ein solches Lager gelangen, in der Nähe von Uxmal, der ehemaligen Tempelstadt der Mayas. Die indianischen Flüchtlinge in diesem Lager erzählten von einem roten Krieger Quetzal, der die Latinos, das sind die Mischlinge, in die Flucht schlägt und ihnen Fallen stellt.

Erstaunlich für die Situation, vielleicht auch alarmierend, daß in Guatemala ein Nachkomme der Mayas sich als Rebellenhauptmann behaupten kann. Einer, der nach dem Göttervogel dieses altindianischen Volkes benannt ist, eben jenem legendären Quetzal, dessen Unterseite vom Blut gefallener Indianer rot gefärbt sein soll. Guatemalas Schriftsteller Miguel Angel Asturias läßt in einem seiner Romane einen Indio klagen: «Die Augen der Begrabenen, die zahlreicher sind als die Sterne, sehen alles, was geschieht, und werden dafür sorgen, daß heimgezahlt wird, was ihnen angetan wurde.»

Ein Miniaturbild der Situation in Guatemala findet sich in dem sehr viel kleineren El Salvador. Die Auseinandersetzung in diesem Zwergstaat wurde nur deshalb politisch so viel ernster genommen, weil es hier um die Frage nach Niederlage oder Sieg des Sozialismus oder des Amerikanismus Washingtoner Prägung schlechthin ging.

Das Signal von El Salvador

Der kleine und sehr dicht besiedelte Staat von El Salvador hätte eigentlich so früh wie Costa Rica die Chance gehabt, auf eher friedlichen Pfaden zu wandeln. Die von Vulkanen durchsetzte Hochregion lag abseits des Hauptstroms der Eroberung und hatte weder die wertvollen Metalle noch die landwirtschaftliche Tradition der indianischen Hochkulturen, die ja beide auf die Spanier wie Magneten wirkten. Die Bevölkerung des Landes ist sehr viel homogener als die Guatemalas und zählte 1880 erst eine halbe Million. Die Krise kam nach El Salvador mit der Ankunft des Kaffees. Er gedieh im Hochland besonders gut, und der leichte Zugang zur Küste verbilligte den Transport. Die Bevölkerung wuchs explosionsartig, aber keineswegs schneller als der Ausbau der Plantagen, so daß es nur zu wenigen sozialen Friktionen kam.

Anfang 1970 stieg der Preis für Kaffee an den internationalen Rohstoffbörsen: unerwarteter Profit für die Besitzer der Plantagen. Sowohl die katholische Kirche als auch die im Entstehen begriffene Guerillabewegung stellte sich auf die Seite der Gewerkschaften. Die Besitzenden antworteten mit verstärkten Repressionen. Gelegentlich griffen sogar die rasch gebildeten Todesschwadronen zu. Funktionäre der Gewerkschaften, Sympathisanten der Bewegung und Priester wurden oft Opfer dieser Todesschwadronen, und das wiederum stärkte die Guerillabewegung, die das Geschäft mit der Entführung reicher Plantagenbesitzer begann.

Als dann die Kaffeepreise genauso dramatisch sanken, wie sie sprunghaft gestiegen waren, kam zur Gewalttätigkeit die Verarmung hinzu. Der politische und der soziale Konflikt gingen jene brisante Verbindung ein, die in so vielen lateinamerikanischen Ländern automatisch zur Explosion führte. Als im Nachbarland Nicaragua im Jahre 1979 der Somoza-Clan zum Teufel gejagt wurde, putschte in El Salvador das Militär. Es wollte aber nicht allein regieren, suchte sich seinen Partner weder bei der Klasse der Großgrundbesitzer und ihren Todesschwadronen noch bei der linken Guerilla und ihrem politischen Arm der sozialistischen Partei, sondern in der Mitte bei den Christdemokraten. Die putschenden Generale sahen die überkommenen Machtstrukturen als überholt an. Mit der Verbindung zu den Christdemokraten wollten sie auch die linken Kräfte in der Kirche binden und nicht an die linke Guerilla verlieren. Schließlich hofften sie auf Unterstützung aus dem Weißen Haus, das damals von Jimmy Carter bewohnt wurde, der die Revolution der Sandinisten im Nachbarland Nicaragua begrüßt hatte. 1980 dann hoben die Offiziere einen Politiker auf den Schild, der über äußerst gute Kontakte zu den Christdemokraten in Europa verfügte: José Napoleon Duarte, ein Mestize, der viele Jahre im Exil verbracht hatte, ein Dauergast in der Konrad-Adenauer-Stiftung in Bonn war, aber von den deutschen Christdemokraten mit Sicherheit ins linke Spektrum gestellt wurde. 1984 dann in einem öffentlichen Wahlgang von der Mehrheit des Volkes im Amt bestätigt, wurde er zum Hoffnungsträger der Kleinbauern und vor allem der landlosen Campesinos, weil er gegen die Großgrundbesitzer eine Landreform durchsetzen wollte. Damit aber rief er die Todesschwadronen wieder auf den Plan, diese Landsknechtsheere der Oligarchen. José Napoleon Duarte trat auch in die Dauerverhandlungen mit den Guerillabewegungen ein, die sich als Farabundo Marti zusammengeschlossen hatten. Obwohl diese Guerilla den sandinistischen Staat des Nachbarlandes Nicaragua im Rücken hatte, wurde sie unter der Dauerumarmung José Napoleon Duartes schwächer, griff schließlich zu einem Mittel, das ihr viele Sympathien in El Salvador verscherzte.

Wir waren gerade von Washington aus zu Dreharbeiten nach El Salvador gereist, als die Tochter des Präsidenten von Guerilleros entführt wurde. Angeblich wurde für ihre Freilassung kein

Lösegeld bezahlt. Aber danach wirkte José Napoleon Duarte wie ein gebrochener Mann. Ich kann mich an die Pressekonferenz in seinem Privathaus erinnern, als er mit fahlem Gesicht recht unglaubwürdig von der bedingungslosen Freilassung seiner Tochter sprach. Bald darauf erkrankte er an Krebs und starb 1989. Zu diesem Zeitpunkt hatte der Bürgerkrieg seit Übernahme der Militärjunta zehn Jahre zuvor 70000 Menschenleben gefordert.

Dennoch hatte die Entwicklung in El Salvador Signalwirkung. Zum einen konnte die hartgesottene Guerillabewegung Farabundo Marti keine Fortschritte erringen, zum zweiten hatte José Napoleon Duarte den zentralamerikanischen Friedensplan unterzeichnet, der den Abzug aller fremden Mächte vorsah, und zum dritten konnte der 40. Präsident der Vereinigten Staaten, Ronald Reagan, die Wirksamkeit seiner Doktrin für das Karibische Becken illustrieren. Für ihn und seine Regierung war es zunächst wichtiger, als das System in Nicaragua zu stürzen, den Fall von El Salvador aufzuhalten und damit dem Vordringen des Sozialismus auf der mittelamerikanischen Landbrücke Einhalt zu gebieten. Mit einer kleinen Zahl von Militärberatern und gebündelter Wirtschaftshilfe ist ihm das in El Salvador auch gelungen.

Nicht zuletzt wegen dieser leidlich guten Entwicklung im Nachbarland Nicaraguas – jedenfalls aus nordamerikanischer Sicht – konnte Reagan seinen Kongreß, in dem die Demokraten die Mehrheit besaßen, auf seine Seite ziehen. Nach sieben Jahren harten Ringens um jede Stimme folgte das amerikanische Parlament seinem Präsidenten in die Schlacht von Nicaragua, und zwar mit 100 Millionen Dollar für die Contra-Rebellen. Dieser hart errungene Sieg über den Kongreß entband auch den amerikanischen Geheimdienst CIA von der Verpflichtung, die Contras in Nicaragua unterderhand mit Waffen und Geld zu versorgen. Das Versagen des CIA – von der paramilitärischen Aktion in der Schweinebucht von Kuba 1960 bis zur Niederlage der Amerikaner in Vietnam 1975 – ließ dem Kongreß in Washington die Lust an geheimen Missionen und Aktionen vergehen. Entsprechend umsichtig und vorsichtig operierte der CIA seit 1981 in Mittelamerika. Noch im November 1986 konnte der Chef des Geheimdienstes, William Casey, sagen: «Die 80er Jahre werden als die Dekade der Guerillas eingehen, die dem kommunistischen Vormarsch widerstanden haben.»

Dann aber flog 1986 fast gleichzeitig mit der bewilligten Hilfe für die Contras in Nicaragua eine Geheimdienstaktion auf, die unter dem Namen Iran-Contra-Skandal fast die Regierung Reagan gestürzt hätte und den CIA von neuem unglaubwürdig machte: Am 6. Oktober 1986 wurde über Nicaragua eine Transportmaschine mit Hilfsgütern für die Contras abgeschossen. Der Amerikaner Eugene Hasenfuß kam als einziges Besatzungsmitglied mit dem Leben davon. Seine Gefangennahme und Gerichtsverhandlung ließen die Fäden eines weitverzweigten Geheimnetzes sichtbar werden, das bis ins Weiße Haus reichte. Ein Abteilungsleiter im Personalwesen des Weißen Hauses entpuppte sich als oberster Agentenführer. Dieser Oberstleutnant Oliver North ließ Waffen an den Iran verkaufen und den Erlös von diesen Verkäufen in Finanzhilfe für die Contras in Nicaragua umwandeln. Als ihm der Prozeß gemacht wurde, stellte er die Contra-Rebellen als eine Art legitime Söhne der Pilgerväter dar und verlieh sich selbst den Zuschnitt eines patriotischen Helden.

Die Reagan-Doktrin schien damals auf Grund zu laufen. Ein solcher Schiffbruch lag aber nicht im Interesse der Anrainerstaaten im Krisengebiet. Mexiko auf der einen Seite, Venezuela und Kolumbien auf der anderen Seite der mittelamerikanischen Landbrücke sahen Washingtons Einmischung zwar immer als gefährlich, als überflüssig und schlicht egoistisch an. Aber sie wollten auch keine Verschiebung des Gleichgewichtes der Kräfte zugunsten der Sozialisten in Nicaragua. Diese Anrainerstaaten hatten sich schon seit Anfang der 80er Jahre in einer Initiative zusammengeschlossen, benannt nach der Inselgruppe Contadora, die Panama vorgelagert ist und wo sich ihre Vertreter zum erstenmal getroffen hatten. Diese Contadorastaaten meldeten sich im Herbst 1986 von neuem zu Wort; sie erhielten Schützenhilfe von der sogenannten Limagruppe. Dies waren im wesentlichen jene lateinamerikanischen Staaten, die ihre Diktaturen abgeschüttelt hatten und in Perus Hauptstadt Lima zum erstenmal tagten.

Sprachrohr des neuen Friedensprozesses wurde aber wieder einmal Costa Rica, das kleine Land inmitten der Turbulenzen des mittelamerikanischen Krisenherdes. Costa Ricas Präsident Arias Sánchez sagte im Herbst 1986 vor der Vollversammlung der Vereinten Nationen in New York: «Die Regierung Nicaraguas hat auf die historische Botschaft der Freiheit nicht gehört. Sie wollte auch die brüderliche Hand der Contadorastaaten nicht ergreifen. Während die Welt nach Frieden ruft, droht Zentralamerika das Gespenst des Krieges. Lateinamerika hat gewarnt, daß die Morgendämmerung der Freiheit für den gesamten amerikanischen Kontinent verfinstert wird durch den Ost-West-Konflikt, der sich an Nicaragua entzündet. Wir wollen keine marxistische Ideologie an unseren Grenzen, und wir möchten die Supermächte unabhängig von ihren Ideologien darauf hinweisen, daß ein Pakt der Demokratie, des Pluralismus und der Freiheit in allen Teilen Amerikas dem Weltfrieden dienen kann.»

Diese Botschaft des Präsidenten von Costa Rica wurde auch im Nachbarland Nicaragua übertragen. Wir hörten sie im Atelier eines Malers in Managua. Das Zentralthema Victor Castros, so heißt dieser Maler, war damals eben dieser Ost-West-Konflikt. Nach der Rede vor der UNO schenkte mir Victor Castro ein Bild. Es wird von zwei Augen beherrscht, die über eine düstere Landschaft schauen. Im einen Auge spiegeln sich Hammer und Sichel, im anderen die Sterne und Streifen der Flagge der Vereinigten Staaten. Victor Castro sagte mir im Herbst 1986: «Erst wenn die Supermächte uns nicht mehr in ihrem Blickfeld haben, können wir unsere eigenen Augenlider aufschlagen.»

Die Initiative der in der Contadoragruppe und der Limagruppe vereinigten lateinamerikanischen Staaten und das Verhandlungsgeschick des Präsidenten von Costa Rica konnten deshalb Erfolg haben, weil die Supermächte ihren Blick von Mittelamerika wenden mußten. Die Sowjetunion hatte mit dem Umbruch im eigenen Lande genug zu tun, die Vereinigten Staaten waren von der Iran-Contra-Affäre erschüttert. Damals

225

dachte ich, Lateinamerika beginnt zu sprechen, weil es den Supermächten die Rede verschlagen hat.

Am Ende dieser Entwicklung, die von dieser Hemisphäre selbst ausging, standen Wahlen in Nicaragua. Gegen die regierenden Kommandanten um die Brüder Daniel und Umberto Ortega sammelte sich eine Parteibewegung um Violeta Chamorro, die Witwe jenes Journalisten, der einst gegen den Diktator Somoza zum Kampf aufrief und dafür den Tod erlitt, Violeta Chamorro, die es zunächst mit den Sandinisten hielt und sich dann gegen sie gewendet hat.

Wie sehr die Entwicklung in der Welt den Wahlkampf in Nicaragua beeinflußt hat, mag ein Beispiel verdeutlichen: Ein Mitglied der Konrad-Adenauer-Stiftung hatte Violeta Barrios de Chamorro ein Stück Mauer aus Berlin mitgebracht. Sie zeigte das Mauerstück im Wahlkampf her und beschwor ihr Publikum mit den Worten: «Bei uns muß ebenfalls eine Mauer fallen, und zwar die Mauer des Hasses und des gegenseitigen Argwohns.» Erst später kam heraus, daß Daniel Ortega und manche der Seinen im Guerillakampf von Sicherheitsbeamten der DDR ausgebildet worden waren. Außerdem hatte die DDR den sozialistischen Bruderstaat mit 500 Millionen Mark unterstützt. Die Bundesrepublik mußte diese Summe Anfang 1991 abschreiben, weil Nicaragua pleite ist. Die regierenden Sandinisten wiederum bezeichneten ihre Gegner als Vaterlandsverräter, als *vende patrias*, und beschworen ihre Wähler mit dem Satz: «*No se vende, no se rinde!*» (Wir verkaufen uns nicht, und wir ergeben uns nicht.)

Aber eine knappe Mehrheit der Stimmberechtigten entschied sich gegen die Sandinisten. Violeta Chamorro übernahm ein verwüstetes Land. In neun Jahren Krieg zwischen Sandinisten und Contras mußten 30000 Menschen sterben, und die Schuldenlast des kleinen Landes erhöhte sich auf 11 Milliarden Dollar. Wie es der Friedensvertrag vorschrieb, gaben nach den Wahlen auch die Contras ihren Widerstand auf, mehr als 18000 der von den USA unterstützten Rebellen legten ihre Waffen nieder. Der als Commandante Franklin bekannte Contra-Führer Israel Galeano überreichte mit den Worten «Auftrag erfüllt» der Präsidentin sein Gewehr. Der Kampf um Nicaragua ist zwar noch längst nicht beendet, zu scharf war das Messer der Ideologie geschliffen und zu stark blieben die militanten Gruppen – aber der Kommunismus hat seine menschliche Maske verloren und damit seine Chance vertan.

Die Niederlage der Sandinisten in Nicaragua isolierte Kuba und verringerte auch den politischen Einfluß der Vereinigten Staaten. Weil sie einst die Contra-Rebellen unterstützt hatten, wird von ihnen aber erwartet, das Land wieder wirtschaftlich aufzubauen. Nach einem Präsidentenwechsel hatte Washington jedoch noch eine andere Rechnung zu begleichen: den Fall Noriega. Wenn im State Department in Washington von Südamerika gesprochen wird, fällt sehr oft das Schlagwort von den «fünf D»: *debt, deforestation, democracy, demography* und *drugs*, Schulden, Entwaldung, Demokratie, Bevölkerungsexplosion und Drogen. Ein Präsident als Drogenhändler – keine Neuigkeit im Bestiarium südamerikanischer Politiker – begann, lästig zu werden.

Panama

Am 20. Dezember 1989 griffen nordamerikanische Truppen in Panama ein. Die Invasion trägt den Namen «Just cause», «gerechte Sache». Die großangelegte Aktion galt nur einem einzelnen Mann, Panamas Diktator Manuel Antonio Noriega. Er war vom amerikanischen Präsidenten Bush selbst als ein internationaler Boss im Drogengeschäft ausgemacht worden, das freilich vornehmlich im Untergrund der USA blüht. Es tat der gerechten Sache ungeheuren Abbruch, daß bei der überdimensionierten Militäraktion Tausende von Menschen, verarmte Slumbewohner zumeist, umkamen, Manuel Noriega selbst mit dem Leben davonkam und zunächst in der Mission des Vatikan in Panama City Zuflucht fand.

Nur über ein kompliziertes Auslieferungsverfahren geriet der Diktator in die Hände der nordamerikanischen Justiz. Ohne Ausnahme alle Staaten der Hemisphäre haben in ihrer Organisation, der OAS, die Intervention der USA tief bedauert, zumal Washington in diesem Falle nicht einmal einen politischen Vorwand hatte. Bisher dienten politische Interventionen in der Hemisphäre der Verhinderung oder dem Sturz sozialistischer Regime. Operation «Just cause» diente dem Kampf gegen die Drogenmafia; und weil die Vereinigten Staaten bisher nicht in der Lage waren, die Sucht ihrer eigenen Bürger zu bekämpfen, nahmen sie den Kampf auf gegen die Händler, die sogenannten *narcotraficantes* jenseits der nationalen Grenzen. Aus seiner Zeit als Chef des amerikanischen Geheimdienstes CIA war dem US-Präsidenten der Name Manuel Noriega wohlbekannt. Den Wagemut, die Rücksichtslosigkeit und die kriminelle Energie des Mannes aus Panama hatte sich einst auch der CIA zunutze gemacht. Noriega lief aus dem Ruder, als er Beziehungen aufnahm zum Kokainkartell in Kolumbien und zu den linken politischen Kräften im Spektrum Mittelamerikas. Noriega verbrüderte sich mit dem Führer der Sandinisten in Nicaragua, ließ sich lenken von Fidel Castro auf der Insel Kuba und lenkte wiederum Deti Bouterse, den linken Diktator in Surinam, dem früheren Niederländisch-Guyana.

Besonders mit Bouterse gediehen die Beziehungen, weil in den Dschungeln von Surinam Kokain noch ungestörter angepflanzt und verarbeitet werden konnte als in Kolumbien. An seiner eigenen Bereicherung hatte Noriega die vermögenden Schichten in Panama nicht beteiligt. Weil er sie noch dazu unter seiner Willkür leiden ließ, schlossen sie sich zu einer formidablen Opposition zusammen, die schließlich in der Lage war, Noriega auf politischem Wege durch freie Wahlen zu stürzen. Nach despotischer Sitte ließ sich Noriega durch das Wahlergebnis nicht irritieren und blieb an der Macht. Zu seinem Schutz umgab er sich mit einer «Elitetruppe», Killer zumeist, Männer, die aus demselben Milieu stammten wie Noriega selbst. Zudem schlug er sein Hauptquartier mitten in den Slums auf, ein Zeugnis der Sympathie, das von den Armen honoriert wurde, und ein Schachzug der Taktik. Wer würde schon ein Hauptquartier angreifen, das durch so viele Menschenleiber getarnt und geschützt ist? Die Soldaten der USA haben es sich zugetraut und dabei versagt. Die so präzise geplante Operation von 24 000 Truppen endete im Desaster. Noriega wurde nicht getroffen, dafür die ihn umgebende Slumvorstadt Chorillo.

Die Kriegsberichterstatterin Martha Gellhorn, einst mit dem Dichter Ernest Hemingway verheiratet, besuchte Monate nach der Invasion Chorillo und schrieb: «Die Kaserne war Zielscheibe der US-Invasion, aber ringsherum schliefen die Armen in überfüllten Wohnblöcken. Und dort starben sie, es sei denn, es gelang ihnen zu entkommen. Amerikanische Armeeingenieure haben das Areal so gut es ging planiert, und jetzt ist es eine graue, steinige, sechs Straßenblocks große Wüste. Offensichtlich um die Schuld für Tod und Zerstörung in Chorillo abzuwälzen, wurde die Mär verbreitet, daß sie das Werk von Noriegas ‹Bataillon der Würde› waren. Auf den Straßen von Panama ist man aber einhellig der Meinung, Chorillo war eine Todesfalle.»

Noch ein Jahr nach der Invasion waren die überlebenden Flüchtlinge aus El Chorillo in Zeltstädten, Wellblechbaracken und Kasernen untergebracht. Eine neue Regierung, die aus demokratischen Wahlen hervorging, konnte sie aus Armut und Arbeitslosigkeit nicht erlösen. Die Kriegsflüchtlinge haben ein Komitee gegründet, mit einem arbeitslosen Ingenieur an der Spitze. Er bezeichnete die Amerikaner als Besatzer. Viele der US-Soldaten der Invasionskräfte Ende 1989 kämpften Anfang 1991 in der Wüste von Saudi-Arabien. Der neue Präsident hat vor der eingeebneten Slumsiedlung ein Schild aufstellen lassen: «Bald werden wir Chorillo wiederaufbauen.» Der Vizepräsident Arias Calderon, ein Christdemokrat, hat aus Soldaten der früheren Noriega-Truppe, denen keine Missetaten nachgewiesen werden konnten, *fuerzas públicas*, eine paramilitärische Einheit von 10 000 Mann, formiert. Für ihre Loyalität will sich dennoch niemand in Panama verbürgen. Besonders die Mitglieder der Oberschicht, die jetzt wieder an Panama verdienen können, hoffen auf den weiteren Schutz der Amerikaner. Aber 75 Prozent der Bevölkerung ist mit der jetzigen Regierung genauso unzufrieden wie mit der vergangenen. Das Regime Noriegas ist ersetzt durch eine Herrschaft allgemeiner Unzufriedenheit. Der Diktator selbst jedoch, davon sind auch seine letzten Anhänger überzeugt, wird sich aus der Selbstverstrickung der kriminellen Schuld und den Fesseln der Justiz nicht mehr befreien können.

Dabei ist Panama eine Oase des Friedens im Vergleich zum Nachbarland Kolumbien, von dem es sich 1903 unabhängig erklärt hat. Diese unter dem Druck der USA erzielte Sezession war damals auch deshalb gelungen, weil sich Kolumbien wieder einmal durch Selbstzerfleischung politisch gelähmt hat. Gerade war der Tausendtagekrieg zu Ende gegangen, den sich die Konservativen und die Liberalen in Kolumbien geliefert hatten und der 100 000 Menschen das Leben kostete. Einer der Bürgerkriege des Landes ist sogar unter dem Namen «La violencia» in die Geschichte eingegangen. Er tobte 1948 bis 1957 und raffte 300 000 Menschen dahin.

Gold und Blei

Wer ein «typisches» Land in Lateinamerika sucht, stößt unweigerlich auf Kolumbien. Es teilt den Dschungel mit Brasilien, die schneebedeckten Häupter der Anden mit Peru, die Karibische See mit Mittelamerika, die hochspanische Sprache mit Madrid, den Befreier Simón Bolívar mit Venezuela, *la violencia* (die Gewalt) mit der Mafia und mit Kolumbus den Namen. Der sagenhafte Goldschatz Eldorado hat die Konquistadoren aufeinandergehetzt, und der legendäre Reichtum, der im 20. Jahrhundert mit Rauschgiftgeschäften anzuhäufen ist, hat brutalen Killern und unschuldigen Kindern gleichermaßen das Leben gekostet. Wegen des Goldes sind allzu viele Bleikugeln verschossen worden. *Oro y plomo* beherrschen die Geschichte Kolumbiens und auch seine Gegenwart.

Es war in den 70er Jahren, als wieder einmal das Gerücht umging von einer *ciudad perdida,* einer verlorenen Goldstadt in den Anden von Kolumbien. Auch wir, mein Kamerateam und ich, ließen uns von dieser Legende locken und reisten an die Küste unterhalb der Sierra Nevada. An dieser Küste, in Santa Marta, starb Simón Bolívar Anfang des 19. Jahrhunderts, und in Aracataca wurde Gabriel García Márquez geboren. Er machte in seinem Roman «Hundert Jahre Einsamkeit» daraus den Ort Macondo. Zwischen beiden liegt das kleine Fischerdorf Taganga mit einem freundlichen, kleinen Hotel. Von dort brachte uns einer der ortsüblichen *chivas* in den Ort La Tagua. *Chivas* heißt eigentlich «Ziege» und bezeichnet eine Sorte Bus, die große Höhenunterschiede meistert.

In dem kleinen Nest San Sebastian verlangte uns der Indianerhäuptling vom Stamm der Arhuaco eine Art Schutzzoll ab. Damit, so sagte er, wolle er feindselige Krieger beschwichtigen und vor allem Gepäckträger organisieren. Der Häuptling versicherte, uns zur *ciudad perdida* bringen zu können, zur sogenannten «verlorenen Stadt» der Tairona. Die Tairona waren meisterhafte Goldschmiede, wie das Goldmuseum in Kolumbiens Hauptstadt Bogotá beweist. Die Tairona aber sind schon vor der Ankunft der Konquistadoren aus Europa untergegangen – im Ansturm der kriegerischen Völker des Inka-Imperiums in Peru. Als ihre Nachkommen gelten unter anderem die Arhuaco. Ihr eher armselig wirkender Häuptling hat mich damals nicht sehr überzeugt.

Nach einem Aufstieg auf etwa 1000 Meter Höhe ging der Häuptling auf Erkundung, kam nach einer Stunde zurück und drängte auf raschen Abmarsch, wenn möglich noch in dieser Nacht. Er ließ sich überzeugen, daß zumindest dies Unsinn sei, und half uns beim Aufbau eines Zeltes. Auch auf hartnäckiges Nachfragen gab er uns nicht preis, was der Grund seiner plötzlichen Angst war. Die *ladrones* wären hier, die Räuber, ließ er sich entlocken, und «sie suchen hier das gelbe und das weiße Gold». Da wir ohne den Arhuaco ohne Chance gewesen wären, stiegen wir am nächsten Tag verdrossen zu Tal. Erst einige Jahre später erfuhren wir, daß es tatsächlich eine Taironastadt gibt, die etwa 500 v. Chr. gegründet worden war und sich in der Stadtplanung durchaus mit Machu Picchu in Peru messen läßt. Richtig entdeckt wurde diese *ciudad perdida* aber erst 1976, und man kann sie inzwischen von Santa Marta aus mit dem Hubschrauber anfliegen, wenn nicht gerade die Pflücker des Rauschgiftkartells an der Arbeit sind. Denn einige der Indianerstämme haben den Anbau von Kokain in den verborgenen und regenreichen Hochtälern der Sierra Nevada von Santa Marta zu ihrem Lebenserwerb gemacht.

Sowohl die Plünderung des gelben Goldes in den Grabstätten der Tairona wie die Ernte des weißen Goldes auf den Kokainpflanzungen der Arhuacos wird von der Mafia Kolumbiens überwacht. Und wer sich an diesem Gold vergreift, bekommt das Blei der *pistoleros* zu spüren.

Die *violencia*, die Gewalttätigkeit, kann in Kolumbien auf

eine lange Tradition zurückblicken. Der Republikgründer Simón Bolívar hinterließ zwei verfehdete Gruppen, nämlich Anhänger der zentralen Staatsgewalt und Anhänger des Föderalismus, die sich seit nunmehr fast 200 Jahren mit allen Mitteln bekämpfen – und die reichen von der Politik bis zur Korruption, vom Meuchelmord bis zur Feldschlacht. Heute wird das Bild der *violencia* geprägt von linken und rechten Guerillagruppen, paramilitärischen Organisationen, einfachen Kriminellen und im wachsenden Maße auch von Drogenkartellen. Die Killer für alle diese Organisationen sind leicht zu dingen. Sie kommen aus den Slumvorstädten von Bogotá und Medellín, wo Elend herrscht, aus dem Hochland der Indianerbevölkerung, wo die Ureinwohner keine Familie ernähren können, oder sie kommen von der Küste, wo die Nachkommen schwarzer Sklaven mehrheitlich zur Arbeitslosigkeit verdammt sind.

Schon früh zeigten sich die schmutzigen Gesichter dieser Kriminalität, sie heißen denn auch *caras sucias*, Schmutzgesichter, oder *gamines*, Straßenjungen, die elternlos und obdachlos sich zu Meuten zusammenrotteten und billigen Nachwuchs für kriminelle Banden abgaben. In den 70er Jahren sah man diese *caras sucias* vor allem in der Innenstadt von Bogotá. Sie beschmierten Wände, bestahlen Touristen, handelten mit Rauschgift und wohnten in Höhlen. Es gab damals Versuche des Staates und auch privater Hilfsorganisationen, diese *gamines* umzuerziehen. Die allermeisten von ihnen ließen sich jedoch nicht binden, kehrten auch aus eigens für sie eingerichteten Heimen zurück auf die Straße. Wenn sie es sich erlauben können, nehmen sie Marihuana, die meisten von ihnen sind aber heute dazu übergegangen, sich mit «Sakol» zu betäuben. Das ist Leim von der billigen Sorte, den sie sich von einem Almosen oder einem kleinen Diebstahl kaufen.

Das Problem der *caras sucias* hat inzwischen auch andere Länder ergriffen. Man rechnet damit, daß an die zwanzig Millionen Kinder in Lateinamerika auf und in der Gosse leben. Die Gründe, die diese Kinder dazu treibt, reichen von der Geburtenexplosion über das Problem der Familienzerrüttung, der mangelnden Arbeitsplätze und der geringen Aufstiegschancen. Ich habe Projekte gesehen – die *ciudad dombosco* in Medellín oder im Institut der Europäischen Entwicklungshilfe in Cali oder auch eine Ausbildungsstätte der staatlichen Sozialbehörde «Bién Estar», zu deutsch «Wohlergehen» –, die es schaffen, einige der Jugendlichen wieder in die Gesellschaft zurückzuführen oder aus dem Drogen- und Prostitutionsmilieu zu erlösen.

Doch die vielen Vertreter der *violencia* in Kolumbien wollen sich den Nachwuchs nicht abgraben lassen. Oft schließen sich diese *gamines* schon im Alter von zehn, elf Jahren organisierten Banden an, lassen sich als Halbwüchsige mit Waffen versorgen, töten skrupellos und ohne nachzudenken. Es gibt Ecken in Medellín, Cali und Bogotá, wo man auch einzelne Killer anheuern kann – für 300 bis 400 Dollar pro Mord.

Den Rekord in der Statistik des Verbrechens hält dabei die Stadt Medellín mit 4000 Morden pro Jahr. Trotz dieser Kriminalität ist Medellín die am schnellsten wachsende Stadt Kolumbiens und zählt bereits über zwei Millionen Einwohner. Eine kuriose Entwicklung. Denn die Stadt liegt in einem abgelegenen Hochtal, eingeschlossen von abweisenden Berggipfeln und nur über abenteuerliche Paßpfade zu erreichen.

Attraktiv war dieses Tal nur für Menschen, die einen Fluchtweg suchten. Aber es waren keine Flüchtlinge vor dem Gesetz, die sich in Medellín zunächst niederließen, sondern Juden, die sich in Spanien zwar hatten taufen lassen, um der Verfolgung und der Inquisition zu entgehen, sich aber dennoch auf Dauer in Europa nicht sicher genug fühlten. Sie suchten die Abgelegenheit des Hochtales von Medellín. Aus ihrer wirtschaftlich ungünstigen Lage schufen sie mit Fleiß, Ausdauer und Geschick ein Industrie- und Handelszentrum.

Die Abgelegenheit und die Selbstversorgung des Hochtales hätte Medellín prädestinieren können als ein Zentrum des Drogenhandels. Aber der Zusammenschluß einzelner Rauschgiftbanden zum Kartell hatte weniger mit der Gegend zu tun als mit der kriminellen Energie dreier Menschen.

Der eine, Pablo Escobar, begann seine Karriere mit dem Diebstahl von Grabsteinen, die er nach dem Löschen der Inschrift an Bestattungsinstitute weiterverkaufte. Dann begann er, mit Kokain zu dealen. Mitte der 8oer Jahre war er bereits Herr über eine gewaltige Luftflotte von ein- und zweimotorigen Maschinen, die den Vertrieb des Rauschgiftes im großen Stil möglich machten. Überall im Karibischen Becken finden sich die getarnten Landepisten für die waghalsigen und hochbezahlten Schmuggler der Lüfte.

Der zweite Drogenkönig von Medellín war Gonzalo Rodriguez Gacha, den sie auch «El mexicano» nennen, weil er vielen seiner Besitztümer mexikanische Namen gegeben hat. «El mexicano» war Herr der Diskothekenszene in Medellín. Im «Chihuahua», benannt nach einer mexikanischen Stadt, tanzen die Reichen und die Schönen von Medellín. «El mexicano» verfügt über das größte stehende Heer von Revolvermännern in der Kokainszene.

Der Dritte im Bunde war Jorge Ochoa, der aus einer altehrwürdigen Patrizierfamilie in Medellín stammt. Die Familie Ochoa trägt ganz öffentlich den Reichtum zur Schau, der ihr aus dem Rauschgiftgeschäft zufließt. Auf dem Familienhof «La noma», eingebettet in Zier- und Obstgärten, züchten die Ochoas Rennpferde und Kampfstiere. Die drei Drogenbosse hatten sich zusammengeschlossen zum berüchtigten Kartell von Medellín. Sie behaupteten ihre Macht nicht nur mit äußerster Brutalität, sondern auch mit politischen Manövern und guten Werken. Polizisten und Parlamentarier standen in ihren Diensten, sie selbst betätigten sich als großzügige Spender in der Armenfürsorge.

Das für Slumbewohner gestiftete Viertel von La Paz, «der Friede», krönt einen Hügel am Rande der Stadt. Ein neuer Flughafen, ein Großhotel, eine von Deutschen gebaute Schnellverkehrsstrecke durch die Stadt und ein moderner großer Busbahnhof künden von einem Wohlstand, der natürlich auch aus dem Rauschgiftgeschäft stammt. Die Drogenbosse hegen eine große Leidenschaft für Fußball und Radsport. Die *narcotraficantes*, von den Einheimischen «narcos» genannt, stiften hohe Preise für die Radchampions, und beim Kauf und Wiederverkauf von Fußballern kann so nebenbei noch Geld gewaschen werden. Es heißt, daß die Hälfte der Spieler im nationalen Fußballteam, das

Kolumbien zur Weltmeisterschaft 1990 in Rom geschickt hatte, vom Kartell betreut wurde. So schallte es denn bei ihren Auftritten in Italien höhnisch «narcos, narcos» von den Tribünen.

Die Verflechtung der «narcos»-Szene mit dem zivilen Leben zeigt sich besonders im Vorort Manrique, wo der argentinische Tango zu Hause ist, seit der Tangostar Carlos Gardél aus Buenos Aires im Jahre 1935 in Kolumbien auf Tournee war und in Medellín Opfer eines ominösen Flugzeugabsturzes wurde. Der Pilot konnte nicht landen, weil ihm jemand in den Kopf geschossen hatte. Abends lassen die gleichen jungen Männer ihre Hüften schwingen, die tagsüber auf ihren japanischen Motorrädern auf die Jagd nach Gegnern des Kartells gehen.

Im November 1988 führte mich eine Reportage nach Medellín. Wir filmten damals die jungen Männer auf ihren Motorrädern, die Tangokneipen, das Viertel von La Paz und vor den Toren von «La loma». Von «La loma» ist es nicht weit zu der kleinen, wunderhübsch gelegenen Stadt Rio Negro. Nach einem Mittagsmahl in einer Kneipe namens Cocorico ging ich in die kleine, nahegelegene Kirche von San Francisco. Beim Studium einer Gedenkplakette, die besagt, daß Bürger von San Francisco in den Vereinigten Staaten beim Wiederaufbau dieser Kirche beteiligt waren, trat ein distinguierter älterer Herr an mich heran, den ich schon in der Kneipe wahrgenommen hatte, und verwickelte mich in ein Gespräch. Nach dem üblichen «woher» und «wohin» wechselte der Mann ins Deutsche mit österreichischem Akzent. Zunächst erzählte er, daß Medellín ja einen gewaltigen Aufschwung genommen hätte zu einer Art Manhattan Kolumbiens, und dann verwies er behutsam darauf, wem dies alles zu verdanken war. Ich suchte die Gelegenheit zu nutzen und fragte ihn, ob er Kontakt zum Kartell habe. Er verneinte und verabschiedete sich wieder.

Am Abend bekam ich einen Anruf im Hotel Ambassador. Die Stimme meines Gesprächspartners vom Mittag war unverwechselbar, und er bestellte mich für zehn Uhr abends in eine Diskothek. Wir konnten den Termin nicht wahrnehmen, weil uns ein anderes Ereignis ablenkte. Aber wir hörten später, daß es kurz nach zehn Uhr in dieser Diskothek eine Explosion gegeben hatte, die Warnung erschien mir deutlich genug. Daß die Rauschgiftbosse es nicht bei Warnungen bewenden lassen gegenüber neugierigen Journalisten, belegen Tod oder Geiselnahme vieler kolumbianischer Kollegen. Auch ein alter deutscher Weggefährte auf den politischen Pfaden Lateinamerikas, der Journalist Hero Buss, bekam die Skrupellosigkeit der Mafia zu spüren. Er wurde zusammen mit sieben anderen im September 1990 entführt und 100 Tage gefangengehalten. Das Kartell wollte mit dieser Geiselnahme die Regierung in Bogotá dazu zwingen, geschnappte Rauschgifthändler nicht mehr an die USA auszuliefern. Kurz vor Weihnachten 1990 kam Hero Buss frei, weil die Mafia, wie er selber vermutete, ihren Leumund beim Volk nicht weiter ramponieren wollte. In den 100 Tagen Geiselhaft schwebte er mehrfach in Todesgefahr, weil seine Bewacher keine erfahrenen Veteranen der Unterwelt waren, sondern unerfahrene junge Burschen, manche nicht älter als 14, die für eben diese Entführung als Subunternehmer angeheuert worden waren und bei kritischen Situationen schnell zur Panik neigten.

Ein grauenhaftes Massaker wurde am 11. November 1988 veranstaltet. In der Stadt Segovia wurden über 40 Menschen erschossen, darunter auch Kinder und Frauen. Segovia liegt zwar nur 200 Kilometer entfernt von Medellín, aber in der Berg- und Tallandschaft Kolumbiens dauert die Fahrt dorthin einen ganzen Tag. In Segovia trafen wir eine Stadt in Angst. Nur mühsam ließen sich die Tat und das Motiv rekonstruieren, weil die Bürger, viele von ihnen Goldgräber, bei einer Aussage um ihr Leben fürchteten. In Segovia hatte bei Bürgermeisterwahlen der Kandidat der Unión Patriótica gesiegt. Diese vaterländische Union rekrutierte sich aus Guerilleros, die zum linken Spektrum der Bandenszene in Kolumbien gehörten und nunmehr einen friedlichen Weg zur politischen Machtübernahme suchten. Die linke Kraft erschien den Rechten als Gefahr. Die Rechten wiederum durchsetzen Polizei und Militär. In der Nacht zum 11. November räumten Polizisten und Soldaten, die den Bügermeisterwahlkampf schützen sollten, ihre Posten und machten den Weg für jene sogenannten paramilitärischen Einheiten frei, die dann das Massaker von Segovia verübten.

237

Unter dringenden Tatverdacht gerieten sofort die Killer des Kartells von Medellín. Denn die Unión Patriótica hatte auch die Rauschgiftbekämpfung in ihr Wahlprogramm geschrieben. Ein Richter und eine Richterin waren tapfer genug, Ermittlungen aufzunehmen. Der Mann wurde ins Hinterland versetzt, die Frau verließ unter Morddrohungen Kolumbien. Das Massaker von Segovia machte aber wieder einmal deutlich, daß zwischen Rauschgifthändlern, politischen Terroristen und gemeinen Kriminellen Verbindungen bestehen. Keine der vielen Guerillabewegungen von rechts bis links konnte oder wollte sich aus dieser Verflechtung lösen. Über die von Fidel Castro unterstützte M 19-Bewegung war sogar Kuba in die Drogengeschäfte verwickelt. Der Inseldiktator sah kurzfristig nicht nur ein Geschäft im Rauschgifttransfer, sondern auch eine Möglichkeit, die USA gesellschaftspolitisch zu zermürben: mit einem Rauschgiftangriff. Doch mit drakonischen Strafen für kubanische Offiziere, die im Rauschgiftgeschäft tätig waren, sagte sich Fidel Castro von der Kampagne wieder los. Die von ihm beeinflußte Guerillabewegung M 19 in Kolumbien folgte seinem Beispiel. Ein Jahrzehnt hat M 19 mit Geiselnahmen, Überfällen und der spektakulären Besetzung des Justizpalastes in Bogotá die kolumbianische Gesellschaft terrorisiert.

Eine neue Frontstellung in der unendlichen Geschichte der *violencia* tat sich in Kolumbien auf. Sie fand im August 1989 einen politischen Höhepunkt mit dem Mord an Senator Louís Carlos Galán, einem aussichtsreichen Bewerber um die Präsidentschaft Kolumbiens, der sich dem Kampf gegen das organisierte Verbrechen verschrieben hatte. Meine Bekanntschaft mit Galán ging auf die 70er Jahre zurück, als er im Erziehungsministerium einen anderen Kampf aufgenommen hatte, den gegen das Analphabetentum in Kolumbien. Galán wollte damals nicht nur die *caras sucias*, die «Schmutzgesichter», von der Straße holen, sondern den Schulunterricht in die entfernteren Winkel des Landes bringen.

Das Schicksal ereilte Louís Carlos Galán am 18. August 1989 bei einer Wahlkampfveranstaltung. Die Kameras der begleitenden Filmteams liefen, als er, durchbohrt von einem Dutzend Kugeln aus einer Uzi-Maschinenpistole, zusammenbrach. Aber diesmal war das Medellínkartell zu weit gegangen. Schon eine Woche später erklärte der noch amtierende Präsident Virgilio Barco den Cocabossen den «totalen Krieg». Das Kartell hatte seit 1982 an die 20000 Menschen ermorden lassen, darunter über 200 Richter. Aber erst der Mord an Louís Carlos Galán schlug auf die Drogenmafia zurück. In der ersten Woche des «totalen Krieges» wurden 11000 Personen verhaftet, 47 geheime Flugplätze zerstört, 300 Landgüter durchsucht. In einer Fernsehübertragung der nordamerikanischen Gesellschaft NBC erhielten die Zuschauer Einblick in das Innenleben der Drogenbosse: Schlösser und Plantagen, Schatzkammern und – Schießstätten.

Auf der «Finca Nápoles», Neapel im Magdalenatal, befand sich neben einer Stierkampfarena sogar ein Zoo mit 500 Tieren, darunter Elefanten aus Indien. Das Bett des Inhabers war aus reinem Silber angefertigt. Unter dem Landgut «Olinda» wurde nicht nur eine Tonne Kokainpaste gefunden, sondern ein unterirdisches Labor von der Größe einer kleinen Fabrik. Den Zuschauern in den USA wurde der Reichtum und die Logistik jener Männer vorgeführt, die vor allem die schwarze Jugend von New York bis Los Angeles in einen Narkotikrausch und ins Elend stürzten. Endlich fand eine Regierung in Washington sowohl den Rückhalt zu Hause wie die Kooperationsbereitschaft der Regierung in Kolumbien, um gegen die Kartelle vorzugehen. Gelder, Hubschrauber und Agenten aus den USA kamen im Drogenkrieg zum Einsatz. Die Entsendung von Kriegsschiffen allerdings, die den Weg der Koka-Luftflotte überwachen und unterbrechen sollten, ging den Kolumbianern zu weit. Dafür hielten sie sich an das Auslieferungsabkommen an die USA, das von den Bossen im Kartell besonders gefürchtet wird. Einmal verhaftet, konnten sie sich zu Hause mit List und Gewalt immer wieder aus der Gefangenschaft befreien. Einmal übergeführt in die USA, fiel diese Chance weg.

Alle führenden Köpfe der Kartelle von Medellín und von Cali standen auf der Liste der Auszuliefernden, der sogenannten *extraditables*. Die Bosse fühlten sich in die Enge getrieben und machten der Regierung in Bogotá Friedensangebote: ein Ende der Feindseligkeiten gegen Straffreiheit, später sogar ein Ende des Rauschgifthandels gegen Nichtauslieferung. Doch die Regierung ließ sich weder von Angeboten noch durch weitere Attentate vom Kurs abbringen und begann sogar mit der Säuberung der Armee von ihren sogenannten paramilitärischen Elementen. Auch einige der Banden, die der Drogenmafia nur locker verbunden waren, gaben auf. Eine Gruppe von 200 jugendlichen Killern aus den Slums von Medellín gab freiwillig ihre Waffen ab – gegen die Zusicherung, Gnade vor Recht zu genießen. In Valencia, nahe der Karibischen See, ließen sich 350 Partisanen unter dem Kommandanten Sergio Rodriguez entwaffnen. Rodriguez war als «El rambo» bekannt, der im Dienste des Kartells, besonders unter den linken Partisanen, gewütet hatte, und der Ochoa-Clan, einer der drei Säulen des Kartells, gab auf.

Am erstaunlichsten aber war die Wandlung der «M 19», jener von Fidel Castro einst mitbegründeten Guerillabewegung, die Anfang 1990 ihre Gewehre und Handgranaten abgegeben hatte und sich in eine demokratische Partei verwandelte. Ihr charismatischer Führer Carlos Pizzaro hat diesen Wandel nur kurz überlebt: er wurde das Opfer eines Attentäters während eines Fluges ins Landesinnere. Ein hagerer Mann mit dicken Brillengläsern, der Deutsch-Kolumbianer Antonio Navarro Wolff, übernahm die Nachfolge Pizzaros und machte aus M 19 innerhalb eines halben Jahres die erfolgreichste Partei Kolumbiens. Zum Programm des bedächtigen Navarro, der so gar nicht den Typ des Partisanenführers darstellt, gehört der Kampf gegen die Monopole, darunter natürlich vor allem das Drogenkartell. Reformfreudige Politiker der Altparteien, der Liberalen und der Konservativen, haben sich ihm genauso angeschlossen wie Menschenrechtler, marxistische Gewerkschaftsführer, amnestierte Guerilleros, der Trainer der Fußballnationalmannschaft und einige Größen aus Film und Fernsehen. Bei Senatswahlen im Dezember 1990 ging die frühere Guerillagruppe als Sieger hervor. Damit brach Navarro Wolff auch mit dem Regierungsprivileg der Liberalen und Konservativen, die sich seit 150 Jahren an der

Macht ablösten, mal mit politischen, mal mit kriegerischen Mitteln. Noch am Wahltag überrannten 500 kolumbianische Soldaten, unterstützt von 46 Hubschraubern, die «Casa verde», das Kommandozentrum einer anderen linken Guerillaorganisation, die ein Verhandlungsangebot der Regierung nicht angenommen hatte. Die verbliebenen Splittergruppen haben sich unter dem Namen «Simón Bolívar» zusammengetan, dem Befreier vom kolonialen Joch. «Simón Bolívar» ist ebenfalls in Verhandlungen eingetreten und hat das gestohlene Schwert des Befreiers als Symbol des guten Willens dem Nationalmuseum zurückerstattet.

Zum Zeitpunkt dieser Niederschrift schien ein Ende jener *violencia* nahe, die Kolumbien seit seiner Gründung heimgesucht hat. Aber noch verschanzen sich im Drogenkartell die hartgesottenen Spießknechte der Rauschgiftbosse, die noch immer nach dem wilden Gesetz von *oro y plomo* leben und die ihr Gold bis zur letzten Kugel verteidigen werden: Und als wollten sie ihre schier unbegrenzten Sprengstoffvorräte vorführen, flog ein Dynamitauto Mitte Februar 1991 in Medellín in die Luft – mitten auf einer vollen Plaza: mehr als 180 Menschen kamen ums Leben. Der Anschlag galt einigen Polizisten. Die *violencia* ging weiter.

Mexiko und die Rache Montezumas

Ein grundlegender Unterschied zwischen den Lateinamerikanern und den Angloamerikanern liegt in ihrem Verhältnis zur Demokratie. Die Vereinigten Staaten erscheinen uns großspurig, monolithisch, rechthaberisch, in ihrer Beziehung zur restlichen Welt autoritär. Das Innenleben der Vereinigten Staaten ist aber föderalistisch, tolerant, rücksichtsvoll gegenüber Minderheiten, begründet auf einer Basisdemokratie. Die Lateinamerikaner, besonders seitdem ein Staat nach dem anderen sich der parlamentarischen Demokratie verschrieben hat, erscheinen nach außen liberal, unaufdringlich, kompromißbereit und im großen und ganzen antiautoritär. Das Innenleben der meisten Staaten Lateinamerikas ist hingegen ganz anders konstruiert: Es herrscht eine absolute Pfründen- und Vetternwirtschaft, die Polizei und Armee verteidigen rücksichtslos die Privilegien – zuvörderst die eigenen.

Besonders die Länder mit vielen Indianern werden patriarchalisch regiert wie schon zu Zeiten der Inka und Azteken. In Mexiko mußte der Eroberer Cortez dem Indianerstaat nur das Haupt abschlagen, den Gottkönig Montezuma, um das Volk beherrschen zu können. Auch jene Demokratien, die schon auf eine lange Tradition zurückblicken, werden von einigen wenigen Parteien und kleinen Eliten gelenkt. Offensichtlich wird das für den Filmjournalisten am Beispiel Mexiko: Für eine Filmdokumentation über die Abhängigkeit der Lateinamerikaner von den Brüdern im Norden zogen wir zum Rio Grande, der in Mexiko Rio Bravo heißt und nicht nur ein Grenzfluß zwischen zwei Staaten ist, sondern zwischen zwei Weltanschauungen, ja eigentlich zwischen den beiden Teilen Amerikas. Für den Touristen ist der

Weg einfach, für ein Kamerateam mit Dornen gespickt. Denn Mexikos Regierung hat eine auch für lateinamerikanische Verhältnisse ungewöhnlich umfangreiche Liste an Bestimmungen, die eigens für oder besser gegen Filmteams erlassen wurden: Drehgenehmigung, Filmausfuhrerlaubnis, Aufenthaltsgenehmigung, Akkreditierung beim Presseamt, Außenministerium und Präsidentenkanzlei, eine Vorlage des Drehbuches und zu allem Überfluß einen Begleiter, genauer, einen Zensor, der darauf achtet, daß Mexiko nur von seiner besten Seite gezeigt wird. Der langen Liste kurzer Schluß: Wer in Mexiko offiziell filmt, kann nur die Sonnenseiten des Staates zeigen. Ein Blick durch das Kameraobjektiv, durch eine objektive Kamera, kann nur erhaschen, wer illegal arbeitet. Wir wählten 1968 den weniger geraden Weg nach Mexiko. Im Nachbarland Guatemala heuerten wir ein Taxi und fuhren über die Panamericana Richtung mexikanische Grenze. Unterwegs trafen wir eine Hippie-Kommune, die einen Bus zum Wohnwagen umgebaut hatte: 18 Personen, 10 Hängematten, 3 Hunde und ein Lagerfeuer, alles im Bus. Diese merkwürdige Truppe gehörte damals zur ständig wachsenden Kolonie junger US-Amerikaner, die sich zu Kreuzfahrten gegen die Superzivilisation ihrer Heimat berufen fühlten und Verbrüderung mit den Latinos suchten. Bei denen allerdings stießen sie dann auf Unverständnis: Frauen mit Jeans, Männer mit Zöpfen und Bärten, die Boheme aus San Francisco und die Künstler von Greenwich Village in New York waren damals bei den mexikanischen Ordnungskräften nicht sehr beliebt.

Im Kielwasser der Hippies kamen wir um Mitternacht an die Grenze. Dem mexikanischen Posten ging das Zöllnerherz auf angesichts der Hippie-Kommune. Und im Schatten ihrer hochnotpeinlichen Untersuchung blieb unser Taxi mit der Kameraausrüstung unbeachtet. Es konnte unsere Genugtuung nicht trüben, daß unserem Taxi ein paar hundert Kilometer hinter der Grenze die Luft ausging, an zwei Reifen gleichzeitig. Wir konnten auf einen mexikanischen LKW umsteigen. Im nächsten Städtchen trafen wir wieder auf die US-amerikanischen Blumenkinder, ihr Omnibus war ebenfalls auf der Strecke geblieben. Das hat ihnen wenig ausgemacht, es gefiel ihnen sowieso ganz gut in der Gegend rund um San Christobal de las Casas mit den vielen pittoresken Indiosiedlungen. Wir machten uns auf zum nächsten Ort mit Flugplatz. Zwei Tage später landete eine Maschine, aber viel zu viele Passagiere wollten mit ihr weiterfliegen. Wir setzten uns durch, saßen aber nicht lange. Denn kurz vor dem Abheben fing der linke Motor verdächtig an zu knattern. Zurück ins Hotel. Die Zimmer waren allerdings anderweitig vergeben. Dafür hörten wir im Radio, daß in Mexico City eine Studentenrevolte niedergeschlagen wurde. Als wir die Hauptstadt schließlich erreichten, fanden wir eine zentrale Plaza immer noch von jenen Panzern umstellt, die Mexikos größte Studentendemonstration zusammengeschossen und dabei 300 junge Menschen niedergestreckt hatten. Die Welt hatte sich damals nur kurzfristig erregt, weil ja die kurz darauf anberaumten Olympischen Spiele alle Aufmerksamkeit der internationalen Fernsehgesellschaften in Anspruch nahm. Immerhin gab es gerechte Kritiker, die mit Spott und Haß über das Regime der institutionellen revolutionären Partei Mexikos herzogen. Einer von ihnen war der Dichter und spätere Nobelpreisträger Octavio Paz, der seinen Posten als mexikanischer Botschafter in Indien unter Protest verließ und von einer kritischen Jugend als Apostel einer linken und liberalen Dichtung gefeiert worden war. Als ich ihn 1986 besuchte, war Octavio Paz längst zurück in Mexiko City, hatte ganz offensichtlich eine Art friedlichen Kompromiß mit der Dauerregierungspartei PRI geschlossen, die 1968 das Massaker angeordnet hatte. In unserem Gespräch 1986 sparte er dann auch sorgsam alle Bemerkungen zum Regierungssystem Mexikos aus; um so mehr ließ er seinen bewundernswerten Universalgeist aufblitzen und gab Kostproben seiner abgrundtiefen Enttäuschung über Marx, Engels, Lenin und Fidel Castro und die Folgen. Über die linken Intellektuellen sagte er uns damals: «Sie sind Leute ohne Gedächtnis. Ich habe noch von keinem gehört, der einmal einen Fehler zugegeben hätte. Marxismus ist eine intellektuelle Krankheit geworden, es ist der Aberglaube des 20. Jahrhunderts.»

Bei allem Respekt vor seiner Person und seiner Leistung drängt sich doch der Gedanke auf, daß der Ruhm von Octavio

Paz abfärbt auf eine regierende Einheitspartei in Mexiko, die noch immer keinerlei Schuldbewußtsein zeigt für den Massenmord am Rand der Olympischen Spiele. Wir konnten damals den Ort des Geschehens nur aus der Ferne filmen – nicht nur weil der Zugang zur Plaza Journalisten verwehrt war, sondern auch weil man uns ja ohne jede Drehgenehmigung ertappt hätte. Statt dessen drehten wir auf einem Friedhof in den Außenbezirken der Stadt, wo einige der Niedergemetzelten von ihren Angehörigen bestattet wurden. Die Rufe nach Gerechtigkeit und Vergeltung in der Protestbewegung gegen die regierende Arbeitspartei verhallten damals in den Gefängnissen – und am Desinteresse der olympiaversessenen Weltöffentlichkeit.

Die regierende Partido Revolucionario Institucional entstand Anfang des Jahrhunderts aus einem Aufstand der unterdrückten Indianer und der Landarbeitermassen. Es war eine der wenigen echten Volksrevolutionen in Lateinamerika. Die Enteignung der Großgrundbesitzer, besonders die Verstaatlichung nordamerikanischen Besitzes und vor allem die Übernahme der Erdölindustrie durch den Staat machten aus Mexiko ein Beispiel für das System der *mixed economy*, der gemischten Wirtschaft aus Staatshandel und Privatwirtschaft. Daß das System nicht sonderlich gut funktionierte, lag auch daran, daß die regierenden Parteien nie die Zügel locker ließen und sich selbst ein Monopol für Mexiko schafften.

Wir flogen 1968 weiter nach Tijuana an der mexikanisch-amerikanischen Grenze. Über einen Mittelsmann bekamen wir die Kamera samt Zubehör aus dem Zoll. Ein paar Tage konnten wir auch filmen, bis wir dann der Polizei auffielen, trotz der tarnenden Umgebung nordamerikanischer Touristen. Auf dem Amt mußten wir Farbe bekennen: Farbfilm 16 mm, Deutsches Fernsehen, keine mexikanischen Spezialpapiere, und das alles in den Slums von Tijuana. Eine Zone, die von den Mexikanern selbst damals als *el poso del mundo* bezeichnet wurde. Der Ort war einst ein wilder Warteraum für gestohlenes Vieh und vogelfreie Revolvermänner und dann ein berüchtigter Umschlagplatz für Prostitution und Rauschgift. Schmutzig, arm und verwildert sah es Ende der 60er Jahre in Tijuana aus. Ein paar Meilen weg auf der anderen Seite San Diego, Nordamerikas Grenzstadt: glitzernd, gediegen, modern und steinreich. San Diego vertritt alles, worauf die englischen Amerikaner stolz sind, und vieles von dem, was ihnen die spanischen Amerikaner neiden. San Diego, ein Muster für Nordamerikas Überlegenheit. Wenn die wohlsituierten Bürger aus San Diego zum Wochenende nach Tijuana kamen, nannten sie das *go slumming*, sich in den Slums die Zeit vertreiben. Wir filmten damals den Strom der US-Besucher auf der Grenzbrücke und die Masse jener Mexikaner, die nur auf eine Fluchtgelegenheit warteten unter der Brücke in einer kleinen Siedlung aus Wellblech und Pappe, aus Improvisationskunst und Not.

Wann immer die Wellen der Not über den Mexikanern zusammenschlagen, suchen sie ihr Glück auf der Flucht über den Rio Grande. *Wet backs*, nasse Rücken, heißen sie in den Vereinigten Staaten – jene Mexikaner, die durch den Rio Grande waten und schwimmen, die über den Stacheldraht klettern oder einfach durch die Grenzbarrieren rennen. Die Mexikaner treffen im Südwesten der USA auf ihre Landsleute.

Es war im Jahre 1836, als Texas, das damals mexikanische Texas, gegen den Diktator Santa Ana rebellierte. Wohl vornehmlich wegen eines grandiosen Filmspektakels wird die Geschichte dieser Auseinandersetzung heute falsch gedeutet: nordamerikanische Abenteurer wie David Crockett, im Film dargestellt von John Wayne, und John Bowie, im Film Richard Widmark, die um die Unabhängigkeit von Texas kämpften und in heldenhafter Verteidigung in der Mission von Los Álamos ums Leben kamen. Sie hatten der drückenden Übermacht der Truppen von Santa Ana nichts entgegenzusetzen. Aber immerhin hatten sie diese Truppen so entscheidend geschwächt, daß eine US-amerikanische Entlastungsarmee schließlich doch den Sieg davontrug. Die historische Wahrheit, die der Film verschweigt, ist jedoch, daß die Baumwollpflanzer und Viehzüchter in Texas empört waren über die Abschaffung der Sklaverei im Jahre 1829 in Mexiko und deshalb ihre Unabhängigkeit erklärten. Im anschließenden mexikanisch-amerikanischen Krieg fiel nicht nur Texas, sondern die Hälfte des ehemals mexikanischen Staatsgebietes endgültig an die USA: vom Rio Grande bis nach Oregon, Kalifornien inklusive. 1978 sagte mir dazu der Historiker Diego Ária: «Nach diesem Krieg mußte nicht nur Mexiko die Hälfte seines Staatsgebiets abtreten, sondern auch die Einwohner dieses Gebiets mußten die Staatsbürgerschaft wechseln, Menschen, die zum Teil schon seit dem 16. Jahrhundert dort lebten. Sie haben in Texas und Arizona, in New Mexico und Kalifornien ihre Bräuche, ihre Sprache, ihre Religion, ihre Zugehörigkeit zum mexikanischen Kulturraum behalten.»

Aus dem Chicano, die eher abfällige Bezeichnung für den Amerikaner mexikanischer Abkunft, wurde der Vertreter einer Minderheit, die immer stärker teilnimmt an der Entwicklung der Vereinigten Staaten. Diego Ária: «Das ist die wahre Rache des großen Montezuma, des Azteken, der einst über Mexiko herrschte, am christlichen Eroberer.» 18 Millionen Amerikaner spanischen Ursprungs leben heute in den USA, 10 Millionen von ihnen sind ursprünglich Mexikaner. Noch einmal 10 Millionen arbeiten illegal in den Vereinigten Staaten. Im Jahre 1986 wurden zwei Millionen Mexikaner bei dem Versuch zum illegalen Grenzübertritt gefaßt und zurückgeschickt. Die Kombination von frühen Siedlern und späteren Zuwanderern macht heute aus den einst so verachteten Chicanos eine Bevölkerungsgruppe, die das Schicksal der Vereinigten Staaten mitbestimmen wird. Im Juni 1981 sagte mir Henry Cisneros, Bürgermeister von San Antonio, jener Stadt, in der sich David Crockett und John Bowie so heldenhaft verteidigten: «Wir wollen uns zu Herzen nehmen, was amerikanische Kinder in der Schule auswendig lernen: eine Nation vor Gott, unteilbar mit gleichem Recht für alle, also auch für die Mexikaner.» Für den Politiker ist die Grenze zwischen den USA und Mexiko eine Brücke, kein Graben, sind die illegalen Grenzgänger Flüchtlinge vor der Not, keine kriminellen Elemente: «Nur ein trockenes Flußbett trennt unsere Länder, alle anderen Einwanderungsvölker müssen Tausende von Meilen zurücklegen, um nach Amerika zu kommen. Mexiko ist nur ein paar hundert Meter entfernt.» Dennoch stellen für Cisneros die Schwarzarbeiter ein großes Problem dar, jene, die ohne Papiere über die Grenze kamen. Sie verdingen sich für Bettellohn, z. B.

an Textilunternehmen, nähen, sticken und flicken und warten auf staatsbürgerliche Anerkennung. Die älteren mexikanischen Einwohner haben es leichter mit der Arbeit. Ein Großunternehmer in San Antonio ist der Staat mit sieben großen Militärstützpunkten. Etwa 10000 «Mexamericans», mexikanische Amerikaner, sind hier beschäftigt. Ihre Anstellung im sensitiven Bereich der Landesverteidigung ist zudem ein Vertrauensbeweis in ihren Patriotismus. Henry Cisneros sagt: «Ich bin zuerst Amerikaner, ich habe gedient. Ich glaube an dieses Land und würde auch dafür sterben. Aber ich bin auch stolz auf meine kulturelle Verankerung in Mexiko, in Lateinamerika überhaupt.» Der tüchtige Bürgermeister von San Antonio wird voreilig als der eigentliche Sieger von Los Álamos gefeiert, jener Missionsstation, die der Vorläufer der Stadt war. Seine innerliche Beziehung zum Nachbarland hat Cisneros wirtschaftlich umgesetzt: mit einer zollfreien Zone.

Um des Andrangs aus Mexiko Herr zu werden, haben die Vereinigten Staaten an vielen Posten der 3000 Kilometer langen Grenze solche zollfreien Zonen eingerichtet, mit sogenannten *maquiladoras*. Das sind Fabriken, die von US-amerikanischen Unternehmern auf der mexikanischen Seite der Grenze angelegt werden und in denen mexikanische Arbeiter zu geringen Löhnen schuften. Die Zahl dieser *maquiladoras* ist inzwischen auf 1800 angewachsen, und sie geben etwa einer halben Million Mexikanern Arbeit. Unternehmen wie Xerox, Chrysler, Ford, IBM und General Electric sparen Milliarden von Dollar an Lohnkosten, halten auf diese für sie profitable Weise den Strom von illegalen Grenzgängern auf. Jim Kolbe, deutschstämmiger Abgeordneter aus dem südlichen Arizona, bemerkte kürzlich: «Das ist eine Gewinnsituation für die Vereinigten Staaten und für Mexiko; sie bringt an der Grenze eine Art goldenes Zeitalter.» Das goldene Wort steht aber im krassen Gegensatz zum Augenschein. Die mexikanischen Arbeiter nämlich haben sich im Grenzgebiet in eben jenen Pappe- und Wellblechbehausungen niedergelassen, wie ich sie schon Ende der 6oer Jahre unter der Grenzbrücke von Tijuana gesehen hatte: eine fast ununterbrochene Kette von Slums entlang der langen Grenze. In den letzten Jahren jedoch entwickeln sich diese Slums zu festen Siedlungen, weil eben die Siedler feste Arbeitsplätze haben. In der Nähe von Nogales, einer mexikanischen Grenzstadt, nicht weit von Tucson in Arizona, sah ich eine solche Siedlung wachsen. In den 80er Jahren hatte Miguel Becerra an der Spitze von gut hundert Leuten Besitz genommen von einem der staubigen Hügel, die Nogales überschauen. Er nannte den Platz großspurig «Colonía Emiliano Zapata», nach einem der Revolutionshelden Mexikos. In die Nähe der *colonía* setzte sich eine Fabrik für elektronische Garagenöffner. In dem Maße, wie die Fabrik Erweiterungen anlegt, wächst auch die Bevölkerungszahl der *colonía* Emiliano Zapata. Sie ist inzwischen bei 2000 angelangt. Meint Miguel Becerra: «Hier können wir unsere Träume verwirklichen. Und je besser es uns geht, desto mehr können wir Einfluß nehmen auf das Schicksal der Völker beiderseits der Grenze.» Ich fragte Miguel Becerra, ob er ein Anhänger Fidel Castros oder des Sozialismus sei. Er meint: «Wenn man uns den Lebensstandard und die Lebensweise erlaubt, brauchen wir keine weitere Revolution. Was wir hier brauchen, sind keine kommunistischen Parolen, sondern eine neue Wasserleitung und eine Schule für unsere Kinder.»

Die Maquiladoras haben inzwischen an der Grenze tiefere Wurzeln geschlagen. Die mexikanischen Hilfskräfte sind nicht mehr nur fürs Grobe da, sie haben gelernt, auch die Feinarbeiten zu verrichten. Aus einem Heer der Hilfsarbeiter wurde eine Elite der Experten, die zum Teil wieder abwandern in das Hinterland von Mexiko und dort eine neue Industrie mit aufbauen helfen. Dazu meinte Henry Cisneros: «Mexiko ist nicht nur ein Volk von 80 Millionen Einwohnern und als solches schon eine starke Nation, sondern steht auch in Vertretung für die 300 Millionen im Süden der Neuen Welt. Deshalb wird Lateinamerika sicherlich für die Vereinigten Staaten bis zum Jahr 2000 so wichtig werden, wie Europa es vorher war.» Mit dieser grenzüberschreitenden Wirtschaftsform verliert auch ein alter Gegensatz an Bedeutung, der am Rio Grande aus dem arroganten Nordamerikaner den Gringo und dem mittellosen Mexikaner den Chicano gemacht hatte.

Der mexikanische Schriftsteller Carlos Fuentes schrieb in den 80er Jahren den Roman «Der alte Gringo». Er spielt zur Zeit der Revolutionen und Konterrevolutionen in Mexiko während der Jahrhundertwende. Einer der Revolutionskommandanten fragt den alten Gringo: «Ist es euch Gringos je durch den Kopf gegangen, daß dies alles einst unser Land war? Ihr müßt wissen, daß unsere Rachegelüste und unsere Erinnerungen Hand in Hand gehen.» Das Buch wurde ein literarischer Erfolg. Carlos Fuentes aber zählt zur schrumpfenden Gruppe von mexikanischen Intellektuellen, deren Vorurteile gegenüber den USA unkorrigierbar sind. In einem Interview sagte mir Fuentes: «Ich kämpfe mein Leben lang gegen das, was man die ‹Balkanisierung›, die Zersplitterung der Lateinamerikaner, nennen kann. Das Drama Lateinamerikas ist der unentwegte Bruch in der politischen Entwicklung, ein gleichzeitiger profunder Einhalt der Kultur. Wenn wir diesen politischen Riß heilen wollen, müssen wir die Vereinigten Staaten auf die Plätze verweisen. Vielleicht kann ich mit meinen Büchern zu diesem Ziel beitragen. Denn ein Buch ist immer eine Flaschenpost, die man ins Meer wirft. Ob sie viele Leute erreicht oder wenige, kann man nicht vorhersehen.»

Wie in so vielen lateinamerikanischen Ländern sind Ende der 80er Jahre an die Stelle der revolutionären Dichter und der Theologen der Befreiung die Pragmatiker getreten. Viele von ihnen haben an Universitäten der Vereinigten Staaten studiert. Unter der Diktatur des Augusto Pinochet in Chile herrschten dort die sogenannten «Chicago-Boys», jene Anhänger der erzliberalen Lehre des Milton Friedman, die nachweisbar die wirtschaftliche Misere in Chile gelindert hat. Im Andenstaat Bolivien verwaltete ein früherer Harvard-Professor jahrelang die Währungsreform, und ein Finanzminister in Mexiko war Eliteschüler des Massachusetts Institute of Technology. Dort studierten auch Argentiniens Außenminister Domingo Cavallo und Brasiliens Bankier Pedro Bodi de Morais. Der neue Präsident Mexikos, Salinas de Gortari, machte seinen Abschluß an der Harvard-Universität. In den sechs Amtsjahren seiner Präsidentschaft bis 1994 plant er, der Wirtschaftspolitik absolute Priorität zu geben. Da ihm das Einparteiensystem fast unumschränkte

Macht verleiht, wird er sein Programm von Entstaatlichung und Öffnung der Märkte auch ungestört weiterverfolgen können. Carlos Salinas de Gortari verbirgt sein Machtbewußtsein und seinen Ehrgeiz hinter einer Fassade des Lächelns, wie sie Nobelpreisträger Octavio Paz vor 40 Jahren in seinem Mexikoessay «Das Labyrinth der Einsamkeit» umschrieb: «Sein Gesicht ist eine Maske, und sein Lächeln ist es auch.»

Die Einwohner von Mexiko sind bereit, weitere Jahre der Machtwillkür zu erlauben, wenn es dem Präsidenten denn gelingt, das Land aus der wirtschaftlichen Krise und der hohen Verschuldung zu führen. Und vor allem, wenn er mit einer Tradition aufräumt, die Mexikos Wirtschaft seit einem halben Jahrhundert bedroht: Das ist die ungemeine Bereicherung der jeweils herrschenden Clique, eine Bereicherung, die im letzten Jahr der jeweiligen Präsidentschaft obszöne Ausmaße anzunehmen pflegt. Deshalb heißt dieses letzte Jahr auch immer *el año del Hidalgo*, das Jahr des Raubritters. Doch der neue mexikanische Präsident hat bisher erstaunlich erfolgreich die Korruption bekämpft und wirtschaftlichen Experten an die Macht geholfen. Wie er dem amerikanischen Präsidenten George Bush sagte: «*We are not simply a bunch of hands but a bunch of brains, too*», wir sind nicht nur Hilfs-, sondern auch Geistesarbeiter. Und weil das so ist, wird mit der Emanzipation des lateinamerikanischen Selbstbewußtseins auch das ideologisch allzu oft überhöhte Bild des Antiamerika, des Yankee-go-home-Gefühls, verblassen. Der 41. Präsident der USA ist einer der wenigen US-Amerikaner, der Mexiko versteht und liebt. George Bush ist nämlich in Texas grenznah aufgewachsen, und eine seiner Schwiegertöchter ist Mexikanerin.

«Panamerika»

Im Frühjahr 1991 kämpften amerikanische Truppen an der Spitze einer internationalen Streitmacht gegen den Irak. Ihr Oberbefehlshaber, George Bush, hatte noch im Dezember 1990 trotz der drohenden Kriegsgefahr seine Kommandozentrale in Washington verlassen – Richtung Lateinamerika. Der Präsident hielt das für notwendig, um in der Neuen Welt außenpolitisches Terrain zu gewinnen, das ihm in der Alten Welt verlorenzugehen scheint. Die westeuropäischen Verbündeten sind dabei, sich von Amerika ab und Osteuropa zuzuwenden. In diesem Prozeß wächst ihr gegenseitiges Verständnis, selbst England läßt sein Inseldasein und damit die langjährige Premierministerin Thatcher im Stich. Ein «Europäisches Haus» steht in Umrissen fest – auch wenn es zum Teil ein Armenhaus ist. Zu dieser kontinentalen Ansammlung von Menschen und Mächten möchte und muß Washington ein Gegengewicht schaffen, eben die Verbindung mit den Staaten des südamerikanischen «Hinterlandes». Seiner Reise hat George Bush eine Idee vorausgeschickt: die «Enterprise Initiative for the Americas». Sie setzt sich aus verschiedenen Bestandteilen früherer Pläne nordamerikanischer Regierungen zusammen: der «Monroe-Doktrin», die vor fast zwei Jahrhunderten «Amerika für die Amerikaner» forderte, der Außenpolitik Theodore Roosevelts, die sich gegen «unamerikanische» Aktivitäten in der «eigenen (Macht-)Hemisphäre» richtete, der «Allianz für den Fortschritt» John F. Kennedys, die vor allem gegen den «Fortschritt» Kubas gerichtet war, der Ideologie Jimmy Carters, die das politische Handeln mit der moralischen Elle der Menschenrechte messen wollte, der «Caribbean Initiative» Ronald Reagans, die zur Bildung eines *cordon sanitaire* im Süden der USA führen sollte, und dem Rudiment einer gesamtamerikanischen Freihandelszone, nämlich der «North American Accord», der die Karibik, Kanada und Mexiko mit den USA zu einem großen Markt verbinden soll.

Auf George Bush wartete eine große Chance, aus den Gesten und Plänen seiner Vorgänger vertragsreife Konzepte zu machen. Denn auch die anderen amerikanischen Staaten spüren Europas Konzentration auf sich selbst – und damit eine Vernachlässigung der ehemaligen kolonialen Töchter und Söhne in Übersee. Zwischen Kanada und den USA ist es schon zur Bildung einer Freihandelszone gekommen. Mit Mexikos Präsident Salinas kam Bush bei seinem Besuch Ende November 1990 zu einer grundsätzlichen Übereinkunft über einen zukünftigen gemeinsamen Markt. Mit einigen Kleinstaaten im Karibischen Becken gibt es bereits bilaterale Verträge, die, zu einem größeren Ganzen geschürzt, die Bildung eines Marktes mit gut 370 Millionen Menschen in unmittelbare Nähe rücken. Das Ziel des Präsidenten aber ist eine Freihandelszone, die von der Beringsee bis zur Antarktis reicht. Diesem Ziel diente auch seine Reise nach Südamerika.

Dieser «North American Accord» sucht nun eine Verflechtung mit Wirtschaftspakten, die sich in Südamerika gebildet haben – mit dem zentralamerikanischen Markt, mit dem erneuerten Andenpakt und mit der Vereinigung der Rio-de-la-Plata-Länder.

Widerstand leisten nur einige kleinere Länder: Kuba, das im Sicherheitsrat als einziger amerikanischer Staat auch aus der gemeinsamen Front gegen Irak ausscherte und weiterhin unter dem Handelsembargo der USA leidet – sowie Französisch Guayana, das immer noch eine europäische Enklave in der Neuen Welt bildet. Mit dem Selbstverständnis einer kommenden Großmacht wurde Brasilien zum wesentlichen Verhandlungspartner der USA im Süden der Neuen Welt. Nur mit dem Einverständnis von Brasilien auch kann die interamerikanische Kontaktaufnahme zu mehr führen als zu einer lockeren Wirtschaftsunion, zur Verwirklichung eines alten Traumes von einer panamerikanischen Integration.

Sie nahm schon einmal Gestalt an. Nach den Unabhängigkeitskriegen gegen England und Spanien vor zwei Jahrhunderten verstand sie sich als Schutz gegen neuerliche Ansprüche der alten Kolonialherren. Die nach der Niederlage Napoleons in Europa entstandene Heilige Allianz wirkte auf die neuen Staaten Amerikas abschreckend, weil diese Allianz zur Wahrung des Gleichgewichts auch die Intervention in fremden Staaten völkerrechtlich zuließ. Dieses System von Gleichgewicht und Einmischung lehnte US-Präsident Monroe für Amerika ab, und Staatssekretär Henry Clay schrieb 1820 von einem «menschlichen Freiheitsbund, der alle Völker von der Hudsonbay bis zum Kap Hoorn vereinigt».

Die aufgeklärte panamerikanische Idee führte zu einer Reihe von Kongressen, aber nie zu einer Föderation. Nationale Eifersüchteleien, staatsphilosophische Differenzen, manchmal auch einfach Anreiseprobleme vereitelten die Versammlung von Delegierten aller Staaten der Hemisphäre. Im Jahre 1826 und in Panama ging es darum, die «Außenpolitik der ganzen Neuen Welt zu einer einzigen zu verschmelzen». 1848 und in Lima kam es zu einer nachhaltigen Asylregelung in Südamerika, die eine Auslieferung politischer Flüchtlinge untersagte und damit so manche Hinrichtungen und Revanchemorde, wie in anderen Kontinenten üblich, verhindert hat. 1889 trat die erste panamerikanische Konferenz in Washington zusammen, die den Namen auch verdiente, weil nämlich bis auf das ebenfalls eingeladene Königreich von Hawaii alle souveränen Nationen Amerikas ihre Delegierten schickten. Die Konferenz gipfelte in der Annahme eines amerikanischen Völkerrechtes, das die «Beilegung von Streitigkeiten, Meinungsverschiedenheiten und Feindseligkeiten, die zwischen zwei oder mehreren Staaten entstehen, durch Schiedsgerichte» zum Inhalt hat. Danach blieb tatsächlich die Neue Welt von Völkerschlachten nach europäischem Muster bewahrt.

Gleichwohl war es gerade der nordamerikanische Gastgeber, der sich oft unter fadenscheinigen Vorwänden zur Hilfe rufen ließ, um seine eigene egoistische Politik in Lateinamerika auch mit militärischen Mitteln durchzusetzen.

1906 und in Rio de Janeiro wurde eine für die Zeit nicht minder erstaunliche Vorlage angenommen, die eine «gewaltsame Eintreibung öffentlicher Schulden» untersagte. Danach dürfen Geldforderungen, die Bürger eines Staates gegen einen anderen Staat geltend machen, nicht zu kriegerischen Interventionen führen. Beide panamerikanischen Beschlüsse gingen auch als Modellbeispiele in die Weltfriedenskonferenz von 1907 in Den Haag ein. Bei dieser Konferenz im Haag traten erstmals südamerikanische Delegierte auf der Weltbühne auf: Das führte zu einer Art politischer Wiederentdeckung dieses anderen Teils der Neuen Welt. Statt federgeschmückter Exoten waren es zur Überraschung der Europäer Intellektuelle, die Brasilien und Argentinien und Mexiko vertraten und einer friedlichen Welt das Wort redeten. «Wir können mit vollem Recht einen Platz unter den Nationen einnehmen, wenn es gilt, die Mißstände zu beseitigen, die die Menschen bedrücken, und darum ihnen eine glückliche Zukunft zu bereiten», sagte der Vertreter Kolumbiens im Haag, «denn die Kleinen von heute können die Großen von morgen sein.»

Die Europäer aber verhandelten in Den Haag nicht über den Frieden, sondern über die Reglementierung des Krieges. Sind Seeminen statthaft? Dürfen offene Städte bombardiert werden? Darf man Sprenggeschosse aus Luftschiffen werfen?

Die Amerikaner hingegen erörterten lieber die Förderung des Schiffsverkehrs zwischen dem Norden und dem Süden, den Austausch von Lehrern und die freie Berufsausübung in allen Staaten der Neuen Welt. Am 11. Mai 1908 legten sie in Washington den Grundstein für das «Gebäude des internationalen Büros der amerikanischen Republiken». Damals waren es 21, und vor ihren Vertretern sprach US-Präsident Theodore Roosevelt von dem «zunehmenden Gefühl der Solidarität der Interessen und Bestrebungen aller Völker der Neuen Welt». Das Gebäude wurde zu 75 Prozent vom Großindustriellen Andrew Carnegie gestiftet und ist bis heute eines der schönsten Bauten der nordamerikanischen Hauptstadt. Die interkontinentale Solidarität hat jedoch den Test der Weltkriege nicht bestanden. Sie wurde durch nationale Egoismen belastet und durch die gezielte Propaganda der alten Kolonialmächte verwundet.

Die Spanier beschworen die *hispanidad* der Iberoamerikaner, das gemeinsame spanische Erbe und die Notwendigkeit, «das jungfräuliche Südamerika vor dem barbarischen Zugriff der Yankees» zu schützen, wie zur Zeit des Faschismus die spanische Zeitschrift *Espana Moderna* schrieb. Franco-Spanien und Nazideutschland verbreiteten die Idee des Faschismus in der Neuen Welt. Auch Frankreich trug zur Hetze gegen die Vereinigten Staaten bei, aus Sorge, die wachsende Welle des «Yankeeimperialismus» könnte seine Überseekolonien überschwemmen.

In den Zweiten Weltkrieg allerdings zog Südamerika im Sog der USA mit Ausnahme Chiles und Argentiniens. Bis heute sind die Veteranenaufzüge zur Ehrung der Gefallenen feierliche Anlässe in fast allen Staaten der Hemisphäre. Und so beteiligten sich die südamerikanischen Staaten auch an der Gründungs-Charta der Vereinten Nationen auf der San-Francisco-Konferenz von 1945. Drei Jahre später wurde aus der Panamerikanischen Union schließlich die OAS, die Organisation Amerikanischer Staaten. Dieser Namenswechsel drückt symbolisch einen Rückzug von der panamerikanischen Idee aus. Nicht mehr die Solidarität der Interessen und die kontinentale Harmonisierung standen im Vordergrund, sondern organisatorische Fragen. Im Zweiten Weltkrieg entwuchsen die USA der amerikanischen Völkergemeinschaft und wurden zur weltweiten Vormacht. Dem kalten Krieg mit der Sowjetunion ordnete Washington seine interamerikanischen Beziehungen unter. Die OAS war zwei Jahrzehnte lang nicht mehr als eine Clearingstelle für die Anordnung von Pentagon und State Department. In internationalen Fragen zur Rolle von dienstbaren Geistern verurteilt und dem erdrückend groß gewordenen Bruder im Norden hilflos unterlegen, versuchten die lateinamerikanischen Staaten sich untereinander zu arrangieren und gleichzeitig dem sprichwörtlichen Yankee *adios!* zu sagen.

War Lateinamerika traditionell in den Westen integriert, so entdeckte es während der 60er Jahre Bündnispartner in der Dritten Welt. Hatte Lateinamerika sich dem Leistungsprinzip und dem freien Markt verschrieben, fingen jetzt einige Staaten an, mit den sozialistischen Staatshandelsländern zu liebäugeln, und riefen nach einer neuen Weltwirtschaftsordnung. Es entstand eine Art «ökonomischer» Nationalismus, der immer noch viele lateinamerikanische Staaten verbindet. Wie mir der langjährige Generalsekretär der OAS in Washington, Galo Plaza, 1974 sagte: «Neben unseren Verschiedenheiten betonen wir jetzt unsere Gemeinsamkeiten: die Geschichte, die Kultur, die Religion, die Sprachen, die wirtschaftliche Not und den Anspruch auf eine neue Rolle in der Welt. Alle diese Merkmale machen Lateinamerika zum einheitlichsten Kontinent der Welt, wenn wir diese Einheit nur nutzen.»

Bezeichnend war in den 70er Jahren, daß die Lateinamerikaner von «ihrem» Kontinent sprachen, als ob sie auch geographisch mit dem Norden nichts mehr zu tun hätten. Die OAS verstand es derweil, die Probleme Lateinamerikas geschickt zu internationalisieren und ihren Mitgliedern weltweit Gehör zu verschaffen.

Tatsächlich waren die lateinamerikanischen Versuche zur supranationalen Organisation im Grunde rein wirtschaftlich motiviert. Wahr ist auch, daß sie alle nicht oder kaum funktionierten. Aber die schöne Aussicht wirtschaftlicher Integration kann der 41. Präsident der USA nutzen, um den Weg zurück in eine panamerikanische Union zu weisen. Für politische und kulturelle Übereinkünfte reicht die Annäherungszeit nicht. Zu lange hat das State Department in Washington den lateinamerikanischen Staaten verweigert, was es den europäischen ohne weiteres nachfühlen kann – die Wahrnehmung nationaler Interessen. Zu tief auch ist bei lateinamerikanischen Reformern und Intellektuellen das schlichte Bild von den kapitalistischen oder böswilligen USA eingeprägt ins Bewußtsein. Ein neuer Panamerikanismus müßte zuerst den «Antiamerikanismus» überwinden. Als ideeller und ökonomischer Mittler zwischen der angloamerikanischen und der spanisch-amerikanischen Welt bietet sich dabei eine Nation an, die sich einerseits mit den USA nie richtig verkracht hat und andererseits innerhalb Lateinamerikas immer eine gewisse Distanz zu seinen vielen Nachbarn gehalten hat. Dieser Staat heißt Brasilien. Er wurde nicht von Spaniern, sondern von Portugiesen geschaffen.

Von Kuba bis Brasilien

An einem strahlenden Morgen im März 1990 leistet ein Mann vor der Kulisse des großartigen «Platzes der drei Mächte» in Brasilia den Eid auf die brasilianische Verfassung. Er sieht aus wie ein Filmstar. Die Szene ist so spektakulär, daß sich der nicht ganz irreale Eindruck aufdrängt, hier verkörpere ein erstklassiger Schauspieler die Rolle des Präsidenten. Fernando Collor de Melo, die schönen dunklen Haare mit Pomade gebändigt, der muskulöse Körper in einem eleganten Anzug, strahlt Tatkraft aus, Zuversicht, Jugendlichkeit, Fortschritt. Die Kulisse bilden 2000 ausgesuchte Gäste, 120 Delegationen aus aller Welt, das Dunkel der Diplomaten aufgelockert durch die fröhlichen Kleider der Sekretärinnen und Pagen im Itamaratí-Palast, dem Außenministerium, einer Perle der Architektur im großzügig angelegten Brasilia. Unter den 20 Staatschefs fällt ein alter, bärtiger Mann kaum auf, der dem neuen Präsidenten Brasiliens die Reverenz erweist. In diesem März 1990 ist Fidel Castro nur einer unter vielen. 31 Jahre zuvor war er schon einmal hier – einer der ersten Gäste in der neugebauten Hauptstadt Brasilia. 1959 wurde der Revolutionär aus Kuba begeistert gefeiert, damals ging gerade die Zeit der rechten Diktaturen vom Schlage des Getúlio Vargas und des Juscelino Kubitschek, dem Erbauer Brasilias, zu Ende, brach die Ära der Sozialreformer an. Damals erschien auch in Brasilien möglich, was Kuba vorexerzierte: Enteignung von Großgrundbesitz, Verstaatlichung ausländischen, vor allem nordamerikanischen Eigentums, eine Landreform und eine neue Sozialpolitik.

Zu hohe Ansprüche und zu wenig Leistung, die Unzulänglichkeit der Links-Regierung und der Boykott von Oligarchie und

Fremdkapital ließen die Reformer scheitern. Die mächtige Hannah-Corporation aus den USA stürzte Janio Quadros, und Präsident João Goulart wurde 1964 von einem Militärputsch abgelöst. Generale übernahmen das Heft in Brasilien. Sie stellten den status quo ante wieder her, steckten die Reformer ins Gefängnis, verwiesen die Politiker auf ihre angestammten Plätze als Marionetten im autoritären Regime, reagierten auf den Druck aus der Bevölkerung mit Gegendruck. Die Doktrin von der nationalen Sicherheit bestimmte die Politik. Castros Sendboten wurden genauso bekämpft wie die einheimischen Guerillaorganisationen.

Anfang der 70er Jahre war der Kampf ausgestanden, hatte sich die alte Ordnung neu etabliert. Die Generale wagten allmähliche Demokratisierung. Am 1. August 1975 erließ der brasilianische Präsident Ernesto Geisel eine Botschaft an die Nation: *descompressao*, Druckabbau. Der deutschstämmige Präsident Geisel sagte wörtlich: «Aber Lockerung sollte weder ausschließlich noch überwiegend politisch sein. Was wir für die Nation möchten, ist die integrale und humanistische Entwicklung, die auf diese Weise die organische und homogene Kombination aller politischen, wirtschaftlichen und sozialen Sektoren der nationalen Gemeinschaft ermöglichen.»

Das war über die Köpfe des Volkes hinweg geredet, hatte den Beigeschmack faschistischer Volksideologie, war eine einsame Entscheidung von oben. In der Geschichte Brasiliens entstand Änderung oder Fortschritt fast nie auf Druck von unten. Als Napoleons Streitkräfte 1807 in Portugal einfielen, floh die verrückte Königin Maria I. mit ihrem Hofstaat nach Brasilien. 1815 wurde Brasilien Königreich, 1822 unabhängig von Portugal – eine Unabhängigkeit ohne jene blutigen Befreiungskriege, wie sie die spanisch-amerikanischen Nachbarn führen mußten, aber auch ohne die Entwicklung politischer und revolutionärer Kräfte wie in Venezuela und Argentinien, in Kolumbien und Chile. Unter der langen und gütigen Herrschaft des Kaisers Dom Pedro II. imitierte der brasilianische Hof die Formen und die Gepflogenheiten der englischen Monarchie. Der übermächtige Einfluß der Königin Victoria bescherte Brasilien sogar ein

Zweiparteiensystem, der Liberalen und Konservativen, Parteien ohne Resonanz und Gefolgschaften. Genauso unbeteiligt war das brasilianische Volk an der Abschaffung der Sklaverei im Jahre 1888 und an der Abschaffung der Monarchie ein Jahr später. Es fand kein Transfer der Macht an das Volk statt, sondern ein internes Arrangement der Besitzenden unter sich. Die Königsspiele wurden abgesetzt wie eine ausgelaugte Oper vom Spielplan.

Die Republik Brasilien wiederum orientierte sich an den USA, jenem anderen amerikanischen Großstaat in der Neuen Welt. Der gewalttätige, rhythmische Wechsel zwischen Revolution und Diktatur im spanischen Lateinamerika hat in Brasilien nur einen schwachen Widerhall gefunden, eben in der Reaktion auf die Entwicklung in Kuba. Von 1964 an herrschte das Militär. Die *milicios*, die Militärköpfe, haben sich bei der Bevölkerung keinen Rückhalt holen können. Sie befolgten strikt die Parole von Brasiliens Fahne: «Ordnung und Fortschritt» – ein Zitat des Positivisten Auguste Comte, dessen soziologische Theorien eine Zeitlang brasilianische Staatsideologie wurden. Für das Modell der Französischen Revolution, für Freiheit, Gleichheit und Brüderlichkeit, haben in Brasilien wenige gekämpft, und sie wurden vom Militär brutal unterdrückt: Die Guerillaführer der armen Landbevölkerung im Nordosten Brasiliens, die *tenentes*, die jungen Leutnants, die *cangaceiros*, die Banditen mit europäischer Robin-Hood-Romantik.

Ordnung und Fortschritt wurden zu Symbolen im Pakt zwischen Technokraten und Militärs: Die einen stießen Brasilien in die Vorderfront des industriellen Aufschwungs, die anderen garantieren das arbeiterfeindliche Investitionsklima, die «Sicherheit». *Seguracao* wurde zum Codewort für Unterdrückung. *Descompressao*, Druckabbau, gab einen Anschein von Demokratisierung. Ein tüchtiger Wirtschaftsminister mit Namen Delphim Neto, in dem viele bereits einen Ludwig Erhard Lateinamerikas sahen, öffnete die Märkte des Riesenlandes. Diese Kombination von Sicherheit, mählicher Öffnung und Bekenntnis zur freien Marktwirtschaft ließ Brasilien als den idealen Partner Washingtons erscheinen. US-Außenminister Henry Kissin-

261

ger hatte während der 70er Jahre sogar Brasilien als eine Art subregionale Ordnungsmacht auserwählt, um die USA von der Rolle des Weltpolizisten zu entlasten. Das Stichwort von der *pax brasiliana* tauchte auf, von einer Friedensordnung in Lateinamerika unter der Kontrolle Brasiliens. Aber zum einen fühlt sich das portugiesisch kolonisierte Brasilien umringt von den nachgeborenen Staaten des ehemaligen Spanisch-Amerika, zum anderen war sich das Land selbst genug.

In den geographischen Dimensionen steht es sowieso den Vereinigten Staaten nicht nach. Im 19. Jahrhundert hatte sich Brasilien auf Kosten der Nachbarn schon etwas abgerundet, in der Zeit der Generale nahm man auf die Nachbarn eher politischen Einfluß, und den sehr behutsam. In Bolivien genügte ein wenig brasilianische Munition zu einem Rechtsputsch, in Uruguay half das brasilianische Sicherheitsmodell über die Tupamaro-Krise hinweg, in Paraguay darf ein wenig brasilianische Ware geschmuggelt werden, in Guyana gab man ein wenig Unterstützung im Kampf gegen die Linksregime. Mit der aus Portugal importierten sprichwörtlichen Geduld, der *paciencia*, kann Brasilien auf den Zeitpunkt warten, da es einfach durch die Eigenschwere zur Großmacht wird. Im Jahre 1980 konnte sich das Land selbst zur achtgrößten Wirtschaftsmacht der Welt erklären – allerdings auf Kosten einer Verschuldung in Höhe von 100 Milliarden Dollar, was aus Brasilien auch einen der größten Schuldner machte.

1985 zogen sich die Militärs in die Kasernen zurück. Es war ihnen zum Schluß nur noch mühsam gelungen, die Ordnung aufrechtzuerhalten und den Fortschritt weiterzutreiben. Mit der Rückkehr der Demokratie brachen *ordem y progressu* zusammen. Die Innenstädte von São Paulo und Rio de Janeiro gehörten nach Mitternacht der Unterwelt, die Geißel der Geiselnahme suchte vor allem die Vorstädte der Reichen heim. Die Verwaisung der Kinder in den Slums nahm ein solches Ausmaß an, daß der Staat sich nicht mehr zu helfen wußte. Eine furchtbare Lösung des Problems der vielen Straßenkinder haben sich paramilitärische Todesschwadronen ausgedacht. In einer kristallklaren Sommernacht 1990 wurden 2000 obdachlose Kinder in den

Slumvorstädten von Rio einfach gemeuchelt – Herodes' Mörder schienen zurückgekehrt.

Brasilien ist auch das Land mit der offiziell höchsten Verkaufsrate an elternlosen Babies. Eine Mann namens Lucca di Nuzzo verkaufte seit 1984 in seinem Waisenhaus in Salvador de Bahía 7000 Kinder nach Italien, pro Kind 30000 Mark. Ich habe sowohl Freunde in New York wie in München, die brasilianische Kinder aufziehen.

Im Hinterland wüten derweil Goldgräber, Siedler und Viehzüchter unter den verbliebenen Eingeborenenstämmen, den drogensüchtigen Kautschukzapfern, deren Arbeit nicht mehr gefragt ist. Im Sertão, der Steppe im Nordosten Brasiliens, lauern jugendliche Arbeitslose den Fremden auf. Am 5. Dezember 1990 wurde das Goethe-Institut in São Paulo von zwei bewaffneten Banditen überfallen, während dort eine Diskussion über Gewaltkriminalität in Brasilien stattfand.

Brasilien ist ein Land der wenigen Reichen und der vielen Armen geblieben. Im August 1985 beauftragte die erste demokratische Regierung des Landes seit 25 Jahren den Soziologen Helio Jaguar Ribe mit dem Entwurf eines neuen sozialen Paktes. Diese Studie mit dem Titel «Brasilien 2000» stellte fest, daß eine Minderheit der Bevölkerung in einer modernen Industriegesellschaft lebt, die keineswegs hinter europäischen Ländern zurücksteht, und daß mehr als 65 Prozent der Bevölkerung in Armut und Elend dahinvegetieren. Die Schlußfolgerung der Studie heißt: «Mit diesem Gegensatz kann eine stabile Demokratie nicht leben.» Helio Jaguar Ribe und sein Expertenteam schlagen eine sogenannte Minimax-Strategie vor, nach der den vielen Armen ein Minimum an Lebensunterhaltskosten bezahlt wird und die wenigen Reichen ein Maximum ihres Wohlstandes opfern müssen. Wenn eine solche Strategie 15 Jahre konsequent durchgehalten würde, bei gleichzeitiger Einführung einer konsequenten Bevölkerungskontrolle, könnte Brasilien auf einen sozialen Standard aufsteigen, der etwa dem Griechenlands in der Europäischen Gemeinschaft gleicht.

Neben den sozialen Problemen fiel der neuen demokratischen Regierung die unangenehme Aufgabe zu, die Schuldenfrage des

Landes zu lösen. Eine Währungsreform wurde verabschiedet, die aus dem «cruzeiro» einen «cruzado» machte und dann später wieder aus dem «cruzado» einen «cruzeiro», ohne daß das Problem der Inflation dabei gelöst wurde. Am 20. Februar 1987 teilte der amtierende Präsident über das Fernsehen dem Volke mit, daß der Staat die Zahlung von Zinsen für seine internationalen Schulden einstellt. Diese dramatische Offenbarung, die einer Bankrotterklärung des Staates glich, führte zu einer Umstellung, die die Welt bewegte. Die Rückzahlung von Zinsen bei hochverschuldeten Ländern konnte von nun an nicht mehr eine Sache der Banken, also des Finanzsektors sein, sondern eine Sache der Staaten, also der Politik. Diese finanzielle Form von Kriegserklärung an die Welt war der Anfang vom Ende der ersten demokratischen Regierung nach der Militärdiktatur.

So schlug im März 1990 die Stunde des Fernando Collor de Melo. Es heißt, daß der 40jährige Sohn aus reichem Hause von den Frauen Brasiliens gewählt wurde sowohl wegen seiner messianischen Ausstrahlung wie auch wegen seiner etwas aufdringlichen Männlichkeit, die er mal auf dem Motorrad, am Steuerknüppel eines Jagdflugzeuges und mal als Jetskifahrer unter Beweis zu stellen sich genötigt sieht. Aber dieser «Indiana Jones» Lateinamerikas, wie ihn US-Präsident Bush einmal bezeichnet hat, war nicht nur gut für das Blendwerk der Massenpropaganda, sondern unterzog Brasilien einer schweren wirtschaftlichen Operation. Er ließ per Dekret 115 Milliarden Dollar Privatvermögen einfrieren, Hunderttausende von Staatsangestellte entlassen und bestellte, in den Augen der Machomänner Brasiliens eine Ungeheuerlichkeit, eine Frau zur Führung des Wirtschaftsministeriums. Zelia Cardoso gilt als brillant, genial und mutig. Ebenso, und das ganz besonders, als unbestechlich. Sie setzt auf die ökonomische Vernunft und die Gesetze des Marktes und sieht ihre Aufgabe darin, ausländische Investoren anzulocken. Der Leumund dieser eisernen Lady hat allerdings im Herbst 1990 enormen Schaden erlitten, als ein Verhältnis offenbar wurde, das sie mit einem verheirateten Ministerkollegen hatte. Die Veröffentlichung dieser Beziehung hat sie noch etwas menschenfeindlicher gemacht und noch etwas härter im Umgang mit den Klagen der Fabrikanten, der Gewerkschaftsfunktionäre, der Bauern, der Bankiers und der Beamten. Während einer Reise im Sommer 1990 fielen mir einige Folgen dieser drastischen Wirtschaftsoperation auf. Am Flughafen von Rio lassen einen die Gepäckträger ungeschoren mit ihren sonst üblichen, aufdringlichen Angeboten eines besseren (illegalen) Geldwechselkurses. Der graue Umtauschmarkt ist fast verschwunden. Wie in praktisch allen Städten, ob kleiner oder größer, halten die Angestellten des Staates, deren Löhne und Jobs in Gefahr sind, Dauerdemonstrationen ab. Der Angriff auf das Touristengeld ist noch unverblümter und drastischer geworden. Die guten brasilianischen Restaurants sind kaum noch besucht, weil die Einheimischen die Preise nicht mehr bezahlen können. Auch Taxifahrer, Kellner und Souvenirverkäufer erleben eine harte Zeit seit dem Sanierungsprogramm des Fernando Collor, und noch ist nicht sicher, ob der Präsident sein stabiles Programm politisch durchstehen kann. Eine für die Welt fast noch wichtigere Entwicklung wurde ebenfalls von dem neuen Präsidenten eingeleitet: der Kampf gegen die Zerstörung der brasilianischen Umwelt. Mit dem deutschstämmigen José Lutzenbacher hat Fernando Collor einen Umweltminister bestellt, der zum erstenmal Ernst machen will mit dem Kampf gegen die Ökoverbrecher. Lutzenbacher ist der Überzeugung, daß heute die Souveränität jedes Staates in Frage gestellt werden muß, wenn es um die Erhaltung der Umwelt geht, insbesondere im Zusammenhang für Perspektiven eines menschenwürdigeren Lebens für die nächste Generation.

Die geplagte Kreatur

Als Fernando Collor de Melo im Sommer 1990 gefragt wurde, was die größten Probleme seines Landes seien und wie er diese Probleme zu bekämpfen gedenke, sagte er: «Wir schießen den Tiger der Inflation, wir lassen den Fettwanst der Bürokratie zur Ader, wir machen den Kooperationen, Gewerkschaften und Staatskapitalisten Beine. Vor allem aber haben wir uns einem lebenswerten Leben verpflichtet.» Für dieses größte aller Ziele hat sich die brasilianische Regierung ein Team von Experten geholt, für den Plan einer neuen Ökologie einen Zeitraum gesetzt. Im Jahre 1992 ist Brasilien Gastgeber für die große Umweltkonferenz der Vereinten Nationen. Bis dahin hat sich Fernando Collor de Melo vorgenommen, schnelle und effektive Schritte gegen die Rodung der Regenwälder am Amazonas zu unternehmen, die indianischen Ureinwohner vor dem Zugriff der Weißen zu schützen und damit vor dem Aussterben zu bewahren. Etwas großspurig fügt der Präsident hinzu: «Wir haben nichts zu verbergen, nichts zu erklären, sondern wir sollten alle miteinander klären, wer verantwortlich ist für das Ozonloch und für den *greenhouse effect*. Für die Umwelt sind alle Menschen verantwortlich und nicht nur die Brasilianer.» Aber Brasilien hat am meisten zu verlieren – und der Verlust bedroht die ganze Welt.

Die Stadt Cuiabá liegt am Rande des Pantanal, das mit etwa 230 Millionen Quadratkilometern immer noch die größte Feuchtsavanne der Welt ist. Im Sommer 1990 brach ich in das Megabiotop auf, um zu sehen, was von ihm geblieben ist, zuerst mit dem einmotorigen Sportflugzeug, dann mit dem Boot und zum Schluß mit dem *carro de boi*. Das ist ein Ochsen-Sechsspänner vor einem hochrädrigen Karren, dem traditionellen Verkehrsmittel in dieser riesigen Schwemmlandschaft. Noch um 1900 scheiterte der große Südamerikaforscher Colonel Fawcett im Pantanal, hielt das Land für so schön wie böse und für uneinnehmbar. Heute bedrohen die Bosheit und die Willkür der Menschen die Schönheit und das Gleichgewicht der Natur im Pantanal. Goldgräber, Holzfäller und Landroder wüten unter der Pflanzenwelt, und eine wachsende Zahl von Wilderern und Wildfrevlern schießen sich auf die Tierwelt ein. Die hauptsächliche Bedrohung für diese paradiesische Wasser-, Tier- und Vogelwelt geht von der Bevölkerungsexplosion aus.

Cuiabá wurde vor 250 Jahren von Pionieren gegründet. Der Ort war ein Umschlagplatz für das Gold, das man hier im Herzen Südamerikas gefunden hat. Von der Gründerzeit kündet noch die Kirche São Benedetto und eine alte Druckerei mit Maschinen aus Deutschland, zum Teil aus dem Anfang des 19. Jahrhunderts. Cuiabá ist eine erstaunlich bunte und saubere Stadt, die in den letzten zehn Jahren von 100 000 auf 700 000 Einwohner angewachsen ist. An die 150 kommen täglich dazu: Flüchtlinge des Lumpenproletariats der Großstädte. Sie wohnen in kleinen Einzimmerhäuschen, die extra für sie gebaut worden sind. In den Slums von São Paulo und Rio de Janeiro gehörten sie zu den *retirantes*, den Zurückgezogenen. Dort lebten sie am Rande der Gesellschaft, hier in Cuiabá, einer Boomtown Lateinamerikas, finden sie ein Auskommen.

Vor der Reise ins Pantanal treffen wir Adalberto Eberhard. Er ist eigentlich Tierarzt, aber er hat sich einer Stiftung zur Verfügung gestellt, die vom Wild Life Fund unterstützt wird. Er lebte vier Jahre mit Frau und Tochter allein in einem Zelt im Pantanal, um die Tiere zu studieren. Adalberto ist wie viele Menschen, die sich für die Umwelt ihrer Heimat engagieren, unter ihnen der neue Umweltminister Brasiliens, aus dem Süden des Landes, deutschstämmig. Eberhard erzählt mir Schauergeschichten über die Ausrottung der Alligatoren im Pantanal. An die zwei Millionen würden jährlich von Wilderern geschlachtet. Ein anderer deutschstämmiger Brasilianer, Augustino Zeit, vom Sekretariat der Menschenrechte, hat festgestellt, daß im Jahr 1989 über

40 000 Menschen im Dschungel einfach ermordet worden sind, als sie den vordringenden Siedlern und Goldsuchern im Wege waren.

Als besondere Wüteriche gelten wildernde Bergleute. Sie haben ihren Beruf nirgendwo gelernt, sondern buddeln sich in die Erde ein, wo ein Goldkörnchen oder Diamantensplitter gefunden worden war. Zu Horden zusammengerottet, ziehen sie einer Heuschreckenplage gleich durch Brasilien. Sie plündern das Land und nehmen keine Rücksicht auf die angestammten Rechte der Ureinwohner. José Lutzenbacher, der Umweltminister, hielt am 7. Juni 1990 eine Rede vor einem ihrer Vertreter in der Hauptstadt. Er mahnte sie: «Ihr tut alle so, als ob wir die letzte Generation sind, die auf der Erde zu leben hat, so sehr verwüstet ihr sie. Ihr habt eine Mentalität, die Natur auszubeuten und sie dann in Ruinen stehenzulassen.»

Was die Goldsucher anrichten, ist nur aus der Luft überschaubar. Auf dem Flug in das Innere des Pantanal flucht Pilot Mauro: «Die Gruben und das Quecksilber zerstören die Natur.» Die Gruben vernichten täglich große Flächen der Feuchtsavanne. Als wir nach der Landung in einer solchen Grube filmen wollen, vertreiben uns die Grubenbesitzer. Denn viele dieser Bergleute buddeln illegal. Wo täglich Hunderte von Tonnen Erdreich angeliefert, gewaschen und dann mit Quecksilber Goldkörner ausgelöst werden, vernichtet die vergiftete, aufgeschüttete Erde weitere Vegetation.

Über 100 000 Goldsucher wühlen mit primitivsten Methoden im Pantanal, und täglich werden es mehr. Der Goldrausch hat auch längst die zugewanderten Slumbewohner aus den Großstädten erfaßt, und auch die Cowboys auf den Farmen. Wie eine rasch wachsende Mondlandschaft vernichtet und begräbt der Goldrausch immer weitere Teile der Region, zwei Gramm Gold pro Tonne, ein lächerlicher Preis mit fataler Wirkung. Eine gute Flugstunde nördlich des Pantanal erstrecken sich die Tafelberge, die sogenannte «chapada», das ist eine Felsformation, die wie eine gigantische Mauer wirkt, an manchen Stellen durchbrochen von Wasserfällen und kleinen Tälern. «Chapada» ist eine Art Wasserscheide zwischen der Feuchtsavanne und den Amazonaszuflüssen. Primärwald steht jedoch nur mehr in unzugänglichen Senken und Schluchten und in Gebieten, wo eine Rodung unwirtschaftlich ist. Noch vor etwa zehn Jahren bedeckte dichter Regenwald das Hochplateau. Die wenigen Streifen, die noch nicht abgeholzt sind, werden trotz Verbot nach und nach Opfer gelegter Feuer. Das riesige Brasilien scheint unerbittlich nach Ackerböden zu lechzen. Reis und vor allem Sojafelder erstrekken sich heute dort, wo vor einem Jahrzehnt dichter Regenwald das Wasser für die Quellflüsse des Pantanal regulierte. Die Baumwurzeln gaben das kostbare Naß, die Überlebensgarantie der Feuchtsavanne, nur nach und nach ab und hielten das Erdreich zurück. Reis- und Sojafelder nehmen sich gerade soviel Wasser wie nötig, der Überschuß fließt mit Dünger und Pestiziden versehen planlos ab und reißt lose Erde mit.

Der Einfluß dieser Faktoren auf das Pantanal wird aus der Luft faßbar. Reis- und Sojafelder, so weit das Auge blicken kann. Die Farmer produzieren längst mehr, als der Staat gestattet. Der Überschuß geht im Schwarzhandel über die Grenzen. Die Lebensadern des Pantanal sind der Cuiabá, an seinem Ufer steht die gleichnamige Stadt, und der Paraguay, nach ihm ist eine ganze Nation benannt. Die beiden Flüsse speisen die Schwemmlandschaft über unzählige verästelte Wasserläufe und Nebenflüsse. Das aus den Tafelbergen kommende überdüngte Wasser und die Abwässer der Großstadt Cuiabá führen zu Überwucherungen. Die mitgeschwemmte Erde schüttet die Feuchtsavanne immer mehr auf, Sauerstoffmangel im Wasser stellt sich ein, Laichplätze der Fische werden vernichtet und somit die Grundnahrung vieler Tiere. Je weiter wir in das verästelte Flüssenetz eindringen, um so stärker breiten sich die sauerstofffressenden Wucherpflanzen aus. Wir schauen auf Pflanzenteppiche, die kaum mehr Wasserlücken freigeben. Auch der Fischbestand ist bedroht. An den größeren Flußläufen lebten seit Generationen die Familien vom Fischfang, ein anderes Auskommen kennen sie bis heute nicht. Seit der Fischbestand sinkt, ist der Netzfang verboten worden. Somit fürchten die Fischer tagtäglich um ihre Existenz.

«Es ist fünf vor zwölf», sagte mir Gabriel Müller, der Präsident der Umweltschutzorganisation «Fundapan», ein anderer deutschstämmiger Brasilianer. «Fünf vor zwölf» heißt aber auch «noch nicht zu spät». Der Ring der Pflanzer und Goldgräber zieht sich langsam um das Pantanal zusammen. Aber in der Savanne selbst wirkt die Natur noch unberührt. Zu einer Jahreszeit kann man die Überschwemmung genießen mit den vielen Blüten, den Wasserhyazinthen und -rosen auf den Oberflächen, und zur anderen Jahreszeit, wenn das Wasser zurückgeht, in den verbliebenen Tümpeln eine unglaubliche Vielfalt an Tierwelt beobachten. Da drängen sich dann die Alligatoren neben den gefräßigen Piranhas und den dicken Pintados, das sind welsartige Fische. Immer noch gibt es Vögel mit einer Spannweite bis zu drei Metern. Man sieht den braunen Geierfalken und gelegentlich die Anakonda, im Wasser gefährlicher als an Land, denn dort hört man sie nicht. Dazu der Tapir, der Tukanvogel, der Ozelot, das Faultier, der Ameisenbär, der schwarze Heulaffe und immer noch der Jaguar des Pantanal. Dazwischen blühen Kolonien des Algodao, ein prächtiger, aber giftiger Tropenbaum, und der Aroreira, dessen eisenhartes Holz für Zäune verwendet wird. Dazu der Oleovermelho, den man «Balsam von Peru» nennt. In der Carandapalme nisten die Webervögel, und aus der Rinde des Quebracho blanco wird das Tannin gewonnen, das die Rinderzüchter brauchen, um ihre Kuhfelle zu gerben.

Das Pantanal erinnert an die Everglades in Florida, nur daß in Florida nicht annähernd soviel reichhaltige Fauna zu finden ist. Der Tamandua, der große Ameisenbär, knackt pro Tag eine Festung der Termiten und verzehrt an die 30000 Tierchen auf einmal. Nachts überschütten Glühwürmchen das Land mit flakkernden Sternen. Einmal habe ich auch den Traira gesehen, einen seltsamen Fisch, der sich bei Trockenheit auch mit Schlangenbewegung über festes Land auf die Suche nach einem neuen Wasserloch macht.

Es ist ein Sieg der Umweltschützer, daß der Bau der sogenannten Pantanera, einer roten Sandstraße am Rande des Pantanal, eingestellt worden ist. Meist herrscht tagsüber eine unglaubliche Hitze, manchmal aber pfeift von der Antarktis herüber der kalte Surusu. Dem Umweltschützer dient auch eine neue *novela*, das ist eine Fernsehfortsetzungsreihe à la «Dallas» und «Denver», die im Pantanal gedreht wird. Es ist eine Liebesgeschichte in 170 Folgen, die aber gleichzeitig für die Erhaltung der Natur wirbt. Derzeit ist diese *novela* das beliebteste Programm im brasilianischen Fernsehen. Und dann gibt es die neugegründete «Policía Forestal», eine Art Natur- und Umweltpolizei, die Jagd macht auf die Wilderer. Wir sind mit der «Policía Forestal» mehrfach auf Patrouille gegangen. Auf ihren Posten hat sich ein ganzes Arsenal von Waffen und Munition angesammelt, bei jeder Razzia kommen neue hinzu. *Correros*, Wilderer, werden aber selten gefangen. Es gibt an die 5000 von ihnen, und ihre Kontakte reichen bis in die Ordnungsmacht hinein.

In Corumbá, einer anderen brasilianischen Stadt, hat die Umweltpolizei zwei junge Jaguare in Verwahrung genommen. Sie waren im Auftrag eines europäischen Zoos gefangen worden. Zuerst sollten die beiden Raubkatzen wieder ausgesetzt werden. Aber ein Polizist, der sich auf die wilden Tiere versteht, meint, daß diese beiden Jaguare sich nach der langen Gefangenschaft nicht mehr in der freien Natur zurechtfinden würden. Auch ein Puma ist unfreiwilliger Gast der Umweltpolizei. Er ist so verstört, daß er kein Essen bei sich behalten kann. Auf der Hazienda Santo Antonio hat ein reicher Industrieller Einrichtungen geschaffen, die der Wiedereingewöhnung gefangener Tiere dienen. Es gibt inzwischen an die 20 solcher Öko-Haziendas, die von Mäzenen geführt werden. In einem Riesenkäfig auf der Hazienda Santo Antonio sehen wir einen Schwarm Aras, den wunderschönen, großen blauen Papagei des Pantanal, bei Liebhabern in Europa sehr begehrt. Tierfänger haben den Aras die Flügel gestutzt. Sie wurden geschnappt, als sie die Vögel in einer Maschine verstauen wollten. Es wird ein Jahr dauern, bis den Aras die Flügel nachwachsen. Die Liste beschlagnahmter artengeschützter Tiere ist lang, die Dunkelziffer noch viel umfangreicher. Abgesehen von Fischen sind im Pantanal Fang und Jagd aller Tiere verboten. Dennoch wird gewildert und geräubert.

Ich fragte den Kommandanten der Umweltpolizei, wie das Pantanal kontrolliert werden könnte. «Für 200000 Quadratkilometer habe ich nur 60 Soldaten», sagte er. «Eine effektive Arbeit ist damit unmöglich. Wie können wir permanent Umwelt-sünder, Wilddiebe und Schmuggler kontrollieren? Zu wenige Leute, zu wenig Material, zu wenig finanzielle Mittel. Beste Kontrolle könnten aber Europäer und Nordamerikaner aus-üben, sie sollten kein Fell, keine Haut, kein Leder, auch keine Vögel mehr anschaffen, und die Zoos sollten sich ihre Tiere sel-ber züchten.» Mit dem Ochsengefährt fahren wir auf die Ha-zienda «São Julio», die Fahrt dauert einen Tag. Die Hazienda zählt über tausend Rinder, meist aus Indien eingeführte Zebus, die in dieser Schwemmlandschaft gedeihen und die auch keine Konkurrenz für die einheimische Tierwelt bilden. Von hier aus machen wir uns unter der Führung einiger Cowboys in das In-nere des Pantanal auf. Über einen Kontaktmann hat mein Freund und Kollege Franz Tartarotti Verbindung zu Alligatorjä-gern aufgenommen. Über Nacht hat es heftig geregnet, die er-sten Alligatoren wandern jetzt zu fischreichen Bächen oder Sümpfen. An verabredeter Stelle signalisiert uns das Geräusch von Macheten die Ankunft der Wilderer. Es gibt keine Begrü-ßung, sie gehen gleich zur Arbeit über. Zunächst holen sie ihr Boot, zur Tarnung unter einem belaubten Ast, der im Wasser versenkt ist. Ihre Waffen sind Gewehr, Harpune, Axt und Busch-messer. Die beiden Wilderer gehören sicher keiner Bande an, vielleicht sind sie auf irgendeiner Farm Viehzüchter, die sich ih-ren kargen Lohn mit dem verbotenen Geschäft aufbessern. Der erste Wurf mit der primitiven Harpune schlägt fehl, der nächste sitzt. Die Harpunenspitze reißt ab, das verletzte Tier flüchtet mit dem Eisenteil im Rücken. Sie sichten den Alligator und wollen ihn jetzt erschießen, obwohl nach einem Schuß alle Tiere für Stunden abtauchen. Doch die Munition ist zu naß, es hat zuviel geregnet. So konnten sie schließlich zur zwei Kaimane erlegen, und auch das sind zwei zuviel. Die Haut bringt den Wilderern zwischen fünf und zehn Dollar, für sie viel Geld. Gefühl oder Mitgefühl, Gewissen oder Einsicht kommen da nicht auf. Beute-jäger wie diese betreiben ihr brutales Geschäft meist aus der Not heraus. Mit der Arbeit als Viehzüchter können sie ihre Familien nicht ernähren. Die Bauchseite des Krokodils, das begehrteste Stück, bringt ungefähr den Wochenlohn eines Cowboys. Dafür riskieren sie Gefängnis oder einen vielleicht tödlichen Schußwechsel mit der Umweltpolizei. Die beiden salzen die Häute ein, damit sie den Transport bis in die Gerbereien über die Grenze in Bolivien und Paraguay unbeschadet überstehen. Danach verschwinden die Wilderer im Busch.

Es gibt an die 5000 von ihnen, die meisten sind nicht organisiert, dafür sind es die Händler und Transporteure, die im Hinterland auf die Beute warten, ohne sich selbst in Gefahr begeben zu müssen. Um den Krokolederbedarf zu stillen, gibt es auch sogenannte legale Möglichkeiten, nämlich die Alligatorenfarmen. Aber auch da wurde ich Zeuge eines hinterlistigen Tricks. Wenn in der freien Natur die jungen Kaimane geboren werden, schwärmen die Wilderer aus, fangen sie ein, bringen sie auf die Reptilfarmen, wo sie großgezogen und dann verkauft werden. Eine Musterfarm fand ich hingegen in Bolivien, wo es sich die Textilfirma Lacoste eine Menge Geld kosten läßt, die seltenen Brillenkaimane nachzuzüchten, die der Textilfirma auch als Markenzeichen und Maskottchen dienen. Hier geht ausnahmsweise einmal Werbung mit Umweltschutz Hand in Hand.

Kleine Farmen wie São Julio passen sich nahtlos in das Feuchtgebiet des Pantanal ein. Aber die Viehzucht großen Stils bedroht sowohl die Feuchtsavanne wie auch die Urwälder im Amazonas. Der Fleischbedarf Brasiliens, aber auch der Exportländer, ist einer der Wurzeln für die Ausbeutung der Natur. Einige der großen Imbißketten in der Welt müssen sich gegen den Vorwurf wehren, Umweltverbrecher zu sein. Der Gerechtigkeit halber muß gesagt werden, daß meine Recherchen zur halben Ehrenrettung der Firma McDonald's geführt haben. Sie bezieht ihr Fleisch fast immer aus dem Land, in dem sie ihre Imbißlokale aufbaut. Und nur bei McDonald's in Brasilien selbst gibt es Steaks aus dem Pantanal.

Seit einiger Zeit gibt es auch Tourismus in der Feuchtsavanne. Davon versprechen sich die Behörden ausnahmsweise Vorteile. Jene Europäer, die den weiten Weg ins Pantanal nicht scheuen, haben den Schutz der Umwelt bereits in ihr Tourismusprogramm aufgenommen. Diese Besucher fördern also ein Umdenken, und gar mancher Wilderer wird jetzt zum Reiseführer, lernt, daß die Tierwelt nicht nur zum Abknallen, Vergiften oder Ausrotten da ist, sondern als Attraktion für die Besucher. Und doch ist es für die Einwohner merkwürdig, daß da immer mehr Mitteleuropäer einfliegen für viel Geld, um ihre Ferien unter Verzicht auf jeglichen Komfort in der Wildnis des Pantanal zu verbringen.

Antonio Vaz, der Besitzer der Hazienda São Julio, hat für diese Besucher ein paar zusätzliche Hängematten gekauft. Er lebt schon seit 20 Jahren in der Abgeschiedenheit des Pantanal, meint, daß seit zwei, drei Jahren die Welt total durcheinander sei. Er sagt: «Als die Regenwälder noch geschlossen waren, wurde der Regen schon in den Baumkronen aufgefangen und langsam verteilt. Wenn jetzt die Wälder gerodet werden, strömt der Regen direkt auf den Boden. Nicht nur, daß er die geringe und dünne Humusschicht wegschwemmt, sondern daß er eben sofort in die Flüsse strömt, die dann anschwellen – das führt zu Hochwasser – und genauso schnell wieder abschwellen, wenn eben kein Regen da ist. Das führt zur Austrocknung.» Und dann meint er, der einfache Bauer: «Die Bäume und die Fische, die Tiere und das Wasser und wir, die Menschen, sind alle Kreaturen dieser Welt. Es ist doch ungerecht, daß dabei die Tiere immer weniger werden, ihre Vielfalt immer mehr nachläßt und die Menschen immer mehr werden und auch noch dem Wahn unterliegen, sie könnten ohne den Rest der Natur auskommen.» So sehr anders drückt es auch Brasiliens Umweltminister José Lutzenbacher, der Mann mit dem eulenhaften Gesicht und den schulterlangen grauen Haaren, nicht aus. Er meinte, wir müssen die Doktrin der modernen Industriegesellschaft von Grund auf in Frage stellen. «Wir sagen nicht, es dürfe keinen Fortschritt mehr geben, es muß aber ein anderer Weg eingeschlagen werden.» Der Minister sieht eine Methode, das Gebiet besser zu schützen: in einem Teilerlaß der riesigen Schuldenlast seines Landes. Brasilien würde dafür im Gegenzug mehr Mittel für den Schutz der Tropenwälder und der Feuchtsavannen aufwenden.

In der letzten Januarwoche des Jahres 1991 besuchte der Häuptling der Caillapo-Indianer Österreich und Deutschland. Er wurde eingeladen von der Stiftung «Oro Verde», das heißt

«Grünes Gold», die ihren Sitz in Frankfurt hat. Der Häuptling wurde von Redaktion zu Redaktion herumgereicht – obwohl die Konzentration aller Medien auf dem Golfkonflikt lag. Die Caillapo sind ein aussterbender Indianerstamm in der Nähe von Altamira, der sich gegen sein Schicksal wehrt. Mit ihrem mediengewandten Häuptling haben sie auch einen Führer gefunden, der indianischen Sehnsüchten und Forderungen Ausdruck verleihen kann, auch wenn das oft mehr durch die Körpersprache als durch die Argumentationsfähigkeit geschieht. Sein Volk will seinen Lebensraum zum Naturschutzgebiet deklariert wissen. Die Indianer würden damit gleichzeitig ihre Wälder schützen, die der Welt Ozon spenden. Der Häuptling der Caillapo ist aber gleichzeitig ein gewinnsüchtiger und schlauer Bursche. Er konnte den Rock-Sänger Sting für seine Sache engagieren und Reisen in alle Welt antreten.

Ob nun spektakulär oder einfach nur lächerlich – die Ökologie hat auch in Lateinamerika inzwischen als Idee und Aufgabe ihren Platz im Herzen der Menschen gefunden. Ein Signal dafür ist der Prozeß um den Tod des Urwaldschützers Chico Mendez. Er war Führer einer kleinen Gewerkschaft von Gummizapfern und hatte verhindern können, daß sich Züchter und Brandroder das Urwaldgebiet der Gummizapfer aneignen, bis er am Abend des 22. Dezember 1988 erschossen wurde. So ein Mord blieb üblicherweise in Brasilien ungesühnt und erregte auch kaum Aufsehen. Dort, wo Chico Mendez starb, sind seit 1975 immerhin an die 50 andere Gummizapfer und Kleinbauern getötet worden. Das neue Umweltbewußtsein der Brasilianer hat das alles geändert. Ein Großgrundbesitzer, der zum Mord angestiftet, und sein Sohn, der ihn ausgeführt hatte, wurden dingfest gemacht und zu 19 Jahren Haft verurteilt. In Chico Mendez hat die Welt ihren ersten Umweltmärtyrer, mit dem Urteil gegen die Großgrundbesitzer aber auch die ersten verurteilten Verbrecher. Der Tod des Mannes könnte zumindest Reste des Amazonas retten.

Auch andere Beispiele machen deutlich, daß Lateinamerika das Umweltbewußtsein entdeckt hat. Allen voran wieder das kleine Costa Rica auf der mittelamerikanischen Landbrücke. Es hat ein mehr als eine Million Hektar großes Territorium zum Naturreservat erklärt, in dem nur die Nachfahren indianischer Ureinwohner siedeln dürfen. Das Projekt steht unter der Schirmherrschaft der Organisation Amerikanischer Staaten, OAS. Die Gründung dieses neuen Reservats ist auch insofern bemerkenswert, als das volkreiche Costa Rica damit den Siedlungs- und Bebauungsraum im kleinen Land weiter einengt.

Der Präsident Venezuelas, Carlos Andrés Pérez, hat den letzten Indianern vom Stamme der Yanomami in seinem Lande ein riesiges Naturschutzgebiet in der Tiefe des Landes zugestanden und damit den Industriellen und den Großgrundbesitzern die Stirn geboten.

Auch die Folgen eines Krieges auf die Umwelt werden von den Einwohnern zunehmend erkannt. El Salvador, eines der fruchtbarsten Länder Mittelamerikas, steht am Rande eines Umwelt-Infarktes; seine Mangrovenwälder sind verschwunden, Erdrutsche und Überschwemmungen, Verwüstung und Verwahrlosung verpesten das Wasser, führen zu Krankheiten. An einem Novembermorgen im Jahre 1990 sah ich vor dem gewaltigen Gebäude der Conoco-Mineralölgesellschaft in Hamburg eine Demonstration von Schülern. Sie wetterten gegen die gesetzwidrige Zerstörung der Regenwälder Ecuadors durch die Erdölförderung. Das Unternehmen habe auf dem Gebiet der Uorani-Indianer, die noch ohne Verbindung zur Zivilisation leben, mit einer rücksichtslosen Erschließung begonnen. Die Hamburger Schüler meinen, daß ihre Protestaktion dazu beigetragen habe, daß ein Gericht in Ecuador die Ölförderung in Nationalparks und Reservaten verboten hat. Sie haben aber auch demonstriert, daß Umweltvergehen in noch so verborgenen Gegenden Lateinamerikas sich nicht mehr vor dem Anwachsen des Umweltbewußtseins der Welt verbergen können.

Das vergeudete Zeitalter

Die lateinamerikanischen Staaten haben weniger Kriege gegeneinander geführt als die europäischen oder auch die asiatischen Nationen. Dies friedliche Nebeneinander rührt auch von der geringen Konfliktmasse her, was wiederum damit zu tun hat, daß sich die Lateinamerikaner im Sinne des Wortes nichts schuldig sind. Ganz selten sind Darlehen von den reicheren in die ärmeren Länder der Hemisphäre geflossen. Kredite aufgenommen und Schulden gemacht haben sie in der Welt außerhalb. Wenn dann ein lateinamerikanischer Staat die Schulden nicht begleichen konnte, wurde er mit Intervention bestraft. Das berühmteste Beispiel einer solchen Schuldverstrickung war der Sturz des Benito Juárez in Mexiko und die Berufung des Habsburgers Maximilian zum Kaiser von französischen Gnaden. In langen, blutigen Feldzügen hatte der reinblütige Indianer Benito Juárez sein Land von der Herrschaft der Großgrundbesitzer befreit. Die Kosten dieser Befreiung und der von ihm ausgearbeiteten Reformgesetze machten Mexiko international zahlungsunfähig. 1863 und fünf Jahre nach Beginn seiner Präsidentschaft beschlossen die europäischen Geldgeber, an ihrer Spitze die Franzosen, die schon längst fälligen Zinsen mit Gewalt einzutreiben. Mit der überlegenen Feuerkraft der europäischen Truppen konnten sie Benito Juárez vorübergehend von der Macht vertreiben und setzten an seine Stelle den armen Habsburger Kaiser Maximilian. Dem machte dann ein zweiter erfolgreicher Guerillakrieg des Benito Juárez den Garaus.

Ein ähnliches Schicksal widerfuhr Venezuela im Jahre 1895. Als die dortigen Machthaber ihre Schulden bei europäischen Banken nicht abzahlen konnten, tauchte vor der Küste des Andenlandes eine Flotte von deutschen, italienischen und englischen Schiffen auf und nahm das ganze Land zum Pfand. Im 20. Jahrhundert ging die Rolle der Geldgeber von den Europäern an die Nordamerikaner über. Wann immer lateinamerikanische Länder ihre Schulden bei US-Konzernen und Banken nicht begleichen konnten, nahmen Expeditionscorps aus dem Norden mit Gewalt, was nicht friedlich einzutreiben war. Zu den größeren Leistungen der OAS, der Organisation Amerikanischer Staaten, gehört ein Gesetz, das die gewaltsame Eintreibung von Schulden untersagt. Dabei haben reihenweise US-Banken in der Neuzeit den Bankrott anmelden müssen, die das Geld ihrer einheimischen Kunden leichtfertig in Lateinamerika angelegt hatten. Im Jahre 1990 sind die Schulden des Subkontinentes auf über 400 Milliarden Dollar angewachsen. Manche Staaten der Hemisphäre haben denn auch ganz öffentlich ihre Rückzahlungsunfähigkeit erklärt und die Schuld an den Schulden ganz einfach dem Geldgeber angelastet. Das war Wasser auf die Mühlen von Fidel Castro. Im Jahre 1985 hielt er mehrere Reden mit der Aufforderung an seine lateinamerikanischen Nachbarn, ihre Schuldenzahlungen einzustellen. Der damalige Präsident in Peru, Alan García, beschränkte den Schuldendienst seines Landes auf 10 Prozent des Exportes. Und auch der Präsident von Brasilien, José Sarney, lehnte in einer Ansprache vor der UNO radikale Maßnahmen ab, die seinem Land die Wiederaufnahme des Schuldendienstes hätten gestatten können.

Bevölkerungsexplosion und Arbeitslosigkeit, Mißwirtschaft und Korruption zwangen viele Länder Lateinamerikas, die wenigen Mittel, die aus Steuereinnahmen und Exporterlösen kamen, in den Kauf von Lebensmitteln zu investieren. In dieser schier ausweglosen Lage entstand im nordamerikanischen Wirtschafts- und Finanzministerium eine Strategie des Kompromisses zwischen Schuldnern und Schuldigern. Nach dem jeweiligen Amtsinhaber Baker oder Brady benannt, sieht der Plan des Ministeriums vor, daß kommerzielle Bankkredite um ein Fünftel zusammengestrichen und Termine für Fälligkeiten verlängert werden. Voraussetzungen für diesen Plan sind sowohl die Bereitschaft der Geldgeber, auf einen Teil der Rückzahlung ihrer Darlehen zu verzichten, wie auch der Schuldnerländer, Maßnahmen zu ergreifen, die sie in den Stand setzen, wenigstens den restlichen Teil des Darlehens auf Dauer zurückzahlen zu können. Für die Lateinamerikaner bedeutet dies, die über Jahrzehnte zerrütteten Staatsfinanzen in Ordnung zu bringen, die über Jahrhunderte vergeudeten Ressourcen an Menschen und Material neu zu nutzen, Subventionen auf Güter zu streichen, die den vielen Armen das Leben erleichtert hatten, und die Märkte zu öffnen, obwohl die heimischen Industrien den ausländischen meistens unterlegen sind.

Solche Radikalkuren sind aus dem Stoff gemacht, der Aufruhr und Unzufriedenheit im Volke schürt und dementsprechend demokratisch gewählte Regierungen entweder zu all zu kurzen Amtsfristen verdammt oder gar wieder an den Rand der Diktaturen drängt. Als ein böses Omen betrachten es Experten, daß es nur Chile gelungen war, sich einigermaßen aus der Schuldverstrickung zu lösen und dabei die Volkswirtschaft auf eine gesunde Basis zu stellen – ausgerechnet Chile, das 17 Jahre lang unter der Diktatur des Augusto Pinochet gestöhnt hatte. Als ein gutes Zeichen werten es die Experten allerdings, daß die Diktatur des Augusto Pinochet der Demokratie weichen mußte und daß das Ansehen des Generals enormen Schaden genommen hat durch eine Korruptionsaffäre, die Ende 1990 zutage kam.

Auch der argentinische Präsident Carlos Menem mußte feststellen, daß unter der Herrschaft der Generale vor ihm die exorbitante Summe von zehn Milliarden Dollar in die privaten Taschen der Regierenden geflossen und die fehlende Summe einfach durch die Notenpresse ausgeglichen worden war. Um die Schuldenlast des Staates zu verringern, hat der Peronist Menem privatisiert, was Juan Perón einst verstaatlicht hatte: die Banken, die nationale Fluggesellschaft Aerolinas Argentinas und einen Teil der Eisenbahnen. Außerdem entließ Carlos Menem ungezählte Staatsbedienstete, die er als faules Fleisch im bürokratischen Leib erkannte.

Der Venezolaner Carlos Andrés Pérez, dessen erste Amtszeit in den 70er Jahren als eine Periode der vergeudeten Möglichkeiten bekannt wurde, ergreift nach seinem Comeback dra-

stischere Maßnahmen als all die anderen zusammen. Sparmaß-
nahmen, Privatisierungen und der Aufstieg junger Technokraten anstelle der Parteibürokraten in die Verwaltung hat Venezuelas Volkswirtschaft einigermaßen repariert, auch wenn das
mit blutigen sozialen Unruhen verbunden war. Innerhalb von
zwei Jahren hat Pérez die Devisenreserven von praktisch Null
auf fast 10 Milliarden Dollar gehäuft. Dabei halfen ihm natürlich die Ölreserven des Landes. Pérez: «Ein Land mit riesigen
Ölreserven ist immer eine Sicherheitsgarantie. Dennoch sind wir
nicht reicher geworden. Reichtum erwirbt man nämlich durch
Produktivität, durch Arbeit. Das versuche ich immer wieder den
Venezolanern zu erklären. Mit jedem Faß Öl, das wir verkaufen,
werden wir ärmer. Daß die Lage sich verbessert hat, liegt nicht
am Ölpreis. Die Neuorientierung der Wirtschaft trägt langsam
Früchte.»

Gleichzeitig hat Andrés Pérez mit den anderen Amazonas-An-
rainerstaaten einen Pakt geschlossen, dieses Ökosystem der
Welt zu erhalten. In einem der ärmsten Staaten der Hemisphäre,
in Peru, verhängte der neugewählte Präsident Alberto Fujimori
Radikalmaßnahmen zur Sanierung der Wirtschaft und mußte
dabei entdecken, daß sein Vorgänger Alan García nicht nur das
Volk ärmer, sondern sich selbst über die Maßen reicher gemacht
hatte.

Am schlimmsten trifft die Wende vom Zeitalter der Ideologie
in die Epoche des freien Wettbewerbs die Zuckerinsel Kuba. Sie
konnte sich sowieso nur in der Abhängigkeit von der Sowjetunion am Leben erhalten. Seit Januar 1991 aber wird der Handel Kubas mit der Sowjetunion auf Devisenbasis umgestellt. Das
zwingt Kuba in ein vorindustrielles Zeitalter zurück. Statt Traktoren sollen nun wieder Kühe die Pflüge ziehen, das Fahrrad tritt
wieder an die Stelle des Mopeds, die Zuckerindustrie muß sich
dem internationalen Wettbewerb und auch seinen Preisschwan-
kungen stellen, die kümmerlichen Apfelsinen, die bisher zur
Grundversorgung der sozialistischen Staaten in Osteuropa gehörten, verrotten jetzt auf den kubanischen Plantagen. Die aus
Angola und Nicaragua zurückgekehrten Soldaten und Helfer
reihen sich in das Heer der Arbeitslosen ein. Staatliche Institu-

tionen werden im Stil des Sozialismus mehrfach überbesetzt. So zählt das kubanische Fernsehen 9000 Mitarbeiter. Jenseits der karibischen Meerenge, in der Stadt Miami, warten die Exilkubaner ungeduldig auf ihre Rückkehr.

30 Jahre nach der mißlungenen Invasion in der Schweinebucht vom 17. April 1961 setzen die Exilkubaner nicht mehr auf einen neuen paramilitärischen Einsatz, sondern auf den Zusammenbruch der Wirtschaft auf der Zuckerinsel. Wenn zur Erntezeit überall auf der Insel Feuer aufleuchten, die das Unterholz, das Gestrüpp und das Blattwerk auf den Zuckerrohrplantagen abflämmen, sind das Signale des Untergangs. Denn Zuckerrohr ist so wetterwendisch wie der Tourismus, auf den Kuba neuerdings als zweite Einnahmequelle setzt. Anbau von Zuckerrohr muß auf fünf Jahre im voraus geplant sein, um Gewinn zu bringen. Der Samen braucht 18 Monate bis zur Reife. Vier Jahre lang kann von derselben Wurzel geerntet werden. Wird dieser Zyklus unterbrochen, etwa durch mangelhafte Abnahme, steht der Produzent fast vor dem Bankrott. Auch wenn Fidel Castro mit Michail Gorbatschow noch einmal ein Abkommen über 25 Jahre der wirtschaftlichen Zusammenarbeit unterzeichnet hat, wird die Sowjetunion ganz einfach nicht mehr in der Lage sein, jene Zuckermengen abzunehmen, die Kuba sonst in der Welt nicht loswerden kann. Der Präsident Venezuelas, Carlos Andrés Pérez: «Ich hoffe, daß sich Veränderungen in Kuba ohne traumatische Erlebnisse vollziehen. Kuba ist ein Ausnahmefall in Lateinamerika geworden. Wir bieten unsere Kooperation an, um der Insel die Rückkehr in die lateinamerikanische Staatengemeinschaft zu erleichtern. Aber den entscheidenden Beitrag muß Fidel Castro leisten.» Der aber igelt sich auf seiner Insel ein. Er war einst ein Symbol der Revolution und steht jetzt für ein vergeudetes Zeitalter.

In Osteuropa hatte der Tod des Kommunismus den Charakter eines plötzlichen Ereignisses. In Kuba ist er nach wie vor ein langwieriger und schmerzhafter Prozeß. Die Schlangen vor den Geschäften sind länger geworden, und die Zahl der *coleros*, der professionellen Schlangensteher, größer geworden, die Lebensmittelkarte fällt immer spärlicher aus, seit die *bolos*, die

«Kugeln», wie die Russen in Kuba genannt werden, keine Lebensmittel mehr liefern. Die brave Tschechoslowakei ist als Lieferant von Gewehren, Kurzwaren und LKWs ausgefallen, und um an harte Devisen zu kommen, verschleudert die kubanische Regierung das, was die westliche, reiche Welt noch brauchen kann. So kamen am 17. Oktober 1990 Antiquitäten, Briefmarkensammlungen, seltene Münzen und wertvolle Bilder aus Staatsbesitz zur Auktion. Sogar ein Manuskript von García Lorca, dem großen spanischen Revolutionsdichter, das sich im Besitz der Nationalbibliothek Havanna befand, ging ins Ausland. Viele Käufer sind Exilkubaner, Flüchtlinge vor dem Castro-Regime, die vor allem in den USA inzwischen ein gutes Auskommen finden.

Wie jedes Jahr im April versammeln sich Exilkubaner im Gemeindezentrum von Klein-Havanna. Das ist ein langgestreckter Straßenzug am Rande der Stadt Miami in Florida. Seit Castros Machtübernahme leben die Flüchtlinge vor dem Kommunismus als Handwerker, kleine Kaufleute oder Wirte in den USA, in der großen Stadt Miami stellen sie sogar die Spitze des Magistrats. Unter Jimmy Carter haben sie gelitten, unter Ronald Reagan erhielten sie Auftrieb, unter George Bush hoffen sie auf Rückkehr nach Kuba.

1981 formierte sich in Miami die «Freedom Fighter Expeditionary Task Force No 1», zu deutsch: «Freiheitskämpfer im Expeditionscorps Nr. 1». Ich war bei der Gründungsaktion mit meinem Kamerateam dabei in einem Haus im spanischen Stil in einer mittelfeinen Wohngegend. Zu den Gründern gehörte der dicke Emanuel Espinosa, der vor allem «Spione» von der Zukkerinsel entlarvt, der drahtige Rechtsanwalt Ellis Rubin, der die Sache der militanten Exilkubaner gegenüber dem amerikanischen Geheimdienst FBI vertritt und der Kommandeur der Kampfgruppe «Alpha 66», Jorge Gonzalez, den sie in Legionärskreisen *bombillo* nennen, die «Glühbirne».

Bombillo Gonzalez hatte an die 600 Mann auf die Beine gebracht, trainierte sie draußen vor den Toren der Stadt Miami im Dschungel der Everglades. Das Gelände hatte ein Sympathisant zur Verfügung gestellt. Gewehre und Uniformen mußten die selbstgemachten Soldaten selbst bezahlen. Es waren nicht Kubaner, sondern auch Flüchtlinge aus Nicaragua. Geübt wurde Nahkampf, Ausdauer und Treffsicherheit. Für «die Sache» konnte Louis Cresco gewonnen werden, ein überführter Bombenbastler, der 1974 seine Hand im erlernten Beruf verlor. Doch diese Gewaltromantiker sind inzwischen überflüssig geworden. Heute warten die Bewohner von Klein-Havanna in der Stadt Miami nicht mehr auf die Invasion. Sie warten ganz einfach darauf, daß Castros Kuba ihnen in den Schoß fällt.

Mit Castro neigt sich die Epoche der autoritären Führer, der Caudillos und Diktatoren, der Generale und totalstaatlichen Machthaber Lateinamerikas ihrem Ende zu...

Viele hatten ihre Ämter nur angestrebt, um sich selbst zu bereichern, und nicht, um dem Volke zu dienen. Sie waren die *hidalgos*, die Raubritter der Neuzeit. Präsidenten wie Lopez Portillo in Mexiko, wie Vinicio Cerezo in Guatemala oder Alan García in Peru haben ihre sowieso schon verarmten Länder zu ihrem persönlichen Vorteil ausgebeutet. Freilich ließen sich die Völker Lateinamerikas leichter ausbeuten als andere in der Welt. Die Mestizen und Mulatten, die Cafuzos und Caboclos, die Campesinos und Gauchos haben mit Langmut und Leidensfähigkeit Diktatoren und Blutsauger ertragen. Doch wenn sie sich auflehnten, dann mit blutiger Gewalt. Viele Politiker nahmen ihr Amt und auch die Verantwortung, die damit verbunden ist, nicht ernst; umgekehrt geben oft die Bürger, seien sie nun Untertanen oder freie Wähler, ihre Politiker der Lächerlichkeit preis. Im Juni 1990 zum Beispiel weilte Fernando Collor de Melo mit seiner Fußballnationalmannschaft in Rom und betrieb dabei Propaganda für den eigenen Leumund. Offensichtlich war der größte Fußballer Brasiliens darüber erzürnt. In der angesehenen Zeitung *Jornal do Brasil* kündigte nämlich Pelé, die «schwarze Perle», an, er werde bei den Wahlen 1995 für das Amt des Präsidenten kandidieren.

Im Nachbarland Argentinien bewarb sich der frühere Schauspieler Carlos Thompson um die Präsidentschaft. Als er verlacht wurde, hat er sich selbst umgebracht. Der Nachfolger des Diktators Noriega in Panama hat sich angeblich seinem Volk zuliebe in einen Hungerstreik begeben. In Wirklichkeit wollte er nur ein paar Pfunde seines fetten Leibes loswerden. Immer noch ist in vielen Ländern Lateinamerikas Politik ein Abenteuer, machen Abenteurer Politik. Umstände, die der Legende von Lateinamerika weiter Nahrung geben, daß dort die Exoten und die Chaoten regieren.

Mario Vargas Llosa, ein Dichter, der die Massen bewegen kann, und ein Politiker, der es fast zum Präsidenten in Peru gebracht hätte, sagte mir bei Gelegenheit: «Manchmal habe ich den Eindruck, daß die Europäer nicht begreifen wollen, was derzeit auf meinem Kontinent vor sich geht. Eine überwältigende Mehrheit der Lateinamerikaner hat sich in den letzten Jahren zur Demokratie bekannt. Nicht zur Volksdemokratie nach kubanisch-sowjetischem Muster und auch nicht zur autoritären Demokratie ständestaatlicher Prägung, sondern zur westlichen Demokratie mit Pressefreiheit, parteipolitischem Pluralismus und damit der Möglichkeit des Machtwechsels. Die Europäer wissen mit diesem Bekenntnis zur westlichen Zivilisation nicht viel anzufangen.»

In der Tat zeichnet sich in der letzten Dekade des ausgehenden Jahrhunderts vom Rio Grande bis nach Feuerland eine Entwicklung ab, die Venezuelas Präsident Carlos Andrés Pérez so beschreibt: «Lateinamerika ist der Kontinent der Dritten Welt, der den Industrienationen entwicklungsmäßig am nächsten steht. Wir haben ein gewaltiges menschliches Potential, wir stellen einen riesigen Markt, wir haben Rohstoffe, wir haben die größten Regenwälder, Umweltreservate, von denen die gesamte Menschheit profitiert. Lateinamerika ist ein Kontinent mit Zukunft.»

Elf lateinamerikanische Staaten haben sich in der «Gruppe von Rio» zusammengeschlossen, die wirtschaftlich wie politisch konzertiert auftreten möchte. Zum Jahresende 1990 haben diese elf Länder mit den zwölf Mitgliedern der europäischen Gemeinschaft in der sogenannten «Erklärung von Rom» engste Zusammenarbeit vereinbart: Abbau der Handelsschranken, Zugang zu Investitionen, Schutz der Regenwälder, Lösung der Schuldenkrise sind Teil dieser Erklärung. Wichtiger aber ist das neue Einverständnis, das sich zwischen ehemals kolonialen Eltern und den nachkolonialen Kindern eingestellt hat. Diese Annäherung haben die Italiener und Spanier besonders betrieben. Die natürliche Führerschaft der Lateinamerikaner hat dabei Brasilien übernommen. Die Achse zwischen Rio und Rom regt auch die Wanderungsbewegung zwischen Lateinamerika und Lateineuropa von neuem an. Angezogen vom kulturellen Glanz und den wirtschaftlichen Perspektiven in der Alten Welt ziehen die Enkel spanischer und italienischer Einwanderer zurück in die Heimat ihrer Väter.

Ihre Stelle auf den Arbeitsmärkten von Uruguay und Argentinien, der Karibischen See und der Andenstaaten werden Flüchtlinge aus Osteuropa einnehmen, aus Vietnam und aus Hongkong. Das zentralamerikanische Land Belize offeriert eine Staatsbürgerschaft für 23 800 Dollar, Guatemala macht es bereits für 11 000, in Brasilien sind es 3 50 000 Dollar.

In Südamerika leben 1991 rund 300 Millionen Menschen. Nach einer Prognose der UN dürften es im Jahre 2025 schon 500 Millionen sein, von ihnen wiederum die Hälfte Brasilianer. Im Jahr 2000, so dieselbe Prognose, werden die beiden größten Städte der Welt Mexico City mit 24,5 Millionen und São Paulo in Brasilien mit 23,5 Millionen Bürgern sein und damit Tokio mit seinen 21 Millionen überflügelt haben. Diese Megastädte werden mit ihren sozialen Problemen und der wachsenden Kriminalität eine mindestens ebenso große Herausforderung sein, wie es der Kampf um die Erhaltung der Regenwälder und eine gerechtere Umverteilung des Landes schon heute sind. Andererseits wandeln sich die vielen Niederlagen lateinamerikanischer Regierungen langsam in Siege. Brasilien nahm Umweltsünder fest, stellte sie vor Gericht und steckte sie ins Gefängnis. Venezuela ersetzte Bürokraten durch Experten. In Bolivien glückte eine Währungsreform. In Argentinien wurde der Schuldendienst in vollem Umfange wiederaufgenommen. In Haiti gelangte ein Kandidat durch freie Wahlen an die Macht. In Chile besinnt sich das Militär auf seine demokratischen Traditionen. Aus Mexiko kommen wirtschaftliche Impulse. In Kolumbien verlieren die Kokain-Bosse an Macht. Selbst das guerillageplagte Peru hat der

Welt einen Dienst erwiesen: Aus diesem Andenland kommt Javier Perez de Cuellar, der als erfolgreicher Generalsekretär die UN wieder zu einer Interessenvertretung der Völkergemeinschaft machte. Leider ist es auch Peru, in dem die Cholera wieder ausgebrochen ist, sterben in Haiti mehr Menschen an AIDS als im Senegal, verbluten in Brasilien mehr Menschen im Bombenkrieg als in Nigeria. Niedergedrückt schildert der Journalist Edgar Seijas aus Venezuela diese Entwicklung als «Afrikanisierung Lateinamerikas».

Dabei waren die ersten lateinamerikanischen Stimmen, die in der Welt gehört wurden, nicht die von Politikern, sondern die von Poeten: von Pablo Neruda in Chile bis Mario Vargas Llosa in Peru. Gabriel García Márquez führt die Bestsellerlisten der Welt an, und Ernesto Cardenal aus Nicaragua gab den Schrei der Unterdrückten an die Welt weiter. Auf der Spur der Dichter kamen die Maler und Sänger. Die moderne Wandmalerei, der *muralismo*, hat in Mexiko seinen Anfang genommen und sich über den Subkontinent verbreitet. Fast jede Unterführung in Berlin, Hamburg oder Zürich verrät die lateinamerikanische Quelle. Aus Kuba kommt der Mozambique, aus Bolivien der Lambada, aus Argentinien der Tango und aus Brasilien die Samba. Von der berühmten Astrud Gilberto bis zu den namenlosen Sängern aus dem brasilianischen Nordosten schildern die Lateinamerikaner ihr Leid und ihre Freude. Diese Mischung hat auch einen Eigennamen, die *engaña*. Das ist so etwas wie ein «Latin American way of life». Auf den europäischen Märkten und Hauptstraßen von Wien bis Madrid findet diese *engaña* ihren Widerhall. Selten ist diese Lust theoretisch oder abstrakt, meist ist sie farbig und handgreiflich. Der Wiegeschritt der Frauen an den Stränden verrät Körperlichkeit. Die Mischung von Cafuzos, Kreolen und Mestizen ist inzwischen zu einem Typus geronnen, der in der Welt einmalig ist und gleichzeitig ein Menschenbild von morgen entwirft. Professoren berufen oft die Ungeschichtlichkeit der Neuen Welt. Dabei projiziert gerade diese Neue Welt die Geschichte von morgen. Und das große Herz dieser neuen Welt ist Brasilien.

Die Indianer in den entlegenen Bergwinkeln der Anden feiern einmal im Jahr das Kondorfest. Sie glauben, daß dieser Göttervogel aus der Mythenwelt des verloschenen Inkareiches sie eines Tages aus dem Joch der Fremdherrschaft und des Elends erlösen wird. Im Jahr 1990 gab es kein Kondorfest. Vielleicht brauchen die Menschen in Lateinamerika den Götterboten nicht mehr, vielleicht haben sie endlich gelernt, ihr Schicksal selbst in die Hand zu nehmen.